叶晓甦 石世英 著

中国建筑工业出版社

图书在版编目(CIP)数据

PPP项目伙伴关系价值创造研究 / 叶晓甦，石世英著
.—北京：中国建筑工业出版社，2020.12
ISBN 978-7-112-25695-2

Ⅰ.①P… Ⅱ.①叶… ②石… Ⅲ.①政府投资—合作—社会资本—研究—中国 Ⅳ.①F832.48 ②F124.7

中国版本图书馆CIP数据核字（2020）第241013号

责任编辑：陈夕涛 张智芊
责任校对：赵 菲

PPP项目伙伴关系价值创造研究

叶晓甦 石世英 著

*

中国建筑工业出版社出版、发行（北京海淀三里河路9号）
各地新华书店、建筑书店经销
逸品书装设计制版
北京同文印刷有限责任公司印刷

*

开本：787毫米×1092毫米 1/16 印张：15 字数：299千字
2020年12月第一版 2020年12月第一次印刷
定价：**50.00**元
ISBN 978-7-112-25695-2
（36417）

版权所有 翻印必究
如有印装质量问题，可寄本社图书出版中心退换
（邮政编码100037）

前 言

政府和企业长期合作（Public-Private Partnership，简称PPP）为社会经济发展提供公共产品及服务是一项有目的的价值活动，具有"伙伴关系"（Partnership）"风险分担"（Risk sharing）和"物有所值"（Value for Money，VFM）三个基本特征。其价值活动内涵，从广义角度看，包括公共价值、社会价值和经济价值；从狭义解释，是以货币形态表现的物化劳动和活劳动价值总量。2014年是我国全面推行PPP模式提供公共产品及服务开始，财政部财金〔2014〕113号、财金〔2014〕156号、财金〔2015〕167号三个文件组成了PPP项目价值系统关系，即政府（需求者）、企业（生产者）、公众（消费者）和物质资源有机组合，完成自然物质的更新、改造、再生产的良性循环，让它们参与商品的流通与交换。

在PPP项目价值关系中，存在风险分担与付费收益的悖论，即合理的风险分担方案，实际执行的逆向选择，从而诱发合作伙伴的纠纷、争议，甚至违约及退出。PPP项目价值乃至价值表现的货币价格，始终表达了令人费解的答案，PPP项目总投资价值与风险划分既不能等价，也无法满足等价交换。因而，研究在回顾马克思提出商品价值与劳动二重性关系，厘清商品价值量"$C+V+M$"内涵与外延，发现了PPP项目中存在的伙伴关系价值（Partnership Value）和无形资产价值（Intangible Value），称为新价值；进一步在文献研究和逻辑演绎，论证政府和企业合作伙伴关系价值是PPP项目持续运营与价值创造的关键；通过定性与定量相结合的方法刻画了PPP伙伴关系价值对项目价值的影响机理，揭示了伙伴关系价值与伙伴关系维系的关联关系，提出了衡量伙伴关系维系因子对PPP项目价值的贡献度的重要判别指标，为实践中PPP项目的伙伴关系货币计量、为PPP项目价值管理和持续运营提供了理论支撑。主要研究结论是：

（1）建立在价值规律基点上发展的PPP项目价值要素逻辑认识，得出了商品价值取决于社会必要劳动时间和商品等价交换，而产生的伙伴关系价值要素和无形资产价值要素，重构PPP项目投资总额为劳动价值（$C+V$）、无形价值（JW）、伙伴关系价值（PV）三部分组成，即$Q=C+V+JW+PV+M$；为PPP项目新价值管理逻辑提出了基本理论模式，将有助于我国PPP模式符合价值规律的高质量发展。

（2）沿着PPP项目新价值关系的实践研究的逻辑，界定了中国式PPP伙伴关系本质及价值导向，构建PPP项目伙伴关系理论框架：伙伴关系—伙伴关系价值—伙伴维系关键因素—项目价值界定—项目价值创造模型设计—价值创造与持续发展，为探寻PPP伙伴价值计量提供关键变量。

（3）建立伙伴关系维系价值创造驱动力与PPP项目价值的关联关系。从组织间关系、企业联盟以及联盟组合等混合组织的价值创造属性出发，剖析PPP伙伴关系与混合组织的异同，结合现代项目管理理论，剖析PPP项目伙伴关系维系价值创造机理；采用专家访谈、文献研究、问卷调研和结构方程模型，识别PPP项目伙伴关系价值创造的关键因素与作用路径；结果发现，伙伴关系的互补性是其政府和企业投资人价值创造的基础，尤其是伙伴主体的能力和资源的互补性；并揭示了PPP项目公共价值、企业价值、伙伴关系价值分别与伙伴关系维系价值创造驱动力（新颖性、锁定性、互补性和效率性）的关联关系。

（4）在物有所值（Value for money）的价值释义基础上，结合PPP伙伴关系本质和项目公共性特征，将PPP项目价值界定为公共价值、经济价值和伙伴关系价值；从项目管理、价值论、风险管理以及关系资本理论等视角识别并确立特许价格、风险和关系维系专用型投入的价值效应传导路径，以及特许价格、风险和关系维系专用型投入与PPP项目价值的函数关系，为定量研究伙伴关系维系与PPP项目价值之间关联关系提供基础支撑。

（5）研究选取某垃圾焚烧发电PPP项目案例，利用系统动力学方法刻画了PPP伙伴关系维系关键变量与项目价值要素的函数关系及关键参数变化趋势，证明了PPP伙伴关系维系与项目价值之间存在关联关系；尝试将"关系维系专用型投入"作为生产要素植入C-D生产函数，拓展传统生产函数的价值要素，并采用计量工具测算生产性资本投入（K）、人力资本（L）以及关系维系专用型投入（S）对PPP项目价值（TPV）的贡献度。研究表明：第一，在其他条件不变的情况下，特许价格与项目价值之间是一种同步变化特征，即特许价格增加（减少）引起项目价值增加（减少）；第二，在其他条件不变的情况下，风险因素变动与项目价值变动之间也存在同步变化特征，如垃圾质量风险正向变动（垃圾热值增加）引起项目价值增加；第三，关系维系专用型投入对项目价值的贡献系数是0.931，即伙伴关系维系专用型投入每增加1%，可以促使PPP项目价值增长0.931%。最后，通过C-D生产函数对PPP价值要素的贡献度研究可知，关系维系专用型投入是PPP项目价值创造的关键要素，这也揭示了PPP伙伴关系不稳定或关系破裂的价值耗散实践标准，即当伙伴关系不稳定或破裂时，关系专用型投入的中断将引发PPP项目价值的大幅度降低甚至消失，这也进一步印证了PPP伙伴关系维系对项目价值管理的重要性。

本书得到国家社会科学基金项目（IOXGL009）、教育部规划项目"PPP项目伙伴关系价值机理与测量管理模型研究：基于情景模拟的行为实验"（17YJA630123）支助。

目 录 | CONTENTS

第 1 章　导　论

1.1　问题提出　| 002
1.2　国内外研究现状及发展动态分析　| 008
　　1.2.1　PPP领域学术研究现状　| 008
　　1.2.2　PPP理论与方法　| 012
　　1.2.3　PPP伙伴关系建立　| 013
　　1.2.4　PPP伙伴关系维系　| 014
　　1.2.5　PPP项目价值创造　| 016
1.3　研究目的　| 017
1.4　研究内容　| 018
1.5　研究意义　| 019
1.6　研究思考　| 020
　　1.6.1　研究方法　| 020
　　1.6.2　技术路线　| 021

第 2 章　PPP 价值理论基础及分析

2.1　基本概念与内涵　| 024
　　2.1.1　PPP　| 024
　　2.1.2　伙伴关系　| 026
　　2.1.3　PPP伙伴关系维系　| 033
2.2　相关基础理论　| 034
　　2.2.1　价值论　| 034
　　2.2.2　资源基础观　| 041
　　2.2.3　契约理论　| 046

2.2.4 关系资本理论 | 049
2.2.5 交易成本经济学 | 051
2.2.6 项目管理视角 | 054
2.3 伙伴价值计量基础与价值构成 | 057
2.3.1 伙伴价值计量基础 | 057
2.3.2 伙伴价值构成 | 057
2.4 理论分析逻辑框架 | 058
2.5 本章小结 | 061

第 3 章

PPP 伙伴关系维系的关键因素甄选与确立

3.1 研究思路设计 | 064
3.2 影响因素筛选 | 067
3.2.1 访谈 | 067
3.2.2 问卷调查 | 070
3.3 关键因素识别 | 079
3.3.1 研究方法 | 079
3.3.2 研究假设 | 082
3.3.3 模型运算 | 084
3.3.4 计算结果 | 085
3.3.5 结果讨论 | 087
3.4 本章小结 | 091

第 4 章

PPP 伙伴关系价值创造机理

4.1 研究问题提出 | 094
4.2 理论基础 | 096
4.2.1 伙伴关系的价值创造属性 | 096
4.2.2 PPP 价值创造基本原理 | 097
4.3 PPP 项目伙伴价值要素识别 | 097
4.3.1 研究方法与资料收集 | 097
4.3.2 范畴挖掘与提炼 | 100
4.3.3 伙伴价值要素修订 | 102
4.4 伙伴价值要素与伙伴价值关系结构 | 105
4.4.1 伙伴核心能力与 PPP 项目伙伴价值 | 105

4.4.2 伙伴协同与PPP项目伙伴价值 | 106
4.5 本章小结 | 107

第 5 章

PPP 伙伴关系维系的价值效应模型设计

5.1 研究思路设计 | 110
5.2 PPP项目价值界定 | 112
 5.2.1 项目价值构成 | 112
 5.2.2 项目价值计量基础 | 113
 5.2.3 项目公共价值 | 115
 5.2.4 项目经济价值 | 116
 5.2.5 项目伙伴关系价值 | 117
5.3 伙伴关系维系与PPP项目价值的关系 | 118
 5.3.1 特许价格与项目价值 | 118
 5.3.2 风险与项目价值 | 121
 5.3.3 专用型投入与项目价值 | 123
5.4 PPP系统与系统动力学 | 128
 5.4.1 PPP系统 | 128
 5.4.2 系统动力学 | 129
5.5 本章小结 | 131

第 6 章

PPP 伙伴关系维系的价值效应实证研究

6.1 案例研究方法 | 134
6.2 案例背景 | 135
 6.2.1 项目基本概况 | 135
 6.2.2 伙伴选择与组织管理 | 137
 6.2.3 风险分担与利益关系 | 139
 6.2.4 信息披露与公众参与 | 141
 6.2.5 关系维系与项目价值 | 143
6.3 项目系统结构设计 | 147
 6.3.1 模型构建 | 147
 6.3.2 参数计算 | 150
 6.3.3 模型检验 | 156
6.4 风险与特许价格的价值效应测量 | 159

6.4.1 PPP项目价值计算 | 159
6.4.2 特许价格对项目价值的影响 | 161
6.4.3 风险对项目价值的影响 | 161
6.4.4 结果讨论 | 165
6.5 专用型投入的价值效应测量 | 166
6.5.1 数据来源说明 | 166
6.5.2 模型运算与检验 | 166
6.5.3 结果讨论 | 168
6.6 案例启示 | 169
6.7 本章小结 | 170

第 7 章

结　论

7.1 研究结论 | 174
7.2 创新之处 | 175
7.3 研究不足及后续研究 | 176

附　录

附录1 国家自科/社科资助的PPP科研项目统计 | 180
附录2 我国现阶段PPP基本制度统计 | 185
附录3 PPP伙伴关系维系的影响因素试调查的问卷 | 187
附录4 PPP伙伴关系维系影响因素正式调查问卷 | 189
附录5 ×××垃圾焚烧发电PPP/BOT项目价值系统的主要方程 | 191
附录6 加拿大PPP项目成本信息 | 195
附录7 价值要素指标初始清单 | 196

参考文献 | 200

第1章

导 论

1.1 问题提出

以财政资金生产与提供公共产品或服务是政府的基本经济职能,但随着社会公众对公共服务数量与质量的需求日益增加,有限的财政资金已经很难满足公众对公共服务的需要,采用政府和企业合作(Public Private Partnership,简称PPP)模式进行投融资、建设与运营管理公共项目是非常重要的(贾康等,2014年),对长期供给侧(Supply-side)产品开发与管理是非常重要的(Labonne,1998年),这也是我国经济发展新常态和供给侧结构性改革战略背景下运用政府"有限"资源解决公共产品供给问题的有效方式,更是十八届三中全会提出的"市场在资源配置中起决定性作用"的重要体现与应用。

1. PPP是提供公共产品或服务的有效模式

为了满足日益增长的公共需求与改善公共产品或服务质量、解决财政预算约束和政府公共管理绩效差等问题,英国、美国、加拿大、澳大利亚、日本等许多国家都积极采用PPP模式进行基础设施项目建设或公共服务供给(Hodge等,2007年)。根据世界银行PPI数据库(The World Bank[①],2016年)统计信息,从1990~2019年末,全球私人资本共参与基础设施项目7981项,总投资额达19181.15亿美元;从1990~2019年末,我国私人资本参与的基础设施项目涉及电力、机场、信息和通信技术、天然气、港口、铁路、道路以水处理等行业,如图1-1和图1-2所示;这些数字也反映PPP模式在公共项目领域的广泛应用与行业认可。

可持续的PPP不仅能够增加资本流动性、改善项目选择、提升项目效率,如减少供水损失、提升劳动生产率、减少公共管理成本(The World Bank[②],2015年),而且能够促进项目所在地经济增长与就业增加,如加拿大2003~2012年间共有121个PPP项目,这些项目带动经济总输出量920.1亿美元、带动517430个当量的工作岗位

---

① The World Bank. Private participation in Infrastructure Database[DB]. http://ppi.worldbank.org/.
② Dintilhac C., Ruiz-Nuñez F., Wei Z. The Economic Impact of Infrastructure and Public-Private Partnerships: Literature Review(Draft)[R]. The World Bank, PPIAF, June, 2015.

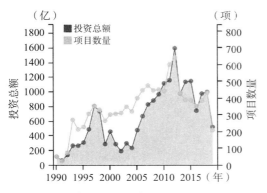

图1-1 全球PPP项目情况（1990～2019年）

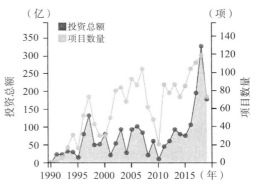

图1-2 我国PPP项目情况（1990～2019年）

（PPPcouncil[①]，2014年）；这些证据既说明PPP模式具有显著的竞争优势和效率性，又能反映PPP的价值创造潜力。此外，从学术上，Kivleniece等（2012年）采用交易成本经济学、资源基础理论和战略理论逻辑推演PPP的正外部性、资源互补性、效率增加以及价值创造能力，张万宽（2011年）也提供了类似的证据；Gassner（2007年，2009年）实证研究了私人资本参与电力、供水以污水处理等基础设施项目的积极效果与效率提升。英国财政部2012年推出的Private Finance 2（PF2）指南及标准合同中明确提出政府以少量参股的方式主动参与PPP项目活动，强化公私合作伙伴关系，从而保障PPP伙伴关系的持续性（HM Treasury[②]，2012年）；这既说明PPP模式具有显著的竞争优势和价值创造能力，又能反映PPP伙伴关系可持续的重要性。

2. PPP项目特征导致其项目管理问题日益突出

党的十八届三中全会以来，PPP在我国传统基础设施领域和公共服务领域受到广泛采用。根据我国财政部PPP综合信息平台统计，截至2019年12月末，财政部PPP在库项目总计12341项，总投资额为17.78万亿元，其中管理库项目9383项，投资额为14.48万亿元；并且近三年的PPP项目数量和投资额是世界银行公布的中国26年PPP项目总量的10倍左右，特许经营期大都在20年以上。

大规模和周期长等特征给PPP项目管理带来了较大的挑战，一是项目投资金额大且回收周期长，这既增加了政府财政预算压力和对社会资本投资人资金筹集与融资能力提出新挑战，也对PPP伙伴双方在项目建设、运营与管理方面的能力、资源、知

---

① Canadian Council for Public Private-Partnerships. 10-Year Economic Impact Assessment of Public-Private Partnerships in Canada（2003-2012）[R]. http：//www.pppcouncil.ca/resources/issues/economic-impact-of-p3s.html. March 17，2014.

② Treasury H.M. A New Approach to Public Private Partnerships[R]. London：The Stationary Office，2012.

识提出新要求；比如北京地铁四号线 PPP 项目，总投资约 150 亿元，特许经营期 30 年，北京市政府很难全部以财政资金投资，香港地铁公司也需要增强与地方政府的关系协调能力。二是合同的不完全性（Contract Incompleteness）。不完全合同增加了合同双方的适应成本（Adaptation Cost）（Bajari 等，2014 年）与交易成本（Transaction Cost）（Williamson，1981 年）、致使较高再谈判率（Guasch 等，2008 年）、诱发企业融资约束和公共部门腐败（Arve 等，2016 年），导致 PPP 项目合作伙伴关系的脆弱性、项目管理的复杂性和价值损失（表 1-1）；比如重庆同兴垃圾焚烧发电厂 BOT 项目，初始合同没有全面考虑垃圾质量、政府履约能力以及市场价格情况，导致运营期前三年亏损和项目价值损失，启动再谈判。三是也是最重要的，PPP 项目伙伴主体关系不明确，混淆了伙伴关系（Partnership）与领导者—追随者关系（Leader-Follower Relationship）的差异，导致项目不可持续；伙伴关系的双方在资源、风险以及利益等方面是一种对等、公平的契约关系，PPP 就是这种公平、平等的伙伴关系（贾康等，2014 年），而领导者—追随者关系在权力和资源方面是不平等的，领导者处于绝对优势和强势地位（Schaeffer 等，2002 年）；并且合作双方关系不明确也会产生 PPP 主体行为的法律冲突（胡改蓉，2015 年）；比如泉州刺桐大桥 BOT 项目，地方政府违约增加竞争性项目、强势增加合同内容和更改收费机制等，社会资本投资方只能接受，合同中的伙伴关系在此实际演变为企业向政府的"汇报"（贾康等，2014 年）。因此，项目复杂性、合同不完全性和合作伙伴主体关系不明晰是 PPP 模式在公共项目中推行与实践的普遍问题，且随着项目规模和特许经营期的增加，PPP 伙伴关系稳定性、利益冲突以及项目可持续实施等问题也越发突出。

再谈判引起的 PPP 项目价值损失　　表 1-1

地区	PPP 项目再谈判比例	价值损失	来源
拉美地区	交通项目 53%；水务项目 76%	如墨西哥，52 个 PPP 项目再谈判，产生 70 亿～120 亿美元价值损失（约为 1%～1.2% 的 GDP）	Guasch 等（2008 年）
美国	能源项目 61.8%	——	Woodhouse（2006 年）
葡萄牙	所有行业领域 67%	——	Marques（2013 年）
英国	所有行业领域合同变化率为 55%	——	NAO（2001 年）

备注：签订合同 1.6～3.1 年后发生再谈判，预期增加 1 美元或产生 2.7 美元的成本（Guasch 等，2008 年）；产生合同价值 14% 的适应成本（Bajari 等，2014 年）

类比：估算我国 PPP 项目的潜在价值损失，若按照 14% 的成本增加率，价值损失 13.5 万亿×14%=1.89 万亿元，占 2016 年全国固定资产投资约 3.12%，占 2016 年 GDP 约为 2.54%

3. PPP项目实践突出了伙伴关系在价值创造中的重要性

根据PPP中心综合信息平台统计[①]，截至2019年12月末，财政部PPP在库项目总计12341项，总投资额为17.78万亿元，其中管理库项目9383项，投资额为14.48万亿元；储备清单项目2958项，投资额为3.30万亿元，可见PPP模式在我国基础设施领域和公共服务领域占有很大份额。通过对近3年在库项目情况进行对比分析（图1-3）可以发现，PPP项目总规模正在逐年递减，尤其储备清单项目递减幅度较大，由此可见，我国PPP项目的开展与实施正趋向严谨，大批不合规项目已被清理出库。同时相比于储备清单项目，对于即将进入采购程序的管理库项目具有逐年缓增趋势，这表明越来越多的PPP项目将进入或已进入到"落地实施"阶段，未来如何进行PPP项目价值管理、规范PPP行稳致远成为亟须解决的关键问题。

图1-3　2017～2019年财政部PPP在库项目数量统计

资料来源：财政部政府和社会资本合作中心

项目实践领先于理论，依据是我国PPP模式的发展现状，在相关政策文件的规制下，PPP项目发展不合理的现象仍层出不穷，如表1-2所示，列出PPP项目实践中提前终止与价值受损的典型案例。此外，根据课题组对某市河道综合治理项目的实际调研，该项目已进入建设施工阶段，但由于PPP项目公司后期融资难，建设资金不到位，以及投资方对河道治理提出的一些开发性经营方案受到政府方的否决，导致企业投资方不再继续投资，项目进入全线停工（图1-4）。为防止损失扩大，政府方出面协调，提议将正在施工的示范段做完，并表示在示范段竣工后办理结算，项目才恢复施工（图1-5）。

典型案例与调研实践中的问题反映了PPP模式伙伴关系本质与PPP项目价值管理

---

① 财政部政府和社会资本合作中心。

我国 PPP 项目实践案例　　　　　　　　　　　　　　　　　　　　表 1-2

案例名称	案例事件	结果
国家体育场PPP项目	因企业方中信集团运营管理经验匮乏，无法达到"鸟巢"的收支平衡，以及运营期间过度的商业化行为，导致北京市政府强制收回"鸟巢"经营权	合作提前终止，PPP项目价值创造终止
长春北郊污水处理厂PPP项目	因政企双方未正当解决运营收费问题上的分歧，项目公司停产，将39万吨/日污水排入松花江	政企间关系破裂，项目价值损失巨大
杭州湾跨海大桥PPP项目	政府承诺与履约不力，该项目开工未满2年，政府在相隔仅50公里左右处修建大桥，导致车辆分流，该项目车流量减少30%以上，企业方收益不足	运营期项目缺乏市场竞争力，无法实现物有所值
菏泽垃圾焚烧发电BOT项目	政府方前期规划不合理，承诺的补贴方案未落实，以及企业方技术不成熟导致运营4年连续亏损	投资方杭州锦江集团退出该项目，项目提前终止
北京第十水厂PPP项目	由于政策调整、特许价格、公众反对以及政府部门间协调等因素，导致项目未能正常投入使用	企业方撤资，项目未能进入运营期，无法创造价值与实现物有所值

资料来源：根据文献资料整理。

图 1-4　某市河道综合治理项目全线停工

图 1-5　某市河道综合治理项目恢复施工

认识不足现象，由主体行为所触发的伙伴关系破裂已严重威胁PPP项目的价值创造以及可持续运行。基于此，政府与企业间关系是PPP项目价值创造的源泉。因此，亟须以价值研究为主线，研究伙伴关系与关系价值的内在路径，在此基础上探索伙伴价值量的测量方法，表征政企间伙伴式合作"价值"的质量标准，是实现PPP项目全生命周期绩效管理的核心，也是实现PPP项目可持续发展与价值增值的前提。

4. 伙伴关系维系是影响PPP项目持续运营的关键

合作行为的演化与维持是社会科学领域最为重要而又没有解决的问题（May，2006年；Colman，2006年），而且合作行为与合作伙伴关系的维系是伙伴主体之间长期的、持续的交易基础（Rahman and Kumaraswamy，2004年）；PPP项目持续运营和价值实现是以稳定与持久的合作伙伴关系为基点的（Reeves，2008年；Kumaraswamy等，2015年）。"没有伙伴关系就没有PPP"（贾康等，2014年），在大规模和周期长的

PPP项目中，由于利益主体多元化、主体目标多维度、合同不完全以及项目活动复杂性等因素交织存在，而且在复杂的PPP项目系统中对伙伴双方的信息与决策动机很难观测，因此很容易导致伙伴双方目标冲突与行为失范。在问题事件发生后，由于主体多元与利益多维对处置程序、补救方案、信息搜集、不确定性诊断等方面的约束，使得对问题事件的应急处置也存在较大困难，很容易诱发突变、扩散和连锁反应，从而使PPP项目管理失控、价值损耗和公众不满意。比如长春北郊污水处理厂PPP项目，因政府废除《长春汇津污水处理专营管理办法》，导致排水公司停止向合作公司支付处理费，污水处理厂上诉失败后停产并以39万吨/日的速率将污水直接排入松花江（宋金波等，2014年），因政府行为引发事件连锁反应，给社会造成重大损失，政府不得不回购项目；这也凸显了现阶段PPP实践"重融资，轻管理"的弊病（陈志敏等，2015年）。因此，对伙伴关系的正确认识和有效维系是PPP项目顺利实施和价值实现的前提和保障。如表1-3所示，列举了近年来PPP项目中因伙伴主体双方原因导致的部分问题事件。

我国政府和企业合作项目实践案例　　　　　表1-3

案例名称	事件	结果
国家体育场"鸟巢"PPP项目	因中信方面无法承担成本回收任务和过度商业化行为，北京市政府收回"鸟巢"经营权	股权结构变更，PPP项目提前终止
青岛威立雅污水处理PPP项目	因监管缺失、政府能力、决策失误等原因，出现污染自来水事件，给公众造成严重损失	再谈判，公共利益受损
合肥市王小郢污水处理厂TOT项目	政府投资回报率承诺较高，社会资本投资者以同行业污水处理服务费的2.4倍获取预期投资回报	公众利益受损
泉州刺桐大桥BOT项目	竞争性项目增加；政府领导层意愿驱动的产权重组，曾使业主方的名流公司濒临危机	社会资本投资者利益受损
杭州湾跨海大桥PPP项目	因政府承诺问题，该项目开工未满2年，在相隔仅50公里左右的绍兴市上虞沽渚就开始修建绍兴杭州湾大桥，同类项目竞争导致实际车流量比预期车流量少30%以上、收益不足	社会资本投资者频繁转让股份和资本撤资，国有资本控股，项目经营困难
菏泽垃圾焚烧发电BOT项目	技术不成熟、前期论证不充分，运营4年内累计亏损达1500多万元；政府承诺的补贴方案未能落实；掺入煤量超过国家规定，变为小火电厂	投资方杭州锦江集团退出该项目
北京第十水厂PPP项目	由于水价、政策调整、政府部门间协调以及公众反对等因素，导致项目从1998年立项至今仍未投入使用	投资方撤资，项目合作方变更

综上所述，第一，我国现实的PPP运用实践中，存在PPP伙伴关系本质模糊、伙伴主体能力与认知有限以及伙伴关系维系弱化等问题，这是影响PPP伙伴关系可持续与创造价值的关键；第二，伙伴关系维系的重要性已在学术研究中得以认可，而

对PPP项目的伙伴关系维系研究仍存在薄弱；第三，伙伴关系维系与PPP项目价值之间存在关联关系，而对于伙伴关系维系如何影响PPP项目价值以及二者关系的实证研究等方面研究比较薄弱；第四，PPP伙伴关系维系的研究也是对May（2006年）和Colman（2006年）提出的"合作行为的演化与维持机理是社会科学领域最为重要而又没有解决的问题"的响应。因此本书的研究问题定位于"PPP伙伴关系维系与项目价值的关系"。

1.2 国内外研究现状及发展动态分析

1.2.1 PPP领域学术研究现状

PPP是涉及多个研究领域的问题，其研究内容不仅与经济学、管理学以及建筑学存在交叉点，还与社会学、计算机科学以及自然科学范畴内的多个研究领域也都有着交集，是一个所涉学科相当广泛且不断发展的研究领域。

为了对国际上研究PPP相关学术问题的现状进行分析，本书选择"公私合作伙伴关系"词语。公私合作伙伴关系在英语中的翻译是"Public Private Partnership（PPP）"，并且考虑到公私合作伙伴关系在实际应用中存在诸多形式，如Build, operate and transfer（BOT）, Build, own, operate and transfer（BOOT）, Build, own and operate（BOO）, Transfer, operate and transfer（TOT）, Design, build, finance and operate（DBFO）, private finance initiative（PFI）, Build-transfer（BT）, Build lease transfer（BLT）, Renovate operate transfer（ROT）等，本书采用Web of Science数据库进行网络分析，分别对上述10种类型的关键词进行搜索与统计分析，时间范围是2000年1月～2016年12月。截至2016年12月末，共检索到期刊论文1249篇，其中涵盖41篇文献综述（Review）。分析结果如图1-6～图1-8所示。

通过图1-6的分析，PPP领域的学术研究成果数量逐年呈上升趋势，虽然近两年略有下降，但对PPP模式文章数量分析可知，其文章数量仍然是呈上升趋势，这表明PPP学术研究逐渐受到国内外学者重视。通过图1-7的论文来源分布看，英国、中国、美国以及欧洲在PPP领域的研究最为活跃。而通过图1-8可见，PPP是一个跨学科的问题，与多个研究领域都有交叉点，主要研究方向按文献总数由多到少排列依次是：工程学、商学与经济学、公共管理、建筑与建筑技术、交通运输以及环境科学等。

为了梳理我国关于PPP的学术研究成果，采用中国知网CNKI数据库对其进行网络搜索与统计分析，将搜索范围限定为期刊论文和博士学位论文，采用高级检索，检索条件设定为核心期刊、CSSCI期刊、EI期刊和SCI期刊，检索词为"公私合作伙伴关系"或"PPP"或"公私合作"或"公私合营"或"公私伙伴关系"或"公私合作

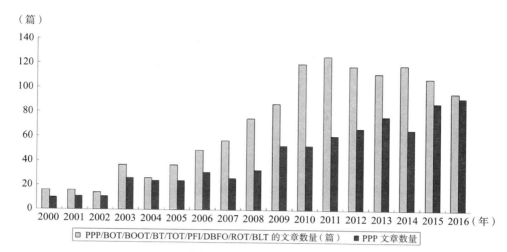

图 1-6 年文献出版数量

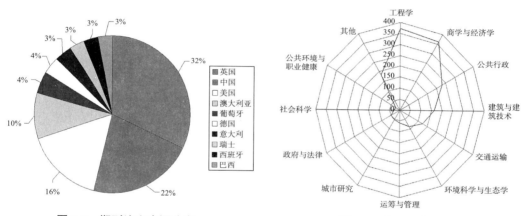

图 1-7 期刊论文来源分布

图 1-8 主要研究方向

伙伴"或"政府和企业合作",以及PPP的变形模式"建设—经营—移交(BOT)"或"私人主动融资(PFI)"或"建设—移交(BT)"或"移交—经营—移交(TOT)"或"建设—拥有—经营—移交(BOOT)"等。截至2016年12月末,共检索到1629篇期刊论文,68篇博士学位论文,分析结果如图1-9和图1-10所示。

统计分析发现,近24年来我国在PPP领域的学术研究成果逐年增加,期刊论文研究成果涉及公共管理、法学、会计学、经济学、制度经济学、社会学以及保险学等学科,涵盖公用事业、公共服务和基础设施等领域,研究问题主要集中在风险管理与收益分配、定价与特许期决策、项目融资、基本概念与内涵、合同设计与管理、治理、会计处理以及行业应用研究等方面。对于1697篇学术论文(期刊论文+博士学位论文),应用基础研究类论文1023篇,占全部期刊论文数量的60.28%;行业应用与案例研究类论文618篇,占36.42%;基础理论研究类论文56篇,占全部期刊论

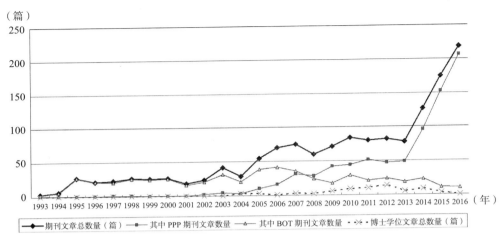

图 1-9　年文献数量

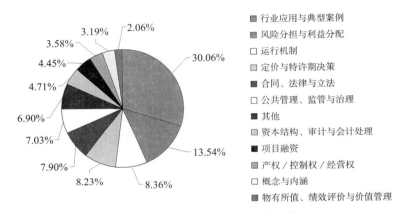

图 1-10　学术论文关注的焦点问题

文数量的3.30%；其中对于56篇PPP基础理论研究类，明确表明"伙伴关系是PPP的核心/关键/本质"观点的期刊论文仅有11篇，占全部基础理论研究类论文数量的19.64%，占全部论文数量的0.65%，其余论文对"公私合作伙伴关系"的理解可归纳为三种类型"合作或合作关系""模糊处理合作、合作关系和伙伴关系三者之间关系""避而不谈"。

为了进一步分析我国PPP学术研究现状，本文对国家自然科学基金委和国家社会科学基金委资助的PPP科研项目进行收集、分类与统计分析，截至2016年12月末，受资助的PPP科研项目共119项（附录1），每年的项目数量如图1-11所示。根据受资助的国家级项目的学科分类这些项目主要涉及管理学、政治学、法学、应用经济学和社会学；基于对受资助项目研究题目的分类分析，受资助的PPP项目的研究问题主要集中在制度、法律、运行机制以及效率等四个方面，其中以运行机制为主题的项目为

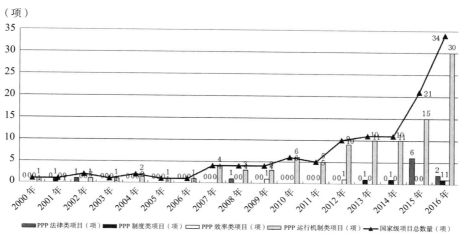

图 1-11　国家自科 / 社科基金资助的 PPP 科研项目统计

102 项，占全部项目的 85.71%；对于 PPP 制度和法律问题，连续四年得到国家立项，并且 2015 年和 2016 年分别立项关于"PPP 立法"和"PPP 制度分析"两个重大项目，这也说明 PPP 的立法和制度问题是当前亟须解决的关键问题，研究问题之间的网络关系如图 1-12 所示。

探讨中国近代以及现当代 PPP 研究成果大都采用"实用主义"的理念，将西方较先进的理论、方法与技术应用于具体的 PPP 项目案例中，并取得了比较多的学术研究成果与实践案例。然而，发达国家或地区的 PPP 理论与应用成果在我国会出现水土不服，某些理论、经验或技术方法应用环节存在"拿来主义"或缺乏创新的现象，大部

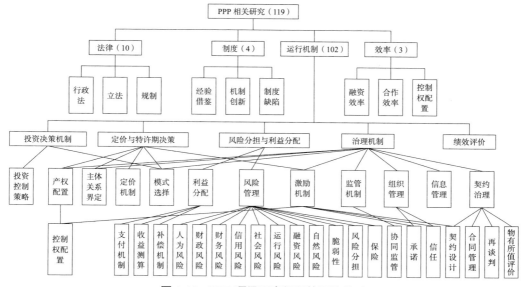

图 1-12　PPP 项目研究问题的网络关系

分应用类研究成果对公私合作伙伴关系的理解以及PPP项目运行机制的设计多是以某一特定国家或典型项目经验介绍为背景。应用研究要真正实现其应用价值，必须在厘清问题本质的基础上破除以介绍某一特定案例为切入点的思维模式以及转变"拿来主义"观念。

综上，目前我国PPP领域研究在论文数量与行业应用研究论文数量均处于上升趋势，但在PPP概念与本质、PPP伙伴关系维系和法律制度层面的研究还比较薄弱。在理论层面，由于对"PPP中第三个"P"（Partnership）如何解释与界定""如何建立与评价伙伴关系""怎样维系伙伴关系"以及"伙伴关系维系对PPP项目的影响"等问题缺乏深入研究，难以将发达国家或地区已有研究成果有效地应用于我国PPP实践。在实践层面，由于缺乏实际案例的收集与积累、实际数据的公开透明，导致学术界很难真实有效地剖析PPP实践本质内涵及存在问题，导致理论与实践脱离。与之对比，发达国家或地区的PPP基础理论与应用研究成果大多是厘清概念与本质的基础上深入剖析现实问题，并及时准确地公开信息，这对PPP理论研究与实践应用具有重要意义和借鉴价值。

1.2.2 PPP理论与方法

①PPP项目的"伙伴关系"特征。梳理众多学者的研究成果发现，PPP组织研究主要有合作关系和伙伴关系两种观点（Linder，1999年；Zhang等，2005年；叶晓甦等，2013年；Hodge等，2007年；Steijn等，2011年；贾康等，2014年；王守清，2015年）。PPP概念的不同认知对PPP伙伴关系持久与稳定、价值创造和项目可持续实施产生影响（Linder，1999年；Hodge等，2007年；王俊豪等，2014年）；重视以伙伴关系为核心的PPP概念，有助于厘清PPP价值创造机理及机制创新（张万宽，2011年；Zou等，2014年；Kumaraswamy等，2015年；王天义，2016年）。Steijn等（2011年）发现PPP项目中伙伴关系增强了公私双方的依赖性，通过共同协调、组织安排实现价值增值和管理策略创新。我国的杭州湾跨海大桥、青岛威立雅污水处理、泉州刺桐大桥等PPP项目中止或失败实践案例已引起反思，贾康等（2014年）提出"没有伙伴关系就没有PPP"。

②PPP内涵的研究呈现螺旋式演进特征。早期引入私人部门参与公共产品或服务供给的目的主要是缓解财政压力和提升供给效率（Demsetz，1970年；Grout，1997年；Maskin and Tirole，2008年；贾康等，2014年）。随后PPP项目利益相关者的有限理性和机会主义行为等因素引起的合同不完全、产权不明晰以及信息不对称等问题致使PPP风险管理失范（李启明等，2000年；刘新平和王守清，2006年；宋金波等，2014年；杜亚灵等，2011年），风险管理成为PPP的主要内涵（王俊豪等，2014

年),减少PPP价值损失和实现价值增值是风险管理的首要目标(Grimsey等,2004年;Morris,2013年;叶晓甦等,2017年),通过识别与优化PPP风险价值要素进一步保障契约不完全条件下物有所值评价的科学性与可靠性(Siemiatycki等,2012年;York等,2013年;卢剑锋,2017年)。

上述PPP项目伙伴关系和风险与价值的辩证关系研究,为本文厘清PPP伙伴关系维系与项目价值的关联机理提供了理论与方法支撑。但后续研究应着重补充以下两点:①PPP伙伴关系与价值关系的内涵需要进一步完善。考虑到政企组织性质、价值目标特征差异,PPP概念的内涵与外延不可避免地陷入价值观念冲突与伙伴关系内部张力困境,基于中国情境的PPP概念界定受到信任、文化等组织特征的影响更强(Zhang等,2009年;杜亚灵等,2016年),在西方文化背景下的研究成果应用到中国管理情境中则出现了"水土不服"。②区别于以盈利为导向的商业项目伙伴关系的组织特征,公共项目的政府和企业投资人合作伙伴关系的利益依赖性更强(Mahoney等,2009年;Kivleniece等,2012年),表现为合作的互补性与锁定性,因此,在合作伙伴关系维系关键因素识别与确立的基础上,PPP伙伴关系维系与项目价值的关联机理仍需进一步探寻。

1.2.3 PPP伙伴关系建立

选择合作伙伴是PPP伙伴关系建立的前提,合适的伙伴有利于提升PPP项目运行效率、合作绩效和项目管理效果(宋波等,2011年;Millson等,1996年);恰当的伙伴选择策略也有利于项目实施中的伙伴控制及其交互作用治理(谢恩等,2016年)。最早由Jonhson等(1995年)提出了PPP项目私人合作伙伴的资格预审和综合评价二阶段选择方法,在此基础上,易欣(2016年)提出三阶段伙伴选择机制。公共部门和私人部门是PPP项目的关键伙伴主体,公共部门通过招投标方式选择合作伙伴,通过合作双方多次洽谈、协商或讨价还价等寻求平衡状态,PPP合同的签订标志着伙伴关系的正式建立和法律关系的确认。Field等(2004年)认为伙伴选择在医疗事业PPP项目中很重要,尤其是选择具有优秀管理能力、丰富项目经验、较高技术水平的合作伙伴、良好的项目团队(Zhang,2005年),以及合理的资本类型(孙慧等,2011年)。此外,有的学者也应用博弈论(何寿奎,2010年)、遗传算法(冯蔚东等,2000年)、证据推理与粗糙集(吴隽等,2005年)等分析PPP项目伙伴选择问题。例如,Scharle(2002年)从博弈论视角剖析PPP伙伴双方的行为互动社会博弈策略及对应结果,认为PPP伙伴选择在博弈环境中能够更好地得到辨析与理解。公私双方的行为博弈分析也有助于选择合理的伙伴(Ouenniche等,2016年)、伙伴之间风险分担解析(李妍,2015年)、合作伙伴的利益分配讨论(Glumac等,2015年)、增加PPP采购市场的竞争性以及保障PPP专用性资产投资者权益（Clerck等，2016年；Besley等，2001年），以及减少PPP项目伙伴双方再谈判（Ho，2006年；Valero，2015年）。对于合作伙伴选择的研究成果较多，研究方法从定性研究到定量研究、从单一方法应用到多种方法集成、从单一阶段到多阶段综合，为PPP伙伴关系管理提供基础参考。

1.2.4 PPP伙伴关系维系

伙伴关系维系是实现伙伴关系价值增值和关系可持续的关键环节。"关系维系"主要来源于市场营销学，通过投入专用型资源维系顾客关系，增加其忠诚度以及提升企业价值（Dwyer等，1987年；Wilson，1995年；Kranton等，2001年；李长江等，2002年）；关系维系的直接表现是保障顾客关系的持久性，而客户关系持续期延长主要取决于保留的经济性（Reichheld，1996年），即保留现有客户的成本小于获取新客户的成本（Fornell等，1987年）。后续建立的"关系营销理论（Relationship Marketing Theory）"，更加注重顾客关系的维系，并将持续的、高质量的顾客关系作为企业价值提升的关键途径（Jackson，1985年；Grönroos，1994年；庄贵军等，2003年；李颖灏，2008年）。对于供应链管理中的伙伴关系研究，主要聚焦于伙伴关系的生产效益和长期战略优势的改善、合作关系凝聚力增强以及伙伴关系绩效提升等（Stuart，1993年；Maloni等，1997年；Vokurka等，1998年）；从过程管理的视角将伙伴关系管理分为需求分析、信息收集、伙伴选择和跟踪管理四个过程（丁利军等，2003年），从时间的角度将伙伴关系管理分为选择合作伙伴、建立合作伙伴关系、维持合作伙伴关系和解散合作伙伴关系四个阶段（陈志祥，2005年；李辉等，2007年），而伙伴关系维系是伙伴关系管理的中心（李辉等，2007年），并强调竞争优势与绩效提升不仅取决于供应链企业间关系质量与维系，更重要的是与消费者的关系持续性（Benton等，2005年；Lacoste等，2015年）。对于组织间关系，Oliver（1990年）认为，关系是指一个组织与其环境中的多个组织之间建立的相对长久的交易、交流和联系，组织间关系管理包含关系识别、关系构建、关系维护以及关系优化（任浩等，2012年），有效地"杠杆化利用"组织间关系是组织间实现创新性合作绩效的重要途径（罗珉，2007年）。在公共领域，伙伴关系协同是伙伴关系成功运行的首要特征，其协同效应来自于伙伴关系的核心竞争力（如稀缺资源）与知识、能源、资金以及法律赋予的权力等资源投入之间的互补性（Bennett，1998年）；Lowndes等（1998年）将伙伴关系全生命周期分为合作前期、关系建立阶段、计划实施阶段以及伙伴关系终结等四个阶段。

对于维系伙伴合作和伙伴关系运行可持续的方式的研究主要集中在两个方面，即正式契约（合同）和非正式契约（Demsetz，1970年；Dyer，1997年；Dyer等，1998年；Gulati等，1999年；Fehr等，2000年；Hart，2003年；Walker等，2003年；杨瑞龙等，2006年；张喆等，2008年；任浩等，2012年；韦倩等，2013年；Jagosh等，2015年；杜亚灵等，2016年；叶晓甦等，2017年）。Kale等（2000年）认为基于信任的关系资本是防止机会主义的关键，这种模式比合约更能防止机会主义行为，因为合约难以事前确认需要约束的全部行为。此外，Axelrod（1984年）运用经典的"囚徒困境"博弈（Prisoner's Dilemma game）分析参与者数量、选择集范围、支付结构变化、噪声、未来影响、人口动力学以及人口结构等因素对合作的影响，认为通过增加未来的影响（使相互作用更持久和相互作用更频繁）、改变收益值以及教给对策者促进合作的准则、事实和技能等策略增加合作的持久性；无论是正式合同还是非正式契约，任意一种伙伴关系维系方式或模式都需要投入专用型资源或资产（涵盖有形资产和无形资产），尤其是因信息搜寻、合同协商与谈判、合同执行与监督管理等活动引发的交易成本，这些成本对伙伴关系维系、项目价值创造以及企业绩效提升具有重要作用（Alchian等，1972年；Kranton，1996年；Dyer，1997年；Parker等，2003年；Williamson，2010年）；而且关系资本理论认为"关系"能够创造价值或产生关系租金（Dyer等，1998年；Khanan，1998年；Das等，1998年；Barringer等，2000年；Ménard，2004年），这些投入在伙伴关系管理过程中转化为关系资本（Mitchell等，2000年；董俊武等，2003年），资本的价值增值特性与经济组织价值最大化目标具有一致性，如果维持伙伴关系的成本超出了伙伴关系能够带来的收益，投资就是不理智的行为或者资本投资无效（Dwyer等，1987年），因此测量伙伴关系维系专用型投入对投入主体的影响效果是很重要的。

虽然伙伴关系专用型投入对伙伴关系管理及主体价值创造很重要，但目前对该部分投入的评估研究却很少。为了验证伙伴关系对项目绩效、效率提升或效果改善的积极作用，Brinkerhoff（2002年）基于伙伴关系的组织认同和相互性两个维度，从前提条件与成功因素、伙伴关系实践、伙伴关系结果、伙伴关系绩效以及效率等五个方面着手，构建伙伴关系评价框架，并设置五个要素的测量指标及其测量方式；Cramm（2013年）基于"伙伴关系运行—伙伴关系协同—伙伴关系效果"逻辑框架，以荷兰鹿特丹社区健康护理计划实施情况为研究背景，通过调查106个参与伙伴关系实施的专家，结果证明伙伴关系协同是伙伴关系运行和伙伴关系效果的调节器或中介变量或传导介质。

基于此，伙伴关系维系是市场营销和商业项目研究的重要问题，同时也是PPP项目伙伴关系持续的重要问题；但伙伴关系维系的现有研究主要集中在组织间关系、联盟、市场营销和供应链，对于PPP项目的伙伴关系维系研究较少。顾客关系维系或商业伙伴关系研究成果为本书提供了基础概念、逻辑思路和研究方法借鉴。可持续的伙伴关系更有利于伙伴关系协同效应创造；而伙伴关系维系的专用性投入是保障伙伴关系可持续的必要条件，其重要性得到认可，但专用型投入对PPP项目的重要性程度缺少定量研究，这也是导致前期决策成本或交易成本成为"沉没成本"的重要因素。

1.2.5 PPP项目价值创造

价值创造（Value Creation，简称VC）是构建伙伴关系的前提条件（Meidutė等，2011年），也是对伙伴关系建立的关键判断（Austin，2010年），取决于目标用户（Target Users）价值实现量和已获得价值的货币交换量（Lepak等，2007年），其本质是对资源的占有、使用和得到回报，表现为价值增加或成本节约（宋海燕，2012年）。PPP是公共部门和私人部门为了提供公共服务而建立的伙伴关系，实现物有所值目标；而物有所值中的"值"就代表PPP创造的价值。这个"值"不仅是资金价值，还应包括为国内产业发展提供机会以促进技术转让、因为资金使用而带来的社会效益（袁竞峰等，2012年；张水波等，2014年）。PPP是新型的合作伙伴关系，在解决正外部性、不确定性和改善治理成本方面的优势，这也是关系主体双方值得关注的关键点（Bovaird，2004年；Kivleniece等，2012年）；同时，由于公私双方的利益依赖特性（Mahoney等，2009年）和私人寻租目标与公共物品的内部张力（Margolis等，2003年）的存在，伙伴关系的价值创造问题成为PPP项目的关注焦点。伙伴关系是有价值的资产，这种关系的存在引起了双方价值增值，即伙伴关系价值（Partnership Value），这种价值也是缔约双方履行契约的重要保障；张万宽（2011年）和孙元欣等（2010年）也提供了类似证据。在此基础上，国外学者Brinkerhoff（2002年）在厘清伙伴关系演化阶段的基础上，从组织认同（Organization Identity）和相互性（Mutuality）两个维度界定伙伴关系的类型，基于伙伴主体在此两个维度上的行为表现选择伙伴关系类型并基于此构建价值创造机制；Kivleniece等（2012年）从私人部门视角提出PPP伙伴关系价值来源是外部性、资源互补和成本效率，价值目标是社会福利、政治利益、私人利益和狭义的利益集团等，并在减少环境不确定性、弥补市场外部性和开发特殊资源的过程中实现PPP伙伴关系价值及其分配。而我国学者关于伙伴关系价值、价值创造及其管理的研究主要集中在企业价值（李海舰等，2004年）、联盟（张延锋等，2003年）、网络关系（朱瑞博，2006年）、组织间关系（罗珉，2007年；任浩等，2012年）、国外物有所值评价方法的应用（崔彩云等，2016年）以及一般项目价值管理（沈岐平等，2008年），在PPP伙伴关系本质、价值创造机理、价值要素及其管理等方面的研究较少；并且，国外的物有所值评价是建立在复杂的计算模型与充分的历史经验数据之上，因此不能简单套用物有所值（Value for Money）的评价方法；此外，物有所值评价，除了财务、技术、管理等评价指标外，还应考虑合作能力、关系管理能力、可持续发展能力、社会信誉、社会责任、经验业绩等因子。

综上所述，近年来学者们对顾客关系维系、组织间关系、联盟伙伴关系概念与内涵、PPP伙伴选择、联盟伙伴关系管理、组织间伙伴关系价值创造以及伙伴关系协同等方面进行了较多研究，并取得了相应的研究成果，为本书的顺利开展奠定了良好的理论基础。但就本书需要解决的问题而言，目前的研究存在如下不足：

（1）我国现行的PPP研究主要围绕风险管理展开，在PPP项目价值基础理论与实践，政府和企业合作伙伴关系、伙伴关系与项目价值的关系等方面研究比较薄弱，基于中国情景的PPP项目伙伴关系与价值互动关系的特征与规律还需系统认识。

（2）伙伴关系与关系维系的研究主要集中于市场营销、战略管理与供应链管理，对于PPP研究领域处于探索阶段，关键问题是政府和企业合作关系如何定位、定义，目前尚未明晰的告之，因而严重影响了实践中对于PPP项目价值的准确、科学和系统的制度设计，不利于保障政府和企业持久与稳定合作，共创PPP项目价值最大化。

（3）PPP项目价值的研究主要依据于建设项目所付出的劳动价值耗费，缺乏对物有所值（Value for Money，简称VFM）即"资金价值"本意的还原，这里的资金价值的"值"不仅包括付出的实体的劳动价值，还包括伙伴合作价值和科技创新产生无形资产价值，应当具体化研究，有利于PPP项目价值的全面理解与实现，有利于投资价值测算与评估伙伴维系的价值效果。

（4）伙伴关系维系与项目价值的关系研究主要集中在战略管理领域，PPP领域的伙伴关系维系与项目价值的关系研究，具有同等重要的战略价值。因此，不能解释PPP伙伴关系与项目价值的关系，不能在实践中维系伙伴关系稳定与持久，对政府和企业双方来说，其损失都是无法接受的。

综上所述，将"PPP项目伙伴关系价值创造"作为持续演进我国高质量发展阶段的课题，从理论层面说，推动了新理论认识的深入，新观点引发的变革，新方法产生价值量的增量，新绩效引来的管理革命。这些基于PPP项目伙伴关系和伙伴关系价值产生关联问题，将推进我国PPP管理理论与实践的新话题。

1.3 研究目的

我们研究的初衷是基于中国创新时代引发的价值革命，产生了十分有意义的课题，PPP项目价值是什么，试图回答实践中频繁出现因资金管理问题而发生的纠纷现象本源；因而触发了政府和企业合作（以下简称政企合作）关系定位以及关系促进价值增值基本原理，即PPP项目伙伴关系价值创造机理，希望构建伙伴关系价值货币化测量模型。具体为：以价值研究为主线，探索在PPP伙伴关系价值形成过程中，包涵着哪些关键价值要素、通过怎样的途径影响价值的形成，由此研究PPP项目伙伴关系价值创造的演绎路径；在PPP项目伙伴全面合作期，伙伴关系价值如何衡量，计量基础是什么，探究抽象伙伴价值的量化研究基础；如何建立伙伴关系价值要素与伙伴关系价值量之间的关联关系表达式，为PPP项目伙伴关系价值测量提供理论公式模型。

1.4 研究内容

依据研究目标，本研究的内容安排如下：

1. PPP项目伙伴关系及关系价值的基础研究

PPP伙伴关系价值的理论支撑与应用基础。基于价值论、战略管理与营销学的伙伴关系理论基础，建立PPP伙伴关系及关系价值，促进伙伴关系维系的研究基础，揭示政府主体和市场企业主体在公共项目全过程合作中确立关系本质与内涵，建立PPP伙伴关系的研究逻辑框架和途径，为研究PPP伙伴关系维系与项目价值关联关系提供可靠的理论依据。

2. PPP项目伙伴价值要素识别及价值创造机理分析

以PPP项目伙伴关系价值系统为平台，首先识别PPP项目伙伴价值的关键价值要素；再结合PPP项目属性界定伙伴价值的计量基础与价值构成；最后，在文献研究与理论分析下，推理演绎关键价值要素与伙伴价值之间的价值传递与价值实现因果关系，为PPP项目伙伴关系价值测量模型的构建提供机理支撑与变量基础。

3. PPP项目伙伴关系价值测量的系统动力学模型设计和情景实验

采用系统动力学方法构建考虑伙伴价值要素的各价值子系统，汇集成PPP项目伙伴价值系统，并分析伙伴价值系统内各变量之间的因果关系，进一步构建系统流图和定量方程，完成PPP项目"伙伴关系价值"测量的系统动力学模型，为量化与可视化PPP项目伙伴关系价值提供测量工具。

选取PPP项目实践案例，在案例实际数据基础上测算出伙伴关系价值量值，实现模型的量化计量过程；进一步量化分析各价值要素变动对伙伴价值量的影响，并对模拟测算结果进行解释说明与探讨，以期为PPP项目主体决策和价值管理提供建议。

4. PPP伙伴关系维系的价值效应模型设计

PPP伙伴关系与项目价值创造的关联机理是以政府和企业投资人为主体，以伙伴关系和项目价值为客体，以公共项目为载体，首先结合PPP项目属性界定PPP项目价值构成与计量基础；其次，通过理论分析与文献研究，推导PPP伙伴关系维系关键变量与项目价值的作用关系和作用路径；最后，建立PPP伙伴关系维系关键变量与项目价值关联关系的表达式，从而为可视化PPP项目伙伴关系维系与项目价值关联关系提供基础支撑。

5. PPP伙伴关系维系的价值效应实证研究

选取我国政府和企业合作（PPP）项目实践案例，采用系统动力学方法构建考虑伙伴关系维系变量的PPP项目价值系统，应用案例实际数据模拟仿真PPP项目价值系统运行规律，可视化PPP伙伴关系维系对项目价值的影响趋势；采用计量经济学方法测算PPP伙伴关系维系与项目价值的关联关系；基于研究结果反映PPP伙伴关系维系与项目价值的关联关系，为我国政府和企业合作（PPP）项目管理提供支撑。

1.5 研究意义

1. 从理论研究的视角而言，伙伴关系价值是PPP项目管理中的重要问题

从理论上讲，通过对国内外PPP研究文献的梳理与总结，发现现有的研究主要围绕风险—契约展开的，在PPP的概念与内涵、风险识别与分担、契约治理以及PPP成功的关键因素、绩效评价等方面都已经获得了一定的成果，并且现有研究已经对PPP项目合作伙伴选择进行了一定探讨。然而，PPP研究不能仅限于伙伴选择和伙伴契约关系建立，而更重要的是PPP契约执行过程中的伙伴关系及价值创造。

首先，本书从纷繁复杂的现象中，遵循价值规律，这是政企合作的基本出发点，伙伴关系界定为PPP的落脚点，研究PPP伙伴关系的价值属性、伙伴关系维系与项目价值的理论关系，以及项目价值实现对PPP伙伴关系持久与稳定的作用。该研究改变了风险—契约论研究逻辑，从价值创造—伙伴关系的角度去诠释PPP伙伴关系价值创造的内涵以及伙伴关系维系对项目价值的作用关系。

其次，基于劳动价值管理逻辑，探寻PPP项目价值要素源头，提出了对伙伴关系价值及其关键价值要素进行识别，探究伙伴价值创造机理与演化路径，进而构建PPP项目伙伴关系价值测量的理论模型；进而通过实验模拟，探寻将伙伴价值的抽象化化解为货币单位的度量，一直以来是价值管理领域的难题，同时也是PPP项目价值量化的难点，我们探索的定量演绎与模拟，为伙伴关系货币度量测试方法提供帮助，为未来PPP项目绩效管理廓清理论边界及计量范畴，有助于实践中PPP项目价值管理创新。

最后，通过PPP伙伴关系维系关键因素研究，揭示了PPP伙伴关系维系在伙伴主体、合作环境和合作客体之间的非线性关系，探寻了关系维系影响因素之间的关联关系与作用路径，这也是对May（2006年）和Colman（2006年）曾提出"合作行为的演化与维持是社会科学领域最为重要而又没有解决的问题"的响应，构建PPP伙伴关系维系与项目价值之间的作用机理，它恰好可以从更深层次解释为何风险与责任划分很明确的项目仍然存在价值损耗或失败；从另一角度证明了关系维系与项目价值的关联关系。

2. 从PPP实践的角度而言，本研究有利于优化与实现PPP项目价值管理目标

从青岛威立雅污水处理PPP项目的中止与再谈判到国家体育场"鸟巢"PPP项目的股权结构与运行方式变更，宣告了我国PPP项目"重签约，轻维系"管理模式的终结。实际上，公共项目领域引入企业投资人已经对我国公共领域政府公共管理能力与企业市场经营模式提出了挑战，我国政府与企业在PPP项目领域仍沿用"摸着石头过河"的思维，缺少对PPP项目价值体系、伙伴关系管理系统及其融合角度的针对性研究与实践，进而削弱PPP伙伴主体价值创造能力。研究成果能够帮助政府和企业投资人清楚认识伙伴关系在PPP项目管理过程中的价值和作用，帮助PPP伙伴主体制定更加有效的实施方案与战略策略，优化PPP项目价值实现的效率和效果。

1.6 研究思考

1.6.1 研究方法

研究方法的目的从来都是为了发现问题、分析问题和解决问题。因此，在研究方法分类上，一般划分为演绎归纳方法和数理逻辑实证方法，但是最重要、最基本的方法只有一个，那就是实际调研。主要研究方法如下：

1. 问卷调查及数据统计分析方法

研究的一切问题都是来自于生产实践活动，即发现问题的源头是实践，而非问卷提出的问题本身，这是本书的基本逻辑。因此，在研究中我们首先运用实地调研访谈方法，通过访谈PPP项目所涉及的利益相关者——政府、参与企业和公众，获取了项目现场、项目公司、政府和企业的一手资料，通过专门方法进行处理，得到认识问题，进而再进行专家问卷方法。为了达到预期目标，本书采用问卷调查，筛选PPP伙伴关系维系的关键评价指标及影响因素；我们对经验丰富的实践工作者进行了问卷调查，并进行了小范围的研讨来对上述结果进行纠偏。对问卷调查获得的相关数据，本书运用统计分析的方法进行处理，该过程中主要采用结构方程模型（SEM）方法，先后对其测量模型和结构模型进行分析；使用的软件包括SPSS18和Amos21.0。

2. 文献研究方法

运用文献进行综述性研究，其主要作用是：①了解国内外PPP研究的现实状况，把握公共项目公私合作伙伴关系的研究内容与发展趋势，从而确定本研究的核心问题；②明确伙伴关系在PPP项目中的重要性，识别伙伴关系与项目价值创造的概念、内涵及其关联性，构建公共项目公司合作的理论框架，为继续细化和深入分析PPP伙伴关系与项目价值的关联机理打下坚实基础；③获得PPP项目成功的评价指标和影响因素，用于设计本研究中的第一次问卷。本书的文献来源主要包括数据库期刊资源，如Scopus、Elsevier Web of Science、UMI博士论文全文数据库以及中国期刊网数据库CNKI等，重庆大学图书馆，超星电子图书，网上资料以及统计年鉴等。

3. 理论逻辑与演绎分析方法

逻辑分析的重要性在于从概念辨析入手，发现基本原理的脉络，从而通过批判性与辩证性推理，寻找出认识、判断、追踪和根据的支撑依据。因此，在交流概念观点时，逻辑分析通常是追根寻源的可靠思维脉络。在本文中我们就提出了什么是PPP项目价值的概念，进一步再提出什么是PPP伙伴关系价值的认识，如果他们没有得到科学的解释，很难再进一步推理下去。现代项目管理对项目与商业模式的关系以及战略管理理论中的商业模式NICE属性与项目价值之间的关系进行理论论证，并试图借鉴经济学厂商理论中柯布—道格拉斯函数（Cobb-Dauglas）生产函数对实际项目案例进行实证分析，验证理论分析得到的结论，从而补充伙伴关系对PPP项目管理研究框架，为以后的同类研究提供理论支持。

4. 系统工程分析方法和计量实验模型

系统工程是一个分析变量间复杂关系的有效工具，本书运用系统动力学分析PPP项目伙伴关系维系与项目价值的关联关系，运用实际项目案例数据模拟并仿真系统运行规律；此外，基于经济学厂商理论中的生产函数基本原理，运用计量经济核算测量伙伴关系投入对项目产出的重要性程度，并将该结论反馈到PPP项目伙伴关系维系与项目价值创造系统中，从而实现PPP项目伙伴关系维系与项目价值优化的集成。

1.6.2 技术路线

根据研究内容设计技术路线，如图1-13所示。

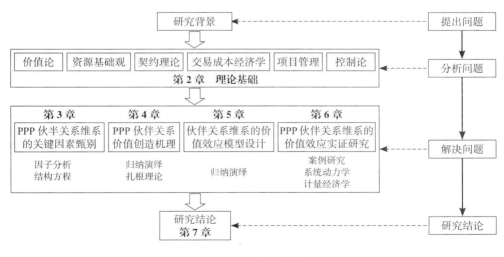

图1-13 技术路线

| 第2章 |

PPP价值理论基础及分析

伙伴关系是PPP的核心特征,也是PPP伙伴关系与项目价值实现的出发点与落脚点。政府、企业和社会公众等诸多利益相关者,他们融入于复杂市场经济、社会治理、政治政策和自然环境中,如何认识合作伙伴关系,以及伙伴关系如何形成和发挥积极作用等,值得在学术和实践活动过程中去探寻有效的解释。本问题从伙伴关系的概念入手,探讨伙伴关系概念与内涵、PPP项目伙伴关系及其价值创造等相关问题,在此基础上提出PPP项目伙伴关系维系与项目价值的理论逻辑框架。

2.1 基本概念与内涵

2.1.1 PPP

PPP概念是其理论分析与实践检验的出发点与归属点。伙伴关系（Partnership）是交易双方之间信息共享、利益与损失共担、风险分担的协议（Ellram,1991年;Beach等,2005年）,这种关系通过转变参与方的传统关系,打破组织间壁垒,整合并合理利用利益相关者资源,实现价值创造目标（Akintoye等,2003年;Bovaird,2004年）。由于各国文化背景及经济发展的差异,PPP概念存在多种解释,我国政府部门将PPP解释为"政府和社会资本合作"。根据表2-1所示的典型国家机构和代表性学者的PPP定义,可知①PPP概念的"公"和"私"是基于市场经济体制下提供公共产品或服务目标的产物,市场经济造就了公共领域和私人领域,公共部门和私人部门;②公私合作伙伴关系,即公共部门与私人部门双方通过协议或合同进行特定产权安排,形成特定组织模式,依据"物有所值（Value for Money）"原则而形成的合作伙伴关系;③伙伴关系是PPP项目实施的基础。

国外典型PPP概念解释　　　　　　　表2-1

机构/学者	PPP概念	简要评述
英国财政部	PPP是公共部门与私人部门之间的一种长期伙伴关系	强调伙伴关系、风险共担、利益共享和物有所值
澳大利亚基础设施委员会	PPP是公共部门与私人部门之间的一种长期的契约安排（涉及项目全过程成本控制、风险管理、保护公共利益等）	强调伙伴关系、契约精神和物有所值

续表

机构/学者	PPP概念	简要评述
加拿大PPP委员会	建立在私人部门和公共部门各自的经验基础上，事先清晰界定双方需要满足的公共需求，通过资源、风险、利益分配机制形成合作经营关系	强调伙伴关系、风险共担和利益共享
Hodge等（2007年）	PPP是公共部门和私人部门之间的合作性制度安排	强调风险共担和资源集成
Grimsey等（2004年）	PPP是公共部门和非公共部门之间以提供公共服务为导向的一种风险共担关系，也是一种激励相容的契约安排	强调伙伴关系、风险共担和物有所值
Akintoye等（2003年）	PPP是一种改善基础设施、提升公共资产价值和最佳使用纳税人税收的长期的、可持续的工具或方法	强调伙伴关系、风险与责任共担、效率、利益共享和物有所值

注：典型机构的选取是参考UNECE[①]（2007年）对全球PPP市场成熟度划分；代表性学者的选取是参考Song等（2016年）对全球PPP学术研究成果引用最高的学者的统计。

改革开放后，我国公共项目领域应用较多的是BOT和BT类型，国内公共项目公私合作实践起始于20世纪80年代中期，理论研究则开始于90年代初，即1984年以BOT方式建设的深圳沙头角B电厂。PPP模式运用，我国起步时间较晚，实践案例较少，国家体育场"鸟巢"PPP项目实施成为学术界研究的热点，随后的北京地铁四号线和杭州湾跨海大桥等项目也采取PPP模式建设与运营，PPP概念由此正式提出，受到学者、企业家和政府部门的关注，并取得了丰富的研究成果。我国学者在PPP概念、内涵和本质的研究方面也取得了较为丰硕成果，如表2-2所示，可归纳为①风险与收益合理分担是我国应用PPP的重要内容；②物有所值作为PPP项目的目标得到广泛认可；③项目融资是PPP的基本功能，但不是全部；④学术界和企业界依然对PPP概念的认识存在多种解析，至今未能达成共识的观点。

我国PPP概念　　　　　表2-2

概念	文献资料	简要评述
PPP模式是指政府为增强公共产品和服务供给能力、提高供给效率，通过特许经营、购买服务、股权合作等方式，与社会资本建立的利益共享、风险分担及长期合作关系	国家发展和改革委员会（2014年）	强调长期合作关系、风险分担、利益共享和物有所值

---

① United Nations Economic Commission for Europe（UNECE）. Guidebook on Promoting Good Governance in Public-Private Partnerships[R]. New York and Geneva，2008.

续表

概念	文献资料	简要评述
PPP模式是在基础设施及公共服务领域建立的一种长期合作关系	国家财政部（2014年）	强调长期合作关系、平等参与、契约精神、风险合理分担和公共利益最大化
将PPP界定为一种涉及私人部门参与公共服务供给的一种契约安排，是一种基于伙伴关系的方法或模式，实现物有所值目标	中国香港特区政府（2008年）	强调伙伴关系、风险与利益合理分配、契约精神和物有所值
PPP是公共部门和私人部门为提供公共服务而建立的长期合作伙伴关系	张万宽（2011年）；杜亚灵等（2011年）；叶晓甦等（2013年、2019年）；贾康等（2014年）；王守清（2015年）；曹富国[①]（2016年）；何寿奎等（2007年）；李启明等（2010年）	强调伙伴关系、风险与利益合理分配、契约精神和物有所值
PPP是公共部门和私人部门为提供公共服务，以合同形式建立起来的一种长期合作关系	王俊豪等（2014年）；吴孝灵等（2016年）；张喆等（2008年）；宋波等（2011年）；温来成等（2015年）；胡振等（2011年）；赖丹馨等（2010年）	强调合作关系、合同，PPP核心是风险分担及风险管理
PPP是一种新型的项目融资方式	李秀辉等（2002年）；郭菊先等（2003年）；陈柳钦（2005年）；王雪青等（2007年）；艾冰等（2008年）	强调项目融资功能和物有所值

注："文献资料"归纳表示对应的研究资料所支持的观点。

综上所述，项目融资是PPP的基础功能，但不是全部。伙伴关系是PPP的核心特征，是政府和企业为了实现公共利益的特定目标而建立的伙伴式关系，以实现PPP项目价值最大化为目标。本书立足于伙伴关系研究基点，将PPP概念界定为：政府和企业投资人为提供公共产品或服务、实现公共利益目标，而建立的全寿命期伙伴式合作关系。

2.1.2 伙伴关系

1. 伙伴关系内涵

根据《牛津高阶英汉双解词典（第8版）》对Partner的释义，Partner可以翻译为配偶、合伙人、舞伴或伙伴；对Partnership的释义，Partnership可以翻译为"伙伴关系""合作"或"合伙企业"；《辞海》中对伙伴的解释是"泛指共同参加某种组织或从事某种活动的人"。伙伴关系是买方和供方就一段较长时间达成的承诺和协议，主

---

① 曹富国."政府和社会资本合作模式法律制度建设高峰论坛"发表演讲[EB/OL]. 中央财经大学法学院新闻网，http：//law.cufe.edu.cn/article/default.asp?id=5411，2016-1-4.

要涉及信息共享、利益与风险分担等。对于Public Private Partnership（PPP）而言，Partner应理解为伙伴，具有共同目标、相互信任和完全依赖的特征；根据2.1.1节对PPP的概念解释，我们认为Partnership在PPP中应翻译并理解为"伙伴关系"。对于伙伴关系的学术研究，专家学者从不同学科对其概念与内涵进行解释。从法学视角，Pepper（1898年a，1898年b）认为，伙伴关系（Partnership）是指伙伴主体对某项交易或商业或企业具有共同所有权的形式，伙伴双方共享交易的收益（Profit）和共担损失（Loss）；伙伴关系作为PPP模式的本质，它既要求公私双方在项目实施利益共享与风险共担，又要平衡公法与私法在项目合同中伙伴权利与责任的规范；Custos等（2010年）和邢会强（2015年）也有相似观点。从战略管理视角，伙伴关系是伙伴双方之间基于信息共享、利益共享、风险共担的协议，共同投入资源以努力达成彼此设定目标的关系（Dwyer等，1987年），这种关系以信任、合作和团队精神为导向（Millson等，1996年），打破组织间壁垒，整合并充分利用所有参与方的资源、能力与知识，投入专用性资产有效维系伙伴关系以期保障合作稳定性、减少交易成本和实现价值增值（Teece等，1997年；Kranton，1996年；Dyer等，1998年）；此外，Weiss等（2002年）认为构建有效的伙伴关系是耗费时间的、资源密集的并且比较困难的，伙伴关系也会因某些困难而再谈判或失败，识别伙伴主体是如何协同工作的、如何整合知识、能力与技能去创造协同效应的以及如何发挥伙伴关系功能等内容对于伙伴关系是非常重要的。从经济学视角，Farrell等（1988年）认为伙伴关系是一个输出结果平等分配的联合体，风险分担与利益共享是其主要特征（Levin等，2005年），通过资源集成、互补性投资与创新，增强伙伴竞争优势、提升伙伴关系（Partnership Synergy）协同效应与效果（Lasker等，2001年）；此外，Burdett等（1999年）以结婚（Marriage）和工作（Employment）为例逻辑推演伙伴关系的基本原理，强调伙伴双方的互相选择、匹配及关系维系；信息不确定与合同不完全是导致伙伴关系复杂性的主要因子（Liu等，2016年），这也是关系维系的关键索链；承诺是减少伙伴主体行为不确定性、增强伙伴主体行为的可信任性和提升伙伴关系稳定性的有效途径（Charness等，2006年），对于合作剩余和损失进行平等与公平的配置（Grossman等，1986年）；王守清（2015年）也提供了类似的证据。从管理学层面，伙伴关系是一种治理形式，涉及政府与公众、政府组织之间以及政府与私人部门等具体组织形式（Teisman等，2002年），提高公共管理效率与绩效为动力（莱恩，2004年），建立有效的伙伴关系必须考虑产品/服务需求、政治/法律/行政环境、沟通三个关键要素（Skietrys等，2008年），PPP就是一种典型的伙伴关系形式（Osborne，2000年），公共部门和私人部门在识别与解决问题的相互依赖特性也促进了公私合作伙伴关系的建立与维系（Entwistle等，2005年）；此外，Brinkerhoff（2002年）认为伙伴关系是目标一致的前提下，基于合作伙伴的比较优势寻求共同理性决策的不同主体之间的一种动态关系，组织认同和互相信任是伙伴关系的两个主要维度，价值增加和伙伴关系效率提升是其重要目标。从项目管理视角，Morris（2013年）认为伙伴关系是联合体或企业间合作的形式，关键是要培育主体间的信任与协同，通过商业模式创新实现项目价值创造（Project value creation）的最终目标（Winter等，2006年）；此外，唐文哲等（2006年）认为伙伴关系模式是两个或多个组织间的一种长期合作关系，通过不同层面的措施实现组织间资源的最优化配置，相对于传统方式，伙伴关系方式可以降低项目造价1.76%。

基于此，专家学者从不同视角阐释了伙伴关系的概念与内涵，虽然没有形成统一的概念，但这些观点对伙伴关系的解读具有一致性的观点，这为本文提供了基础参照。结合上述研究，本书将PPP中的伙伴关系概念界定为：伙伴关系是政府和企业投资人以实现某个共同目标为动力而建立的伙伴式合作关系，以信任与承诺作为维系伙伴主体之间关系的纽带，通过整合并充分利用各个主体的资源、能力和知识等要素创造价值，伙伴主体共同享有合作收益与损失；更重要的是，伙伴关系并非一劳永逸的，也是会失败的，需要伙伴主体的维系。伙伴关系的时间维度划分如图2-1所示。本书的时间范围是伙伴关系维系期，即伙伴主体签订合同生效之日起至特许经营期结束之日为止。

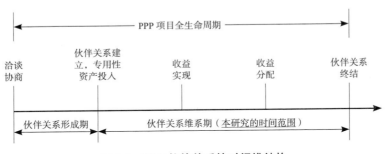

图2-1　PPP伙伴关系的时间维结构

2. PPP伙伴关系特征

基于上述对伙伴关系概念的梳理与分析，其主要特征可以归纳为三个方面：

（1）目标一致性

目标一致性表达了伙伴主体为实现某一共同目标而达成的共识。伙伴关系建立是为了整合各个主体的资源、能力以及知识等要素实现一个共同的目标，并不是为了消除或拒绝某个伙伴主体的价值目标；通过发挥个体价值创造能力，集成个体有限的资源创造伙伴关系协同效应，在实现共同目标的同时满足个体或单个组织的价值目标，达到整体大于局部的效果。例如合伙制企业，两个或两个以上的投资主体因共同目标而共同投入专用性资产、共同经营、共担风险以及共享资产收益；虽然单个投资主体的目标不同，但是伙伴主体们为了更高的目标摒弃个体机会主义行为，实现共同目标。影响伙伴关系的两个重要因素，一是伙伴主体的"经济人"思维和机会主义行为；二是伙伴主体之间的目标冲突及其协同性。

（2）协同效应

协同效应反映了伙伴关系集成伙伴主体的知识、能力和资源而实现的价值创造和组织认同。通过互补和嵌入两种形式，增强伙伴主体之间的协同性，从而共同努力实现一致性目标。

（3）脆弱性

从伙伴主体特征看，伙伴主体的"经济人"和"有限理性"特征使其目标计划和行为决策只注重短期效益，忽视伙伴关系的可持续或持久性管理，导致PPP伙伴合作存在不稳定的风险。从时间维度看，PPP项目的特许经营期在20～30年，未来运营期中的不确定性很难预测，这也导致伙伴双方的人力资本、实物资本和其他非实物资本的投资存在较大风险，这也使伙伴双方谨慎决策和风险保守，一旦出现不可预测事件，伙伴双方就会陷入两难境地。从项目属性看，PPP项目属于公共项目，其经营性或盈利能力存在不确定性，伙伴双方的前期大规模投资在短时间内很难得到回收和产生预期价值，这也是伙伴关系不稳定的重要隐患；因此，增强伙伴关系稳定性和降低其脆弱性是实现PPP伙伴关系价值创造的重要前提。

3. PPP伙伴关系类型

伙伴关系涵盖不同组织或领域（如公共部门、私人部门或非营利组织等）之间交互的广泛形式以及不同利益群体。21世纪将是相互依赖加速的阶段，政府、企业以及非营利组织之间的合作将密集化（Kanter，1994年）。Young（1999年，2000年）基于经济学理论，将美国政府（Government）与其非营利组织（Nonprofit）的关系归纳为补充型（Supplementary）、互补型（Complementary）和对抗型（Adversarial）；对于补充型关系，政府不能够提供的或者不满意的少量服务由非营利组织供给，但政府是公共服务的最大供给者；对于互补型关系，政府和非营利组织是伙伴关系，二者之间存在直接的关联关系，非营利组织帮助政府完成公共项目或服务融资与提供任务；关于对抗型关系，政府与非营利组织之间不存在特殊的关系；这三种关系不是独立存在的，而是在某些情景或条件下存在的相互关系。

根据资源依赖、社会交换、效率以及企业社会责任等理论知识和组织合作实践结果，美国哈佛商学院教授Austin（2000年）将合作分为慈善（Philanthropic）、交易（Transactional）和一体化（Integrative）三个阶段或类型。Brinkerhoff（2002年）从组织认同（Organization Identity）和相互性（Mutuality）两个维度解析伙伴关系，组织认同是伙伴选择的理论基础，伙伴关系维系是伙伴关系价值增值的基础；相互性涵盖伙伴关系原则的精髓，相互性涉及相互依赖、权责对等、相互承诺、目标一致、价值平衡；当合作伙伴能够从伙伴关系中平等的获取利益，伙伴关系趋向于比较长久和高绩效。在厘清组织认同、相互性与伙伴关系的作用原理的基础上，根据组织之间的组织认同与相互性程度，将伙伴关系分为四个类型，如图2-2所示；例如伙伴关系类型的组织认同度较高且相互性也高，扩张型的组织认同性较低且相互性也低。

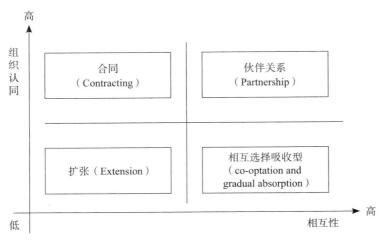

图 2-2　伙伴关系类型

PPP伙伴关系涵盖多种形式，不同形式存在差异；为了厘清不同伙伴关系表现形式的特征与内涵，Schaeffer等（2002年）从公私合作伙伴关系的概念着手，通过分析公共部门和私人部门的特征与内涵，识别PPP伙伴双方建立伙伴关系的目标、动机及资源互补性，在此基础上归纳PPP类型，即领导者—服从者关系（Leader-follower relationship）、交换/交易关系（Exchange relationship）、合资（Joint venture）和伙伴式关系（Partnership relationship）等四种类型；并指出领导者—服从者关系是PPP实践初期经常发生的一种形式，而伙伴式关系是一种平等主义的、决策无冲突的、理想型的公共部门与私人部门合作关系。清华大学PPP研究中心主任王天义（2016年）从政府与企业的关系出发，将政府与企业的关系归纳为监管与被监管的关系、买卖关系以及分工关系，认为PPP中的政府与企业的关系应是伙伴关系，区别于上述三种关系，同时界定PPP要素为合作主体、合作内容和伙伴关系。

基于此，本书将PPP项目中的政府和企业投资人的关系归纳为四种类型（表2-3），PPP项目中存在着政府和企业投资人的监管与被监管关系、政府和企业投资人的交易关系（公共服务购买）、项目公司中政府和企业投资人按照合同约定的分工进行资源投入与服务供给；然而，这些监管关系、分工关系或买卖关系都以伙伴关系为基础，稳定与持久的伙伴关系是实现PPP项目公共利益最大化的基点。此外，由于公共产品的垄断性、供给主体的"经济人"特性、财政预算约束以及政府供给公共产品的低效性，政府与企业合作提供公共产品成为解决市场失灵与政府失灵的工具或途径；这也要求政府与企业打破传统的监管关系或买卖关系，建立平等、公平与效率结合以及能够为伙伴创造价值的伙伴关系，从而改善公共产品的供给效率、质量以及公众满意度。

PPP项目中政府与企业的关系分类　　表2-3

关系类型	释义	特征
监管关系	这是一般意义上的政企关系	不对等的、不平等的
买卖关系	政府从企业购买私人产品，如办公用品、车辆等	买卖的不是公共产品，而且买卖过程简单而快捷
分工关系	企业提供私人产品，政府提供公共产品	市场经济中政府与企业的角色分工明确，责任清晰
伙伴关系	政企间建立的基于合理回报、风险分担机制的长期稳定的合作关系	公平与效率结合，平等友好，长期稳定，风险分担，利益分享，合理回报，激励约束

注：修改自Schaeffer and Loveridge（2002年）和王天义（2016年）。

因此，表2-3中所列示的"伙伴关系"是本研究的基点，也是政府和企业投资人需要投入专用型资源进行维系的对象。

4. PPP的伙伴关系主体

PPP伙伴关系的主体其实就是回答"由谁来参与合作"的问题。公共项目投资主体的多元化，导致了公共项目利益主体及其利益诉求的多元化，使得公共项目利益相关者之间的利益均衡显得更为复杂和困难（杜亚灵和尹贻林，2015年）。政府和企业投资人通过对自身的经济、技术与管理等方面的评估，以及对特定公共项目未来预期或价值的判断，在合同既定约束条件下做出自己的最优选择。基于伙伴关系价值导向，项目参与者之间秉持相互信任与合作的态度，在项目活动中消除各种争端，建立项目合作伙伴关系是实现伙伴主体价值目标的基础（Morris，2013年）。因此，本书重点讨论政府和企业投资人两个重要利益主体。

（1）政府

在境外的PPP研究中，Public（第一个P）是指"公共部门"（Kumaraswamy等，2015年；Hodge等，2007年），公共部门一般包括政府组织和第三部门，以公权力和提供公共产品或服务为基础，并集中表现为政府活动及后果（莱恩，2004年）。基于此，本书所指的政府既包含中央人民政府，也涉及地方人民政府。我国地方人民政府由省、直辖市、县、市、市辖区、乡、民族乡、镇人民政府构成[①]，是地方各级国家行政机关和地方各级国家权力机关的执行机关。然而，由于公共项目地域性、公共服务对象的区域性、公共项目与地方经济发展的关联性、公共产品福利受益对象的有限性等原因，地方政府比中央政府更重视公共项目的建设与运营、风险管理、项目治理以及项目经济效果等内容的重要性。

（2）企业投资人

在境外的PPP研究中，Private（第二个P）是指"私人部门"（Kumaraswamy等，2015年；Hodge等，2007年）。公共部门之外的是私人部门，市场经济中的个体和私人经济是私人部门的主体（莱恩，2004年），这一概念显然是适合西方发达国家经济体制环境。公共部门和私人部门是市场经济发展的必然，而非所有制产生的。我国处于社会主义市场经济体制环境，经济形态是混合所有制企业并存，私人部门或称为社会资本投资人，显著特征是投资人利润最大化，并非社会资本的最大化。我国国家发展和改革委员会出台的《政府和社会资本合作项目通用合同指南》（2014年版）中对社会资本主体资格和范围进行界定，即签订项目合同的社会资本主体应是符合条件的国有企业、民营企业、外商投资企业、混合所有制企业，或其他投资、经营主体。因此，所谓"社会资本"本质上就是指企业部门，不仅指企业个体，也包含由企业组成的联合体。

总之，PPP伙伴主体研究无论是"二元论""三元论"，还是主体"多元论"，就PPP本质上，只有政府和企业的两方组成基本共同体。通过集成政府和企业的资源配置、资产经营以及政策制定等优势，共同投入资源、资本或能力等，以公共利益为导向生产并提供公共产品，从而满足社会公众需求。在PPP伙伴关系中，政府代表社会公众合理预算财政投资，目标是保障公共利益和创造社会公共价值；而社会资本投资人利用自身技术、管理经验、资金或资源优势参与公共项目，目的是效用最大化。在政府和市场共同配置资源的基础上，企业在项目投融资、建设、运营与管理过程中，利用企业的组织规模优势、创新优势、技术和管理优势等合理使用和配置资源，节约交易成本、组织成本和保障合同约定利益，突显PPP的优越性，如图2-3所示。当政府和企业投资人建立伙伴关系后，PPP伙伴关系凝聚了政府所能配置的公共资源和企业自身的网络资源，并以此吸引市场资源加入PPP项目中，拓展PPP伙伴关系的资源库、缓解伙伴主体的融资约束与技术约束。然而，这些资源的有效集成取决于PPP伙伴关系维系的效果或质量，脆弱的、不稳定的或短期的伙伴关系不能够促进伙伴主体的资源与能力的交互与集成，更不利于激励伙伴主体进行持续承诺与不间断投入。

---

① 《中华人民共和国宪法》第九十五条。

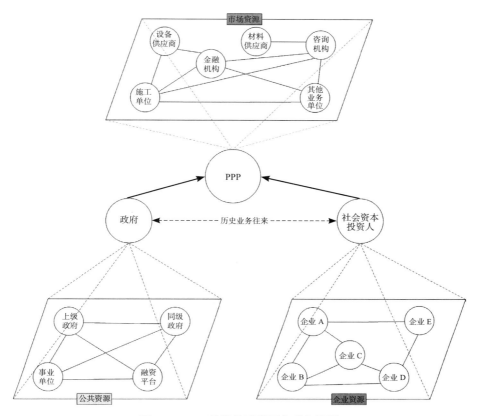

图 2-3　PPP 伙伴关系资源集成与配置

2.1.3 PPP伙伴关系维系

根据《现代汉语词典》(第六版),"维系"作为动词,其含义为"维持并联系、使不涣散(比如维系人心)"和"维护并保持、使不中断(比如维系生命)"。

"关系维系"主要来源于市场营销学,通过投入专用型资源维系顾客关系,增加顾客忠诚度、减少交易成本、改善生产能力以及提升企业价值(Jackson, 1985年; Dwyer等, 1987年; Grönroos, 1994年; Wilson, 1995年; Kranton等, 2001年; 庄贵军等, 2003年; 李颖灏, 2008年)。信任与承诺是促进关系可持续的有效方式(Narayandas等, 2004年)。关系维系的直接表现是保障顾客关系的持久性,而客户关系持续期延长主要取决于保留的经济性,即保留现有客户的成本小于获取新客户的成本(Fornell等, 1987年; Bolton, 1998年)。

伙伴关系是PPP的核心(贾康等, 2014年),更是一种典型的组织形式,伙伴关系的稳定与可持续对PPP伙伴关系管理与项目成功具有重要作用(Ménard, 2004年; Steijn等, 2011年)。关系维系不是"免费"的,而是需要关系主体投入金钱、资源和时间使之正常工作（Mattsson 1988年；Rittera 等，2003年）；关系维系主要是为了经济目的（如实现某个经济功能）(Anderson 等，1994年)，比如合作绩效或关系收益（Gummesson，2002年；罗珉，2007年；Austin 等，2012年）。PPP项目属性需要复杂的行政管理与政策输入、完整的制度基础，这也是合作伙伴承诺的基础；伙伴关系稳定性及其目标实现取决于机会主义行为控制，可靠的承诺可减少伙伴关系中未来违约风险与事前事后的交易成本；可靠承诺和适应能力的平衡是影响PPP绩效的重要因素，弱关系、失信以及政府部门冲突等削弱了不确定性管理的能力（House，2016年）。对于工程活动组织，其维系机制是需要与利益的满足、组织认同、协同、互利互惠以及风险博弈等工程活动中所共同遵循的原则和规范（张秀华，2009年）。

从项目属性视角，PPP项目是公共项目，最终目的是实现公共利益最大化。换句话说，PPP项目中的伙伴关系维系的目的不仅是为了实现某个或某些经济目标，更重要的是要实现公共目标。基于此，本研究对PPP项目中的伙伴关系维系的界定是：PPP项目的伙伴关系维系是维护并保持已经建立的政府和企业主体合作伙伴关系，保证有效的合作价值，在伙伴双方可接受的、合同中约定的时间周期内获取预期价值。PPP项目中伙伴关系维系的目标是保障政府和企业投资人在特许经营期内合作伙伴关系的持续性、持久性和稳定性，这也是PPP项目管理的主要内容。PPP伙伴关系维系不是一次性管理，它是一个持续的、动态的过程，这是PPP伙伴关系维系的基本特征，如表2-4所示。

顾客关系与PPP伙伴关系的维系差异 表2-4

类别	顾客关系维系	PPP伙伴关系维系
资源投入	主要是企业单方面投入	政府和企业投资人双方共同投入
交易特征	存在替代品，顾客不满意时寻求替代商	风险分担、共享收益、持续改进
信息表达	单向的、不对称的	双向的、信息共享
维系方式	信任与承诺	合同、信任与承诺
时间特征	多为短期	均为长期（平均20～30年）
目标定位	企业价值最大化	政府—社会资本投资人—其他利益相关者（包含社会公众）多方共赢

2.2 相关基础理论

2.2.1 价值论

价值是人所追求的满足某种需要的客体属性，例如经济价值、企业价值、公共价值、关系价值等。价值创造是伙伴关系主体参与PPP项目的终极目标，也是PPP项目存在的基础。

1. 价值

关于价值（Value）的研究是一个持续的课题，不同学科对价值存在着不同的解读。哲学层面的价值是指主体与客体之间的一种特定关系。对于经济学领域的价值研究，自亚当·斯密以来，对价值的理解存在多种解释，主要集中在两个方面，即劳动价值论和要素价值论。

对于劳动价值论，以劳动度量价值属性。威廉·配第于1662年在《赋税论》中首次提出"劳动是价值的来源"这个基本观点；经过亚当·斯密、大卫·李嘉图、卡尔·马克思等学者的不断研究拓展与完善，形成了具有一般性的劳动价值论。如亚当·斯密在《国民财富的性质和原因的研究》中提出"劳动是衡量一切商品交换价值的真实尺度"，第一次明确并区分了使用价值和交换价值两个概念；大卫·李嘉图在《政治经济学及赋税原理》一书中进一步深化了劳动价值论的思想，坚持劳动是价值的唯一来源，即一元的劳动价值论；马克思把劳动价值理论发展到最高阶段，形成了科学的劳动创造价值的思想，提出"商品是用来交换的劳动产品，具有使用价值和价值两重属性""价值是凝结在商品中的无差别的人类劳动，是以社会必要劳动时间来衡量的"以及"价值的本质是私人产品中所包含的社会劳动的表现"等重要观点，并把价值分为交换价值与价值，价值是交换价值的基础，交换价值是价值的表现形式。商品交换以价值为基础实行等价交换。交换价值表现为商品价格，受供求关系等因素的影响，价格围绕价值上下波动；提出商品价值量是不变资本C、可变资本V和剩余价值M的综合。

马克思伟大的贡献在于创造性地提出价值的概念及特征，而且归纳为指导人类商品社会的永恒不变的"价值规律"，即商品价格围绕着价值而发生波动，衡量商品价值量是物质生产领域的生产要素，包括物质要素耗费和活劳动的耗费。然而，其缺陷或不足是他认为非物质生产领域还能创造价值。原因非常简单，在社会生产力发展尚未到非物质生产领域出现价值要素时，人们也无法预测新生产要素出现一样，马克思所处的时代尚未出现非生产领域创造价值，或者说非物质生产领域的"第三产业"相当落后，智力劳动、知识经济以及科技创新尚未萌芽，因此社会生产力发展决定了价值创新。

对于要素价值论，以效用度量价值属性，扩展了价值创造要素。在古典政治经济学的创始人亚当·斯密研究的基础上，萨伊把资本与土地、劳动并列起来，称为生产三要素，认为资本也创造价值。资本虽不是生产要素，但应获得合理收益；资本并不可能为组织高效的生产提供免费服务，而是一种稀缺的、有偿使用的经济资源。该理论在萨伊、戈森等学者前期研究的基础上由卡尔门格尔、杰文斯等学者不断深入研究、逻辑演绎以及相关论证，最后经过著名经济学家维塞尔、庞巴维克等学者的进一步研究与拓展延伸，从而形成了一个完整的理论体系。尤其是奥地利经济学家欧根·冯·庞巴维克在其《资本实证论》著作中系统地阐释了边际效用理论，提出"主观价值和客观价值"以及"有用性和稀缺性是价值形成的两个条件"的重要观点。然而，不同的PPP项目，其具体劳动的投入是存在差异，但是它们共同的特征是投入在劳动（PPP项目建设、经营）全生命周期中的资金投入量，即物质实体资金、创新投入资金和维系伙伴关系的资金。

我国学者最早对价值的研究起始于1987年，李德顺教授是最早在我国研究价值与价值观念的奠基学者，其著作《价值论：一种主体性的研究》中将价值概念界定为人类生活中普遍存在的关系，即客体的存在、变化与属性对于主体人的意义。属哲学研究领域的价值范畴，为我国价值研究开启了新篇章。在不同语境及学科领域，价值的用法和意义各不相同。经济学的价值是产品在生产过程中的各种投入和使用带来的效用，并通过交换实现；而管理学中，价值既是决策结果的判断依据和决策主体判断的动力（西蒙，1988年；汪丁丁，2011年），也是保证企业间持续合作的基础（Selnes，1998年；Simpson等，2001年），并研究如何通过主体合作来创造价值和实现价值增值。还有价值要素贡献者是我国的王书瑶研究员，出版了《无形价值论》（1992年），在书中在当时我国提出的"科学技术是生产力"观点背景下，他改写了马克思的价值量公式，即把$Q=C+V+M$改写为$Q=C+V+M+Jw$，其中的Jw，是无形价值转化成物质产品的价值，也就是通常所说技术进步贡献的份额。无形价值论研究的重点是：科学技术进步如何影响经济的发展，进而影响社会的进步。关键是从经济学微观角度，无形资产如技术专利、品牌价值、商标权等具有货币计量测算，能作为物质商品价格中货币化的一部分。这是王书瑶研究员对物质生产和非物质生产两大领域生产要素的具体刻画，是对劳动价值论的推进与贡献。

2. 公共价值

哈佛大学肯尼迪政府学院Mark·H·Moore（1994年）教授认为公共领域经理或管理者的任务是创造公共价值，公共价值测量必须以公民或消费者为导向，这奠定了公共价值研究基础。公共价值研究在一定程度上反映出公共服务所应承载的社会价值仅通过民营化模式不能被准确地表达，需要公共部门（政府）充分利用其合法性与权力资源保障公共利益/价值的实现（Hefetz等，2004年）；并且，公共服务价值主要不是其经济价值的高低和技术含量的高低，而是公共服务对于满足顾客需求特别是个性化需求所具有的价值（林登，2001年），满足消费者（社会公众）需求是公共价值研究的基本导向。在此基础上，Kelly等（2002年）在为英国政府提交的公共服务改革咨询报告《Creating Public Value：An analytical framework for public service reform》中明确提出公共价值是公共政策、政府公共服务与政策执行等工作结果评价的关键指标，增加公共价值是英国政府公共服务改革的目标，将公共价值构成要素分为服务（Services）、结果（Outcomes）和信任（Trust）；公众偏好（Public Preferences）是公共价值的核心，公众是公共价值识别的关键主体。Jorgensen 等（2007年）基于对价值与公共价值概念的解析，建立公共价值清单，并特别指出政府不是公共价值创造的唯一主体，其他组织（如私人部门、公众）也是公共价值创造的潜在主体。董晓松（2009年）认为公共价值应该以公民导向、满足公民社会需要为主，以实现公民消费公共产品获得消费者价值的增加为目的。王学军等（2013年）在厘清公共价值的结果主导和共识主导属性的基础上，指出"公共部门绩效改善和公众利益是公共价值研究的重要目标"。

公共项目是政府和企业合作（PPP）载体，其输出对象是公共产品或服务。PPP项目的公共产品特征（Samuelson，1954年）或准公共产品特征（Buchanan，1965年）不仅约定了公共项目的服务对象是社会公众，而且更重要的是提供了公共项目的公共价值导向。Reynaers（2014年）把PPP的最终目标确定为创造公共价值，公共价值准则有利于约束PPP项目利益相关者行为（Gestel等，2008年）；公共价值包括但不等价于成本降低、定价效率和货币量化值（Jorgensen等，2015年）；公共部门是公共价值的保证者，基于公共价值范式，选择公共物品或服务供给者是比较符合实际的，能够创造更多提升公共价值的优化空间（Boyer等，2016年）。

伙伴关系维系的目标是促进PPP伙伴主体之间合作关系的持久与稳定，实现PPP项目价值最大化；而项目价值最大化应以社会公共价值为基础。虽然PPP项目的公共性限定了项目的盈利水平，但是为了改善公共产品供给效率、吸引社会资本参与、提升公众满意度，适当考虑PPP项目经济性是推动PPP项目可持续的必要条件，这也有助于激励PPP伙伴主体减少机会主义行为和增强创新能力，但平衡公共性与经济性的前提应以社会公众的主观需要和感受为依据，更能反映公共效用、公共表达和公共利益（Weihe，2008年）。尽管物有所值（Value for Money）是公共项目模式选择的决策依据（彭为等，2014年），经济（Economy）、效率（Efficiency）和效果（Effectiveness）的3E原则集成了公共项目全寿命周期成本、效益、风险[①]，但是物有所值的内涵不能体现出公众价值，并且PPP实践中主要考察项目的经济价值或经济可行性，也缺少对公众价值或公共利益的考量。因此，本研究将公共价值作为PPP项目的目标导向和价值实现基础，更能明确PPP项目的基本属性（公共性）。在此基础上

---

① Efficiency Unit. An Introductory Guide to Public Private Partnerships（PPPs）[S]. The Administration office，2008.

建立PPP项目政府、社会资本投资人和社会公众的目标结构,如图2-4所示。

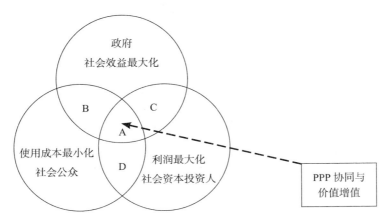

注:区域A代表PPP共同目标,区域B代表政府目标,区域C代表政企目标,区域D代表私企目标。

图 2-4　PPP 项目利益主体目标关系

3.价值创造

价值创造(Value Creation,简称VC)是构建伙伴关系的前提条件(Meidutė等,2011年),也是对伙伴关系建立的关键判断(Austin,2010年)。不同学科、行业或学者对价值创造的解读是仁者见仁。马克思指出价值创造是指价值的生产,涉及价值本质及其归属问题。Seth(1990年)认为价值创造和协同是同义词,新的运营决策、新的融资决策以及融资多元化与价值创造来源相关,并提出协同效果和价值创造的计算模型。战略联盟进行合作价值创造使合作者共同受益,这种价值是任何一方单独所无法达到的(Teece,1992年),其价值来源包括节约成本、促进学习与创新、获得市场力量或政治力量(张延锋等,2003年)。Bowman等(2000年)基于资源基础理论(Resource-based Theory,简称RBT)将价值界定为使用价值和交换价值,并对二者的概念与内涵进行解释;使用价值(Use value)是顾客根据其需求对特定产品(涵盖中间品和产成品)的感知品质,感知使用价值是顾客准备为某个产品进行的支付(Collis,1994年),这个判断涉及产品价值评估和个人支付意愿;交换价值与价格有关系,它指某一时点因产品交换发生而实现的货币量;在此基础上厘清企业间伙伴关系价值创造的基本原理、使用价值与交换价值实现机制。宋海燕(2012年)认为价值创造是在投入产出过程中产出价值大于投入价值而实现的增值活动,其本质是对资源的占有、使用和获取回报。陈志斌等(2002年)认为现金流决定价值创造。

在综述不同专家学者对价值创造概念与内涵的基础上,Lepak等(2007年)认为:

(1)价值创造取决于目标用户(Target Users)价值实现量和已获得价值的货币交换量,表现为价值增加或成本节约。

（2）价值创造活动的两个经济条件是①因交换获取的货币量必须超过生产者成本；②使用者预期交换货币量是创造的新价值和目标用户的替代品的感知绩效差异的函数。

（3）明确指出新的价值创造的水平取决于目标用户对新任务、产品或服务的新颖性与适宜性的主观判断。

Amit等（2001年）运用资源基础理论、企业家理论、创新理论、战略管理和交易成本经济学分析价值与价值创造的基本原理，把企业资源和能力理解为其保持竞争优势的战略资产和实现价值可持续的条件，以电子商务为例识别了价值创造驱动力，即效率性（Efficiency）、互补性（Complementarities）、锁定性（lock-In）和新颖性（Novelty）（简称NICE）四个维度（图2-5），并基于NICE逻辑框架设计相应的商业模式的要素（什么活动应该执行？）、结构（这些活动如何连接及排列？）及其治理（谁应该执行这些活动，在哪里？）；在厘清商业模式与价值创造基本内涵的基础上提出如何识别商业模式及其创新设计（Zott等，2011年；Amit等，2012年），为企业等组织价值创造与价值获取提供基础依据和研究范式。此外，美国哈佛商学院教授Austin（2000年）根据资源依赖、社会交换、效率以及企业社会责任等理论知识和组织合作实践结果，从交换价值视角研究非营利组织与商业企业合作伙伴关系的价值创造内涵与机理，考察合作（Collaboration）前价值释义（Value Definition）、价值创造（Value Creation）、价值平衡（Value Balance）和价值更新或重构（Value Renewal）；在前期研究的基础上，Austin（2010年）提出"创造价值是伙伴关系的关键判断"，在此论点的基础上，首次提出协作价值创造范式（Collaborative Value Creation，简称CVC），识别价值来源（资源互补、资源属性、资源配置以及利益联结）和价值构成（关联价

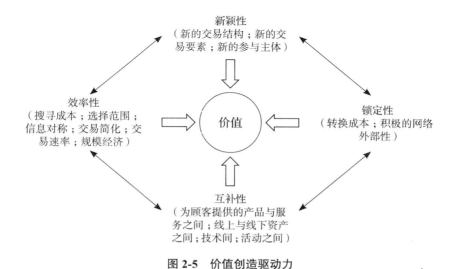

图2-5 价值创造驱动力

值、资源转移价值、交互价值和协同价值),并将伙伴关系稳定作为价值创造与价值实现的基本要求(Austin等,2012年a,2012年b)。对于组织合作或伙伴关系价值创造的研究提供了三个基本论据:①确立价值理念和价值创造导向是组建伙伴关系的前提;②价值创造与伙伴关系存在紧密关系,伙伴主体自身价值的实现需要以实现整体价值为基础;③伙伴双方的资源互补性有助于改善组织匹配(Organizational Fit),进而互补性成为伙伴关系价值创造的首要因素。

4.价值量研究

价值量是形容价值大小的尺度,价值量研究最早起源于劳动价值论,认为价值量测量的内在尺度是凝结在商品中的社会必要劳动时间,即在社会正常生产条件、平均劳动熟练度、平均劳动强度下,生产某种使用价值消耗的时间,属于商品内在价值测量尺度。在此研究基础上,马克思创造性地提出了价值公式,认为每一个商品的价值量 $W=C+V+M$,其中 C 代表生产资料中包含的劳动,V 代表生产过程中的活劳动,M 代表活劳动产生的新价值,常被理解为资本家获取的"利润"。从马克思价值公式来看,物质产品的价值全部为物质生产过程中的劳动所创造,属于劳动价值规律范畴。

在实际商品交易活动中,价值量常以货币为载体,借助价格来实现,属于商品内在价值测量尺度的外部表现。从价值规律视角,"价格由价值决定,并随价值的变化而上下变动"(马克思,1975年);从市场经济学视角,价格决定着资源和商品的配置,指导商品生产,是市场的关键特征;从财务会计学视角,价格是商品通过货币交换反映的价值,具有计量基本属性。这说明价格与价值间存在某种紧密的联系,表现为价格充当了社会劳动耗费的角色,成为从观念上衡量商品价值量大小的货币标记。例如:陈伟琪等(1999年)在近岸海域环境容量的价值量研究中,运用市场价格信息对某一特定海域环境总容量的价值进行初步的货币化评估,构建了海域环境容量有偿使用的收费计量工具;付新平等(2016年)在运用价值量评价中欧班列经济性的研究中,基于计量经济学方法,将不同评价指标货币化换算为统一标准的价值成本量,在此基础上建立价值量比较分析模型;Morris(2013年)在研究工程项目价值时,采用净现值法(NPV)将项目建造所需的劳动力、原材料和机械设备的市场价格作为评估项目价值的基准。

综上,PPP是政府和企业投资者之间建立的伙伴关系,伙伴双方的资源与能力存在互补性(Hodge等,2007年),具有一般伙伴关系价值创造的属性,主要区别在于组织属性、价值目标不同。伙伴关系是PPP的核心,政府和企业投资人建立伙伴关系的初衷也应该是"价值创造",而不仅是风险转移或项目投资与融资。伙伴关系维系是保障政府和企业投资人在PPP项目特许经营期内的合作关系持久与稳定,稳定的伙伴关系更能有效发挥PPP伙伴关系价值创造能力和协同伙伴双方的资源与能力优势。

对PPP项目的价值量而言，我们正是处于物质生产要素、非物质生产要素和市场创新生产要素的发展时代。物质生产要素创造的是商品实体价值，"一个物可以是使用价值而不是价值"，商品的本质属性，如果抛开使用价值，则剩下的就只有劳动产品属性了。因此，作为PPP项目属于劳动产品，劳动产品都是耗费了劳动，即$C+V$；所有PPP项目都存在科学技术创新要素的投入，因而也包含了产生商品无形价值，即JW；PPP项目具有的"伙伴关系"特征，形成政府和企业对共同资源锁定性、专用性、互补性和效率性，因此，也对特定公共产品服务市场政府和企业合作产生伙伴关系价值（Partnership Value，简称PV）。因此，进入PPP项目商品的价值量组成，包括了劳动价值、无形价值和伙伴关系价值，即$W=C+V+J+P+M$，组成了新价值量要素和货币计量单位，如图2-6所示。

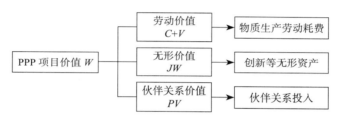

图2-6　PPP项目价值量结构

至今，我国PPP项目的实际总投资价值结构中，并未认识到无形价值和伙伴关系价值的新要素，因而PPP项目投资总额中缺少了对两个价值要素的货币化测量，以至于在实践中发生各种类型的价值纠纷、争议、变更，知道了原理，这也就不足为怪了。

2.2.2　资源基础观

1. 资源基础理论

Penrose（1959年）的企业成长理论研究成果最早涉及资源基础问题，把企业看作一系列生产性资源的集合，这些资源是企业成长的基础。Wernerfelt（1984年）引入了"资源基础"的术语，认为企业是有形和无形的资源包。资源基础观的核心思想是企业特有的技能、能力和其他有形、无形的资产是企业竞争优势的基础（Prahalad等，1990年；Barney，1991年；Grant，1991年；Peteraf，1993年），如何使用现有资源和获取与开发组织的独特资源是企业战略管理的核心内容（Wernerfelt，1984年）；企业获取竞争优势和经济绩效的源泉是有价值的、稀缺的、不可模仿的和不可替代的资源（Barney，1991年）。

资源是组织间合作（公共部门、私人部门以及非营利组织等主体）、效率提升和获取竞争优势的基础（Wernerfelt，1984年；Ulrich等，1984年），资源的相似度和效用是决定组织合作形式的关键指标，不同组织形式通过对有价值的资源的集聚与利用降低成本和价值最大化，从而实现合作绩效（Das等，2000年）。无论组织间建立合作关系的目标与耐久性如何，成为伙伴是企业保持并提升竞争优势的重要资产，Kanter称之为"合作优势（Collaborative Advantage）"，并指出关系的培育与维系对企业合作成功非常重要（Kanter，1994年）。组织间关系（Inter-organizational Relationships）是一个复杂的关系网络，是指一个组织与其环境中的多个组织之间建立的相对长久的交易、交流和联系（Oliver，1990年），这种关系对企业间维持良好的关系起着重要作用（Holmlund等，1997年）。组织之所以选择合作，主要是因为对资源的内在需求（An Internal Need for Resources）和对外部问题或机会的承诺（A Commitment To An External Problem or Opportunity）两个方面的需求（De Ven，1976年），双方对资源的依赖、对解决问题的承诺、从事领域的相似性和组织间的关系价值是组织间关系形成的前提条件（马占杰，2010年）；有限的单个组织资源及管理能力和对外部资源的依赖促进单个企业与其他企业建立正式或非正式的合作伙伴关系，借助于组织间合作网络或战略联盟来获取和共享网络关系资源、价值界面和关系租金（Peng等，1996年；罗珉等，2007年）。

PPP伙伴关系也是组织间合作的一种特定形式（Gray等[①]，2013年），具备价值创造的一般特性；资源也是PPP伙伴关系建立的关键驱动力，资源交换是伙伴关系重要内容，物质资源、技术、经验以及政策等关键资源的互补或相似能够改善组织的认同与互信（Brinkerhoff，2002年；Brinkerhoff等，2011年；Hockerts等，2015年）；公共部门和私人部门各自具有的资源禀赋的互补性是公私合作的重要内涵，Hodge等（2007年）和宋波等（2011年）也有类似观点；同时，有效管理PPP一个重要变量是将公共需求转换为有价值的公共项目，充足的资源是形成该条件的前提（Mazouz等，2008年）。PPP伙伴关系是一种基于价值的关系，当利益相关者之间存在互补性时，项目经理通过价值创造创新，实现利益相关者协同，并把对立型资产（Antagonistic Assets）转换为互补性资产（Complementary Assets）（Hockerts，2015年），从而产生"互补性效用（Complementary Utilities）"，实现组织绩效改善（Ennen等，2010年）。Kivleniece等（2012年）根据公共部门和私人部门的基本属性、利益依赖和目标差异，运用交易成本经济学、资源基础理论和经济学剖析公私合作伙伴关系价值创造原理，

[①] Gray B.，Stites J. P. Sustainability through partnerships：Capitalizing on collaboration[R]. Network for Business Sustainability. Retrieved December 3，2014 from nbs.net/knowledge.

把外部性、资源互补和成本效率界定为PPP价值来源,在此基础上构建PPP价值创造与获取机制(图2-7),为PPP项目伙伴关系维系与项目价值管理提供理论基础。

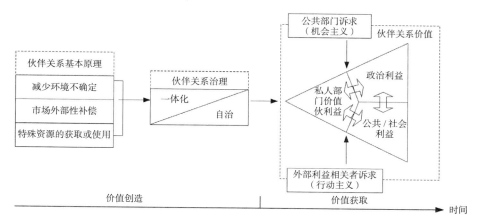

图 2-7　PPP 价值创造与获取机制

然而,并不是所有的关系都能够给组织带来收益,当关系建立或维持成本超出了关系收益,此时的关系专用性投资就是不理智行为或者是无效投资,Dwyer等(1987年)认为关系开发不仅要评估其成本效益,更重要的是关系建立后的合理维系。关系的维系需要合作主体的专用型资源投入与核心能力提升,Verweij(2015年)认为PPP项目满意结果需要公私双方投入相应的资源(Resources)和能力(Capabilities),尤其是伙伴双方的管理人员。Panda(2016年)强调组织资源与能力对PPP项目的价值及价值创造的重要性,考察了伙伴协调与信任、风险管理以及组织属性对PPP项目实施的影响。因此,本论文将资源和能力界定为PPP伙伴关系价值创造的关键要素,充分利用与挖掘伙伴主体的资源与能力有利于实现伙伴关系的创造价值目标;增加伙伴关系协调能力和提升伙伴之间信任水平有利于增强伙伴的组织认同与相互性、互补性资源利用以及组织能力改善。此外,加强伙伴主体间沟通与冲突协调有利于外部环境质量的改善,良好的外部环境有助于维持伙伴关系的稳定性与积极效果。

2. 伙伴关系价值创造的维度

维度在数学中一般指独立参数的个数,在社会经济学中可以理解为独立的时空坐标的数目,而管理学中的维度可以解释为分析问题的视角。公私合作伙伴关系价值创造的维度是阐释PPP伙伴关系价值创造的内部特征,包括伙伴关系主体所拥有的资源和核心能力,它们不仅是单个伙伴主体价值创造的基础,也是PPP创造价值的核心要素。

(1)资源(Resource)

资源是战略管理和资源基础理论的基础,也是企业获取竞争优势的战略资产

（Amit等，1993年）。满足现实需求的资源供给将会一直创造经济价值，除非企业具备资源垄断，否则单个企业只能获取少许回报。换言之，为了实现经济价值创造，企业拥有的资源必须是有价值的，必须是稀缺的，必须是不可能完全模仿的和必须能被企业的组织过程加以开发利用的，这些资源是异质的且是不完全流动性的（Wernerfelt，1984年）；在其他条件不变的情况下，可利用稀缺资源的渠道或途径越多，则越多的经济价值被创造（Barney，1991年），这里的经济价值是指购买者对产品或服务的感知收益与企业经济成本的差额（Peteraf等，2003年），如图2-8所示。这种资源特性也是合理选择合作伙伴的重要条件，满足资源条件的企业间合作能够产生"关系租金"（Chung等，2000年）。

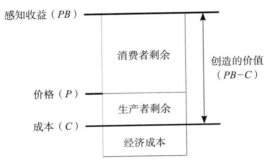

图 2-8　企业经济价值创造

然而，组织的资源不仅局限于其内部资源，合作伙伴的关系专用性投资及资源（如信息、渠道、资本和服务等）整合也是生产效率提升或经济价值增加的重要原因（Dyer等，1998年）；此外，组织间的关系也是一种不可模仿的关键性资源，还是一种创造资源的手段和获得资源与信息的途径（Gulati等，1999年）。任何一个组织的经营活动都离不开与周围环境的联系，其生存与发展通常都依赖于与其他组织的关系（Pfeffer等，1978年），尤其是其他组织的关键资源，通常这些资源是组织自身不能生产的和对组织具有互补性的（Hillman等，2009年），这也促进组织间交互或交易的动力；资源的互补性是组织间（政府、逐利企业、非营利组织）合作创造价值的基础要素和价值来源（Austin等，2012年），伙伴互补性资源集成也是关系价值创造的基本途径（Hockerts等，2015年）。

研究认为PPP伙伴主体不仅要充分利用各自的资源，而且还应将个体资源最大化为伙伴关系的互补性资源；但是，为了保障伙伴关系（或组织关系）的可持续，伙伴主体在专用型资源投入时应充分理解各自的需求和他们能够为伙伴创造的价值。对于PPP伙伴关系，政府和社会资本投资人是组织的特殊形式，虽然二者是不同属性的组织，但是它们具备组织的基本资源属性（表2-5）；政府是政策制定、公权力、公共信息、财政税收以及公共机构等公共资源的运用及配置主体，社会资本投资人是市场经济中的交易主体，对拥有私人产权的物质资源、商标等无形资产以及人力资本等资源以及在企业网络中获取的社会资本具有使用、配置及交易的权利，并且企业具有效率优势、管理能力以及项目经验等资源禀赋。在特定的公共项目中，政府和社会资本投资人各自具备彼此无法复制的、有价值的资源，建立伙伴关系能够使得二者的资源转变为特定项目的互补性资源，为实现共同目标提供基础支撑。

（2）能力（Capabilities）

能力是指一个企业在实施战略过程中所表现出来的开发资源的企业特质（Hitt，1997年）。Penrose（1959年）在其著作《*The theory of the growth of the firm*》中提出"资源和能力"是企业获取经济效益或企业成长的基础；在此前提下，Prahalad等（1990年）进一步提出"核心能力"，认为核心能力是组织的集体学习能力（尤其是如何协调生产技能与技术集成），也是组织间沟通能力、参与能力和承诺，这种能力不会随着使用而损耗；Leonard-Barton（1992年）将核心能力概括为员工的知识和技能、技术系统、管理系统和价值规范四个层面。考虑到企业内部资源与外部环境的动态变化，Teece等（1997年）系统分析了技术变化的运营环境下企业财富创造与获取的根源与方法，明确提出企业的核心能力的动态性，重点关注资产的累积、可复制性和难以模仿性，从而改善企业整合与塑造技术、管理与组织等内部过程和竞争优势以应对不断变化的运营环境的综合能力；这四篇经典文献奠定了能力理论的基础，为企业或组织价值创造提供理论支撑。此外，组织间关系的建立能够加强组织之间的知识互动，并相应拓展组织所拥有的知识深度与宽度，通过知识无形性及社会系统复杂性的嵌入来把自己所积累的知识变成其竞争优势的重要元素（Kogut等，1992年）。

混合组织是市场经济中一种重要的组织类型，资源和能力也是混合组织价值创造的关键要素。Collis（1994年）将企业能力分为三类，如表2-5所示，为企业能力建设提供参考。Ménard（2004年）从经济学视角分析混合组织的概念与本质，伙伴关系的长久性是效率提升和保持竞争优势的基础，强调混合组织中资源与能力捆绑和伙伴协调以减少成本和创造价值。Austin等（2012年）立足于资源互补性和能力建设，构建合作价值创造概念与分析框架，Pennec等（2016年）将其价值创造框架用于组织间合作价值创造，并运用案例研究方法检验了特定合作形式的价值创造路径以及组织学习过程；PPP是一种特殊的混合组织形式，Andersen（2004年）认为伙伴主体（公共部门和私人部门）应改善物质资源投入和非物质资源投入的意愿，通过组织能力建设，吸引伙伴关系外部资源投入。PPP代表最多知识密集型公私合作形式，失败的结果是较高的。政府作为PPP项目的业主，不同程度的项目能力对项目成功或绩效具有重要影响，Winch等（2016年）认为基础设施项目业主项目能力应包含战略能力、商业能力、治理能力以及资源获取能力；PPP知识欠缺主要体现在风险评估与分配、公众参与和咨询管理，实践经验分享是解决这一问题的有效途径（Ng等，2007年；Boyer，2016年）。本文认为伙伴关系主体能力建设有利于PPP项目公共资源和市场资源的有效利用（表2-5），良好的沟通、协调以及管理等能力更能够促进伙伴关系的稳定性和公共关系的改善，从而降低伙伴交易成本和公共关系协调成本。

PPP伙伴双方的资源和能力　　　　　　　　表2-5

伙伴主体	资源	能力
政府	权力等政治资源；土地、矿产等物质资源；人力资源；税收等金融资源；政策制度等信息资源	资源获取能力；资源配置能力；资源整合能力；资源运用能力
企业	组织拥有或控制的、能为组织带来效益的财务资本资源、物质资本资源、人力资本资源和组织资本资源等	企业完成基本职能活动的能力；企业动态提升各项职能活动的能力；使企业比竞争对手更早发现其他资源的内在价值或开发新战略的预见能力

综上，资源基础观为PPP项目伙伴关系建立、关系维系与价值创造的研究提供了基础支撑，解读了不同组织建立伙伴关系的竞争力与优势来源，提出了伙伴关系维系的资源与能力要素，揭示了伙伴关系价值创造的资源互补、能力集成以及主体竞争力改善等基本内涵。然而，PPP项目特许经营期平均在20～30年，风险事件或不确定性增加了伙伴主体专用型资源投入未来预期的不可准确预测程度，这种结果导致"经济人"特征的伙伴主体很难持续进行资源与能力的投入，进而引起PPP项目伙伴关系的不稳定或终止、价值损失以及伙伴主体前期专用型投资的无效性。这也反映了PPP伙伴主体对投资回报产生一种"最低保障预期"，或者是增加PPP合同的弹性空间，便于伙伴主体灵活应对未来不确定性，从而减少项目价值损失。资源基础观不能提供这一方面的理论支撑，这需要借助契约理论、交易成本或项目管理等理论知识加以解决。

2.2.3 契约理论

1. 契约理论基本认识

契约，也称合同（Contract）、合约或协议（以下统称为契约），它是进行经济分析的基本要素，无论是长期、短期、显性还是隐性的市场交易都可以看作是一种契约关系。合同是平等主体的自然人、法人、其他组织之间设立、变更、终止民事权利义务关系的协议[①]。

---

① 《中华人民共和国合同法》。

从契约角度研究经济或交易问题很早便得到应用。最初，埃奇沃斯（Francis Ysidro Edgeworth）利用无差异曲线方盒中的"契约曲线"刻画了瓦尔拉斯一般均衡下的帕累托最优的短期契约集合，并提出契约中存在不确定性的基本观点。在考虑不确定性因素之后，"契约曲线"可以被重新解释为阿罗－德布鲁范式下的帕累托最优的长期契约集合。但是，无论是短期契约还是长期契约，契约双方的信息是对称的，是在完美市场假设的前提下达成的。在后续研究中，以Alchian and Demsetz（1972年）、Jensen and Meckling（1976年）、Ross（1973年）、Mirrlees（1974年）、Grossman and Hart（1986年）等学者的经典研究成果为代表，逐步发展并形成了专门的"契约理论"，用于分析完美市场之外的契约尤其是长期契约，也逐渐出现代理理论、委托—代理理论或者激励理论。

由于交易成本（Coase，1937年）、有限理性（Simon，1972年）和信息不对称（Akerlof，1970年）对市场交易或契约双方的影响在完美市场中很难得到有效解释，契约的不完全性（Incomplete）问题得到了以Williamson和Hart为代表的学者们的重点关注。随后，Macaulay（1963年）、Williamson（1979年）、Klein（1980年）、Shavell（1980年）、Dye（1985年）、Ayers and Gertner（1989年，1992年）也都明确提出了契约的不完全性，并通过建立数学模型演绎契约的不完全性，尤其是Grossman and Hart（1986年）、Hart and Moore（1990年）的研究成果，标志着不完全契约理论（Incomplete Contracting Theory）的正式建立。与完全契约相比，不完全契约不能事先规定各种或自然状态下的契约主体权利与责任，而是主张在自然状态实现后通过再谈判（Renegotiation）解决不确定性或争端，重点在于对事前的权利进行制度安排或机制设计（杨瑞龙，2006年）。

由于信息不对称引起的道德风险和逆向选择问题很难完全通过标准的正式契约解决，Macneil（1974年）提出"关系契约理论"，关系契约不刻意强调交易或契约未来的所有或然事件以及不作出详尽的合同条款规定，仅确定基本目标与原则，契约双方的过去、现在和预期未来的个人关系影响着契约的长期安排；关系契约是一种不完全契约，信任与承诺是关键因素；这种契约形式具有较大的弹性空间，有利于契约双方对不确定事件进行合理处置和减少损失。关系契约在企业、联盟、组织间关系以及PPP等方面得到应用（Gulati，1995年；Dyer and Singh，1998年；Poppo等，2002年；Parker等，2003年；张喆等，2007年；孙元欣等，2010年；Ling等，2014年），重点强调契约双方通过关系专用性投资，契约主体之间建立一体化式的合作伙伴关系，从而实现资源共享、资源与能力互补、成本节约、关系稳定以及交易可持续。

总之，契约的不完全性已得到广泛认可与重视。在不完全契约背景下，正式契约和非正式契约是互补关系（Poppo等，2002年；卢现祥等，2012年）；显性的、正式的契约是市场主体交易的法律依据，非正式的关系契约以信任与持续承诺为关键工具来调节契约双方的合作伙伴关系，二者共同构成交易主体合作伙伴关系构建与维系的基础。

2. 基于契约理论的伙伴关系维系

伙伴关系是契约关系（正式合同）和信任关系（非正式合同）的结合体，伙伴间协作关系培养公开、信任与互惠的氛围（Muthusamy等，2005年），正式合同（法律合同）是PPP项目伙伴主体履行义务与责任的参照点；伙伴之间的信任或互惠能够缓解不公平感觉、促进知识创造。以合同为基础，考虑信任的伙伴关系维系是保障企业间合作关系和谐融洽的有效策略（Maloni，2000年；李辉等，2007年）；Macneil（1974年）的关系型契约（Relational Contracting）指出，通过信任与承诺等非正式约束和法律合同相结合，有利于解决正式合同的不完全性产生的机会主义行为和减少生产成本与交易成本的总和。PPP是新型的合作伙伴关系，具有关系契约的特点，其治理方式也应吸收关系契约的优势，这种关系契约更多的是依赖基于信任的正式合作而实现（Bovaird，2004年；Essig等，2005年；Bettignies等，2009年）；并且，PPP合同的不完全特性也对项目治理、主体行为规制以及机制设计提出新要求（Garvin，2010年；Diaz，2016年）。

对于正式的关系维系方式，详细的合同能够作为识别伙伴期望实现的、明确的行为边界或范围的参照点（Hart等，2008年），减少机会主义的可能性（Anderlini等，1994年）；同时，它将伙伴行为限制在某个范围内和规范伙伴利益范围，减少组织间合作的交易成本，以及缓解伙伴冲突与增强合作结果（Joskow，1987年；贾康等，2014年）。Luo（2008年）指出"伙伴双方的组织属性差异越大，伙伴关系中更可能存在机会主义行为"。而PPP就是两个差异很大的组织之间的联盟，机会主义行为也是存在的。鉴于此原因，一个包含系列协议的正式合同能够具体化合作与组织间一体化的程度（Reuer等，2007年），也能减少损失（Bucklin等，1993年）。因此，至少PPP可以利用正式合同减少伙伴之间发生机会主义行为的可能性（Zhang等，2009年）。

对于非正式的关系维系方式，信任与承诺是学者们最为关注的两个方面。信任是建立成功伙伴关系的重要推动力（Jost等，2005年），也是一种有助于伙伴关系改善与维系的治理形式，管理能力、力量投入、社会声誉、财务状况、安全和环境能力、技术能力、过往表现和工程经验是PPP项目中初始信任建立的关键因素，信任水平随着时间不断变动（杜亚灵等，2014年，2016年）。合作伙伴的不可信任行为或消息被对方感知或获得时，伙伴对方会迅速做出利己策略的决定，引起伙伴双方信任危机，可能造成伙伴关系中止或终结，进而产生价值损耗（李辉等，2007年）。此外，承诺是伙伴主体对未来行为决策的一种态度，也是伙伴关系质量提升和管理效率提升的重要因素。Maloni等（1997年）认为供应链伙伴关系是以承诺为基础，建立在合作和信任之上的（Vokurka等，1998年），维持伙伴关系能够输出绩效、关系性租金或创造新的合作价值（Gulati等，1999年）。

基于此，PPP是政府和企业投资者组建的伙伴关系，正式合同（法律合同）是PPP项目顺利实施、伙伴主体风险分担和争议解决的参照点；合同的不完全性引起的机会主义行为很难得到正式合同的约束和控制，而考虑信任与承诺等非正式方式的关系契约能够有效控制机会主义和降低PPP项目总成本（包含交易成本）。这种关系型契约也为PPP项目伙伴关系维系提供重要保障和有效途径，改善伙伴主体的信任水平与承诺是PPP伙伴关系维系和PPP项目顺利实施的关键。根据不完全契约理论和关系契约理论，结合PPP项目伙伴关系发展周期构建伙伴关系维系方式的结构图，如图2-9所示。

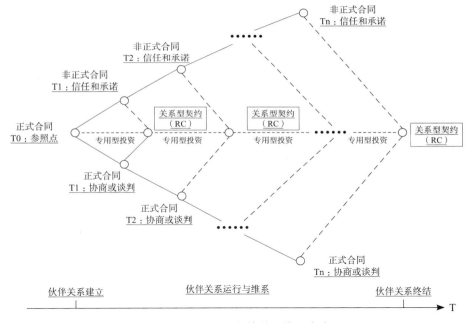

图2-9 PPP项目伙伴关系维系方式

2.2.4 关系资本理论

《现代汉语词典》对"关系"存在多种解释，最常见的两种解释为：①事物之间相互影响与作用的状态；②人与人或人与事物之间的联系。"资本"即能够带来增值的价值，资本无论采取何种方式，其特点都是通过现时的投入以获得比现时的投入更多的产出。关系与资本并不是两个绝对独立的概念，关系通过整理和有效经营能使其带来未来收入流，并形成资本。关于"关系资本"，早在20世纪80年代，美国经济学家布鲁斯·摩根（Burec.Morgan，1998年）在《关系经济中的策略与企业价值》中就指出，关系经济中只要存在价值关系，关系就有价，关系就是一种资源，一种资产，并在此基础上首次使用了关系资本这一概念。随后便得到了学者们的广泛关注，其中较具代表性的关系资本的定义主要有以下几种（表2-6）。

代表性的关系资本定义　　　　　　　　　　　　　　　表2-6

作者	关系资本概念	简要评述
Bontis（1998年）	关系资本是依靠关系作用而带来增值的价值，对于企业来说，其关系资本还包括客户资本、雇员资本[101]	强调关系作用、关系带来价值增值
Edvinsson（1998年）	关系资本是组织与其他组织或顾客往来之间的关系，又称外部关系，除了传统的客户范围外，还包括厂商上下游及相关环境之间的关系[102]	强调组织间往来关系以及与环境的关系
常荔等（2002年）	关系资本是以人际间的联系为出发点，认为关系资本应建立在个人层次上，体现的是盟友间的相互信任、友好、尊敬和相互谅解的关系[45]	强调人际间联系，以信任、尊重维系
吴淼（2022年）	关系资产是基于关系过程的价值体现，是一种不确切资产或无形资产[103]	强调关系是一种无形资产
彭星闾（2004年）	关系资本即企业与利益相关者为实现其目标而建立、维持和发展关系，并对此进行投资而形成的资本，能为关系共同体创造更高的价值[89]	强调关系共同体创造价值的能力
万君康（2006年）	关系资本即公司与客户、供应商、合作伙伴等的有益关系，关系资本主要包括品牌、客户、供应商、合作伙伴及关系网络[104]	强调有益关系与伙伴关系

资料来源：根据文献整理。

通过表2-6对关系资本定义的分析，我们可以将关系资本理解为蕴含在不同组织与外部环境的网络系统中的一种动态能力，组织可通过关系资本与其关系伙伴共享其资源、高效整合合作伙伴拥有的技术知识，从而为关系网络中企业带来价值增值。同时，关系资本的建立与维系也是有条件的，关系资本来源于主体合作过程中的互动行为，不仅依赖有效的途径，并且是一个渐进的形成过程，这其中需要相互信任、相互尊重等软性因素（Kale et al.，2000年），也依靠任务确定、合作惯例、界面结构和合作期望等硬性规定（Doz，1996年）。

在PPP项目中，政府与社会投资企业为提供公共产品或服务建立的是一种长期伙伴关系（张万宽，2011年；叶晓甦等，2013年），伙伴关系的价值创造属性表征着政企双方依靠关系的作用可以为PPP项目带来增值的价值，这种能够带来增值的价值即属于"关系资本"的理论逻辑范式，因此，借助关系资本理论，可以很好地解释PPP项目中，因伙伴主体间关系因素带来的项目价值增值。

2.2.5 交易成本经济学

1. 交易成本经济学

交易成本（Transaction Cost）是英国诺贝尔经济学奖获得者R. H. Coase教授于1937年在《*The nature of firm*》中提出的，选取交易作为分析单位，交易成本在交易活动中一直存在；将交易成本要素引入组织形式的研究，R. H. Coase认为交易成本决定着企业组织形式选择，交易成本是制度分析与资源配置的纽带。此外，R. H. Coase于1960年在《*The problem of social cost*》中对市场交易成本内容进行了阐述，认为"为了执行某项市场交易，有必要去发现交易对象、告诉人们自己愿意交易以及交易条件是什么，要进行谈判、讨价还价、拟订契约、实施监督以保证契约条款得以履行，等等；这些工作通常是要花费成本的"。简单理解为：交易成本是谈判、签约及履行契约的成本（卢现祥等，2012年）。

在R. H. Coase的原创性研究与贡献基础上，学者们逐步聚焦交易成本研究。尤其是Oliver·E·Williamson进一步细化交易，将交易的维度界定为资产专用性、不确定性和交易频率；其中资产专用性最为重要，资产专用性越强，越需要交易主体双方建立与维系契约关系的稳定与持久（Williamson，1975年）。同时，Oliver·E·Williamson以人们认知有限理性和机会主义行为为假设前提，认为交易成本是组织选择服务提供机制（make-or-buy）的决策基础，也将交易成本分为事前交易成本和事后交易成本（Williamson，1981年）。在此基础上，Tirole（1999年）将交易成本划分为不可预见性事件（Unforeseen contingencies）、缔约成本（Cost of writing contracts）和合同执行成本（Cost of enforcing contracts）四个部分。此外，Arrow（1969年）将交易成本界定为"经济制度的运行成本"；Furubotn and Richter（1991年）把交易成本看作是"包括那些用于制度和组织的创造、维持和利用等所需资源的费用"；North（1994年）认为交易成本是规定和实施交易基础的契约的成本；杨小凯（1998年）则将交易成本划分为外生的和内生的两部分；张五常（1999年）认为交易费用实际上是制度成本，交易主体选择交易成本较低的契约安排。

交易成本是组织选择服务提供机制（内部或外部生产）的决策基础（Williamson，1981年）；基于生产成本与治理成本的对比研究，Williamson（1996年）提出一体化能够降低交易成本。PPP是公共服务市场化生产与提供的重要方式，交易成本的存在影响PPP伙伴选择方式（Soliño等，2016年）、伙伴关系管理（Smyth and Edkins，2007年）、适应成本（Bajari等，2014年）、交易效率与效果（Ho等，2015年）以及PPP价值创造（张万宽，2011年）；而Parker等（2003年）得出了PPP交易成本的作用和关系合约中信任的重要性，政府在选择公共服务提供方式时也应该综合考虑交易成本的资产专用性和战略重要性两个维度（Fischer等，2006年），增加交易双方之间的沟通联系是减少适应成本或交易成本的重要途径。

2. 基于交易成本的PPP伙伴关系维系

伙伴关系建立是伙伴关系维系的前提条件。以有限理性和契约不完全性为前提，Williamson（1981年）以交易作为经济分析的基本单位，考虑交易频率、不确定性和资产专用性，综合比较生产成本 C 和治理成本 G（图2-10），认为当最优资产专用性水平（K）处于中等水平，即位于 $\bar{K}$ 和 $\hat{K}$ 之间，会出现混合治理，而伙伴关系就是一种混合治理形式。Essig等（2005年）也运用交易成本经济学分析公共产品提供方式选择，认为当资产专用性、战略重要性和交易成本等较高时，PPP方式是一种可供政府选择的公共产品提供方式。

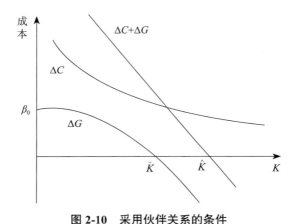

图 2-10 采用伙伴关系的条件

企业间伙伴关系的形成机理为研究PPP公私伙伴关系管理提供重要借鉴，尽管PPP伙伴关系与企业间伙伴关系在主体属性、目标以及运行机制等方面存在差异，但伙伴关系形成与成功的基本原理仍然适用于公共部门与私人部门建立的伙伴关系。为了厘清公共部门和私人部门形成伙伴关系的基本原理，Rangan等（2006年）运用交易成本经济学和外部性理论分析公私伙伴关系形成条件，认为资源（如投资、知识、时间等核心价值）和治理（如事前搜寻、协商与签约，事后协调、监督与执行等互补性价值）是任何经济交易的基本要素，PPP也是公共部门和私人部门之间的一种交易形式；公私合作伙伴关系的必要条件是经济机会实现要求特定行业的竞争力且实现正外部性、私人部门单独承担存在较高的不确定性以及私人部门面临较高的签约、协调及执行的治理成本，如图2-11所示；公共利益、私人利益、资源、外部性、治理成本以及不确定性是PPP伙伴关系形成的重要影响指标，降低私人部门治理成本和减少其面对的不确定性是伙伴关系建立的关键途径。此外，Lin（2014年）运用资源依赖理论分析企业与政府建立伙伴关系的条件，认为①当企业处于战略弱势时，例如企业生存必须依赖政府支持，这种情境下企业会与政府建立伙伴关系；②当企业具有雄厚的资源优势或社会地位，允许他们杠杆化环境改善战略机遇开发中的政府权力（governmental power），这种情形下企业也会寻求与政府合作。

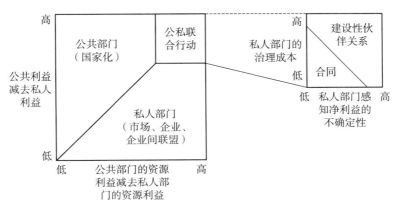

图 2-11　伙伴关系建立的基本逻辑

美国著名组织管理专家 Andrew Van de Ven 教授（1976年）认为"组织之间资源交易发生意味着组织间关系的产生"。Mohr 等（1994年）系统地分析了成功的企业间伙伴关系特点，建立了集成伙伴关系属性、沟通行为和冲突解决方法的伙伴关系分析框架，发现伙伴关系持续与成功的三个重要特征是①伙伴关系的承诺、协调、相互依赖与信任属性；②沟通质量、信息共享与参与行为；③共同决策的冲突解决技术。由于伙伴关系形成、持续与成功受到诸多因素影响，Tuten 等（2001年）在 Mohr 等（1994年）研究成果的基础上，具体化伙伴关系形成的因素和评估伙伴关系成功的程序，研究结果显示：满足伙伴关系形成的前提条件和达到伙伴关系成功的标准是保障伙伴关系可持续和稳定性的重要基础，如图2-12所示。此外，为了保障既有投资盈利与减少契约不完全性对投资正常回收产生的负面效应，投资主体会主动增加投入来维持关系稳定（Hart，2003年；Brown 等，2016年；和军等，2016年）；这些专用性投资在保障投资主体获取收益的同时也陷入"锁定效应"，较高的转换成本促使伙伴主体形成"利益共同体"，进而增强合作伙伴关系的持久与稳定。

总之，交易成本经济学以主体有限理性和机会主义为假设，从契约不完全性出发，认为采取混合治理/一体化、科层制或市场等治理结构的目标可以降低交易成本。PPP 是一种混合治理形式，综合评价生产成本与交易成本的大小，在某些条件下 PPP 是公共服务有效的供给方式。然而，交易成本在 PPP 伙伴主体交易过程中一直存在，在正式契约的基础上综合考虑信任、承诺等工具可以降低交易成本，这对 PPP 项目伙伴关系的持久与稳定具有重要作用。

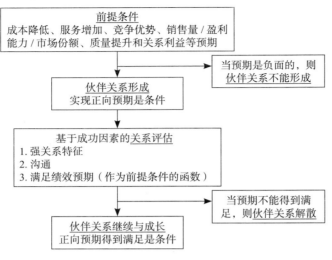

图 2-12　伙伴关系形成与维持

2.2.6 项目管理视角

项目（Project）是一个临时性组织，在特定规范、时间、成本约束下集成人力、物力和财力实现预期设置的定性与定量目标，具有唯一性、新颖性和临时性的特征；三个特征也产生了三个挑战，即项目的不确定性、资源与能力的集成性、时间紧迫性（Turner等，2003年）；实现功能满意、审美满意、按时完成、预算内完工、物有所值是项目及项目管理的重要目标（Walker，1984年），成本、时间和质量（也称"铁三角"）是项目成功的标准（De Wit，1988年；丁士昭，2014年）。Freeman等（1992年）比较商业项目与建设项目的生命周期（图2-13）与成功标准，商业项目更注重资产价值；Shenhar等（2001年）在此基础上从操作层面和战略层面将项目成功界定为四个维度，即项目效率、对顾客的影响、直接商业与组织成功以及对未来的影响。在项目管理理论与实践不断发展背景下，传统"以产品为导向，质量—时间—成本为成功标准"的项目逻辑思维范式存在诸多不完善方面，也很难适应现代项目管理的要求，以价值为中心考虑项目成功标准和项目管理体系逐步提上议程，考虑将商业战略融入项目、最大化经济收益和利益相关者收益管理将是组织面临的重要挑战（Winter等，2006年；Morris，2013年）；并且Winter等（2006年）从商业战略视角构建项目价值创造框架，强调顾客关系以及顾客对价值实现的重要性，尤其是对于公共服务供给，PPP项目也是属于这种商业项目范畴。Wikström（2010年）从项目管理与战略管理的视角论证了项目与商业模式的关系，以及商业模式在项目价值创造中的积极作用，并对项目商业模式进行结构设计；Kujala等（2010年）也认为商业模式不能仅限于单个企业（或单个商业单位）以及短期项目提供，它能够用于服务供给和项目运营,并且能够开创新的市场和改善社会财富(如改善人居环境和减少贫困等)(Thompson等,2010年)。英国伦敦大学学院项目管理专家Peter W.G. Morris教授于2013年出版专著《Reconstructing Project Management》,强调价值为中心的项目管理思维,重视项目计划与项目商业战略的融合,认为项目不仅要实现投资目标,而且更重要的是提供价值增值或重构的机会;以价值为中心的新型项目管理范式更能够有效集成收益、成本和价值使项目价值管理更具活力(Laursen等,2016年)。因此,本书认为项目价值的实现应打破传统的项目管理思维模式,应激励项目主体进行商业模式创新(尤其是包含运营活动的项目),联合利益相关者的资源与能力发挥协同效应,增强项目实施的有效性与灵活性。PPP项目也处于项目管理研究对象范围,价值思维与理念也对PPP项目管理提出了新的挑战,PPP项目伙伴主体也应该接受并适应新型项目管理范式的逻辑理念与改革思维。

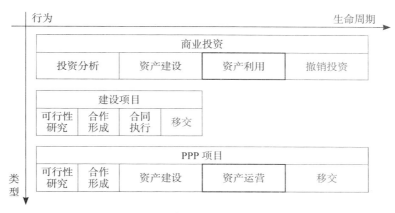

图2-13 不同类型项目的生命周期结构

公共项目是PPP发挥功能和效用的载体,PPP项目也应遵循项目管理规律和基本原理。PPP项目的公共性是区别于商业项目和一般建设项目的关键指标。从项目生命周期视角,PPP项目也具备一般项目与商业项目的特征,涵盖项目可行性研究阶段、建设、运营与资产移交。从项目类型上看,PPP项目是一种新型商业项目(Business Project),更加重视资产运营和处理好项目公司与公众的关系(Winter等,2006年)。从组织形式上,PPP伙伴关系是一种混合组织,具有创造"关系租金"的能力和优势(Ménard,2004年)。从利益相关者视角,良好的利益相关者管理有利于减轻目标冲突、减少利益相关者反对和实现项目成功(El-Gohary等,2006年)。从经营模式上,PPP模式是一种商业模式,在汲取一般商业模式优势的基础上,融合政府与企业的相对优势,形成风险防范与处理能力的最优组合,重视资产运营、处理好企业(运营主体)与消费者(社会公众)的关系(图2-14),重点强调PPP伙伴关系和实现公共利益

（Villani等，2015年）。从PPP项目价值要素视角，Siemiatycki等（2012年）指出PPP项目价值涉及财务（Financial）、行政（Administrative）和公共利益（Public-interest）等方面；Reynaers等（2014年）指出PPP项目必须考虑公共价值（Public Value），涵盖政府绩效改善和公众利益，实现政府公共部门的职能并同时为民营部门带来利益也是不可或缺的（贾康等，2014年）；王守清（2015年）认为成功的PPP应该使得"公众满意、政府获得好评、投资者获利等"；张万宽（2011年）认为PPP项目不仅是公私双方绩效改善，而且更要基于合作伙伴关系实现价值增值。

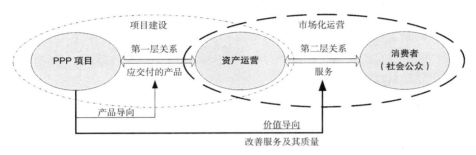

注：①第一层关系：PPP伙伴主体内部组织关系；②第二层关系：项目公司与公众的关系

图 2-14　PPP 项目运营结构

PPP项目核心主体是由代表公共利益的公共部门和逐利的私人部门构成，公共部门利用公共资源和公共权力为社会公众提供公共服务和创造公共价值（Moore，1995年；包国宪等，2012年；叶晓甦等，2015年）；私人部门（主要指企业）利用自身资源和市场资源在实现合同目标的同时实现利润最大化，这也是企业的首要目标（Savas，2000年；Laffont，2005年；萨缪尔森等，2013年）。伙伴关系这种混合组织形式使得公共部门和私人部门的资源、能力、目标以及组织文化等特质融合一体化（Hodge等，2007年；Siemiatycki等，2012年；叶晓甦等，2016年），通过利益相关者协同、项目运营商业模式创新以及伙伴关系维系，实现PPP项目价值创造预期目标。

然而，在我国PPP实践中，项目主体因目标模糊、利己行为、机会主义等原因引发项目的招标流产、运行中止、再谈判或者失败，给投资者双方和社会公众带来较大负面影响，如国家体育场"鸟巢"PPP项目，由于社会资本主体（中信联合体）无法承担成本回收任务和过度商业化行为等原因，导致政府收回特许经营权，PPP项目失败；长春汇津公司通过PPP模式承接的长春北郊污水处理厂因与政府在收费问题上存在分歧，正式停产并将污水直接排入松花江，产生巨大的价值损失。这也进一步说明了PPP伙伴主体仍囿于"自身利益最大化"逻辑，缺少从价值视角考虑PPP项目的建设与运营过程，不清楚"稳定与持久的伙伴关系对PPP项目价值的积极效用"，伙伴个体的利己行为或机会主义使得伙伴主体之间的信任关系"弱化"、关系不稳定以及矛盾激化，最终引发PPP项目价值耗散。基于此，厘清持久且稳定的PPP伙伴关系与项目价值的关系是促进伙伴主体互利互惠与主动创造价值的基础。

2.3 伙伴价值计量基础与价值构成

2.3.1 伙伴价值计量基础

价值管理作为我国项目管理的有效方法和手段，其目的是降低项目成本，提高项目投资效益。Morris（2013年）通过对项目价值的分析，认为项目价值应包括生产成本与经营收入两部分。Chang（2013年）基于北京地铁4号线项目的案例研究，构建了涵盖项目收益与项目成本的PPP项目价值模型。在此基础上，叶晓甦等（2017年）指出PPP项目不同于一般工程项目，项目主体为政府与企业二维主体，项目伴随着伙伴主体间的交易而进行，因此提出PPP项目收益系统中除项目经济收益和成本，还应考虑PPP项目执行过程中的交易成本。

交易成本一直存在于各类交易活动中（Coase，1960年），按照交易活动的不同，可分为协商与谈判成本、合同执行成本、信息收集成本、监管与绩效管理成本等，其大小由交易主体间协同与信任关系、机会主义行为程度共同决定（Williamson，1981年）。在PPP项目中，Kivleniece等（2012年）认为交易成本不仅对政企间关系建立与项目价值管理存在重要影响，而且还能直接影响生产成本、经济收益，进而左右伙伴主体的行为决策（Soliño等，2010年；张万宽，2011年）。此外，Foss等（2005年）还提出交易成本是伙伴关系破裂与伙伴价值消散的主要来源，减少交易成本即创造价值。

综合上述分析，为提高PPP项目伙伴价值测算的准确性和科学性，本书将PPP项目伙伴价值计量基础界定为生产成本、经济收益与交易成本，如图2-15所示。其中生产成本指PPP项目建设与运营过程中的工程或技术成本，按生命周期阶段划分，生产成本包含项目建设与运营成本；经济收益指PPP项目的运营收入与其他收入；交易成本指PPP项目合同谈判、协商、执行以及监督管理等发生的成本。

2.3.2 伙伴价值构成

根据上述对PPP项目伙伴关系价值的概念界定，政府和企业建立长期合作，为提供公共产品及服务的伙伴关系建立产生的价值增值。其值的大小由生产成本节约、交易成本减少与产出效益提高共同决定。从交易成本视角，Williamson（2001年）将组织生产经营活动中产生的成本分为生产成本和交易成本，同时提出混合治理或一体化能有效降低生产成本和交易成本（Williamson，1996年）；张万宽（2011年）运用交易成本经济学分析PPP项目绩效，认为因政府与社会投资企业建立合作伙伴关系而产

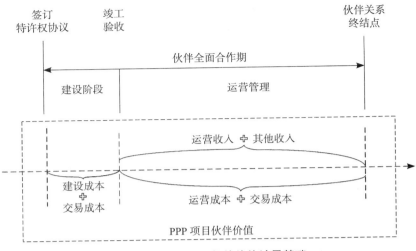

图 2-15　PPP 项目伙伴价值计量基础

生的"租金"大小可由生产成本节约和交易成本节约共同决定。此外，基于关系资本理论，常荔等（2002年）指出不同企业间建立联盟关系产生的关系资本不仅可以提升企业在联盟团体以外的市场竞争地位，而且还能促进创造，从而带来合作优势产生的关系资本收益；杨孝海（2010年）指出企业间的关系资本能够使提高企业运营效率，提高经济收入，从而创造企业价值；Mouraviev等（2015年）认为PPP项目通过利益相关者协同可以改善价值创造能力而使项目运营收益提高。

基于上述分析，本文提出PPP项目伙伴关系价值可由生产成本（Production Cost，简称PC）节约、交易成本（Transaction Cost，TC）减少以及经济收益提高（Economic Profit，简称EP）共同决定。

2.4　理论分析逻辑框架

关系是有价值的资产，关系存在引起了双方价值增值（即关系价值），同时，价值创造也是关系双方发展信任关系和发现互利结果的过程（Wilson等，1994年）。伙伴关系作为组织间关系的一种典型形式，也是超额利润或关系租金（Relational Rents）的时空起点和逻辑起点，更是获取竞争优势和持续创造关系租金的关键（Ring等，1992年；Dyer等，1998年；Gulati等，1999年；Ménard，2004年；罗珉，2007年）。对于PPP项目，伙伴关系是PPP的核心（Rangan等，2006年；张万宽，2011年；叶晓甦等，2017年），"没有伙伴关系就没有PPP"（贾康等，2014年）。PPP伙伴关系集成公共部门（政府）和私人部门（社会资本投资人）的"特质"，从而产生政府行为的"可预期效应"（徐浩萍等，2007年）、社会资本投资人的效率优势（Hodge等，2007

年)以及由于公私双方的利益依赖特性与目标冲突而催生的关系优势(Kivleniece 等,2012年;贾康等,2014年),促进PPP伙伴关系创造额外价值(Creation of Extra Value)和关系资产价值增值(Panda,2011年)。基于此,PPP伙伴关系具有价值创造属性,伙伴关系与项目价值存在关系。伙伴关系维系的目标是保障政府和企业投资人在特许经营期内合作伙伴关系的持续性和持久性。在稳定的伙伴关系的前提下,PPP项目伙伴关系价值创造能力才能得到发挥与合理利用。而政府和企业投资人之间因合作伙伴关系不稳定造成的项目成本增加,很难充分发挥伙伴关系的价值增值能力;这就需要维系伙伴关系的稳定与持久,从而实现PPP项目价值和伙伴关系维系的价值效应。

维系伙伴关系的持久与稳定是实现伙伴关系价值效应的基础(Dwyer等,1987年;Dyer,1998年;Narayandas等,2004年;Smyth等,2007年),如何维持合作关系的持续与合理发展不仅是合作伙伴关系过程管理的重要内容(Ring等,1994年),而且更是对May(2006年)和Colman(2006年)"合作行为的演化与维持机理是社会科学领域最为重要而又没有解决的问题"的回应。基于"目标、价值观和期望结果是人们选择的基础(Commons,1950年)"的研究论据,Ring等(1994年)分析了不确定性、效率与公正、内部争端解决以及角色关系对组织间合作伙伴关系期望结果的影响机理,并在此基础上得到启发式结论,即如果合作主体能够通过协商,使得组织间合作关系预期存在极小差异或一致,他们将为初始行动做出承诺;如果这些承诺能够以有效的和公正的方式得到执行,他们将继续做出承诺或拓展相互的承诺;如果这些承诺不能以有效和公正的方式得到执行,合作双方将通过再谈判或减少对组织间合作关系的承诺的途径启动纠正措施。杜亚灵和尹贻林(2015年)在分析传统"投入—回报"思维方式下PPP项目公私双方的对抗思维及其产生的消极效果,提出伙伴关系思维下的PPP项目盈利模式创新途径;发挥利益相关者的资源与能力的协同效应,实现总价值最大和平衡利益相关者的利益,从而减少利益相关者之间的冲突和吸引其他投资者成为新的利益相关者(Tantalo等,2016年)。此外,美国经济学家奈特(Frank H Knight)指出"不确定性存在于我们的社会生活中,解决不确定性问题的可能性则取决于未来与过去的相似性,增强对未来的控制力和预测能力是解决不确定性的途径",这就预示着现在的实践或决策应考虑对未来的影响以及未来对现在行为的预设(胡潇,2016年);这也要求PPP项目伙伴主体的行为决策应通过当前决策消除未来不确定性产生的消极影响(如关系专用型投入),同时,借鉴历史经验研判未来不确定性对当前行为的预设。这为PPP伙伴关系维系策略设计提供基础参考。

伙伴关系维系是伙伴主体之间持续的、动态的、互惠的维持与联系过程(Koppenjan等,2004年;Smyth等,2007年;黄少安等,2013年)。从维系的"维持与联系"本义出发,在合同执行过程中,政府和企业投资人共同努力维持合作双方的契约关系、价值目标以及组织工作人员间的正常工作关系,根据伙伴主体双方的资源与能力优势增加利益相关者之间的联系,尤其是伙伴主体之间的正常联系、洽谈或协商,进而促进PPP项目合同的顺利执行、伙伴主体之间可信度改善、伙伴关系持久与稳定。从时间维度,PPP项目特许经营期一般在20～30年,这就意味着PPP项目伙伴主体之间的契约关系和伙伴关系是长期的、充满不确定性的和需要双方共同维护的;并且,PPP项目不同阶段对伙伴主体的资源与能力需求也是不同的,例如合同签订之初的磨合期,这段时间需要伙伴双方进行各方面接触与沟通,对价值目标、风险分担方式、特许价格等问题进行协商,以便提高双方的组织认同性,进而保证PPP伙伴关系持久与稳定、合同管理的弹性以及项目价值损失的减少。从投入产出视角,持久与稳定的伙伴关系不是不劳而获的,它需要伙伴双方共同投入专用型资源进行维系(Dyer等,1998年);这种关系维系专用型投入不只是一种费用或成本支出,它具有价值创造的潜力,未来会为伙伴主体带来价值增值效果(Zheng等,2008年;Steijn等,2011年),这种双向的专用型投资行为是互惠的,不是"零和博弈"。总之,PPP伙伴关系维系是一种持续改进、动态调整和互惠互利的活动,在伙伴关系维系不同阶段进行针对性的沟通、协商、协调或协作,进而保障PPP伙伴主体共同努力实现项目价值创造目标,具体演化过程如图2-16所示。

  总之,资源基础观、契约理论、交易成本以及项目管理等理论提出了资源与能力是PPP项目价值创造和伙伴主体维持彼此之间关系的基础要素,确立了PPP伙伴关系维系价值理念、基于PPP项目及伙伴关系特性考虑公共价值与伙伴关系价值,推导出

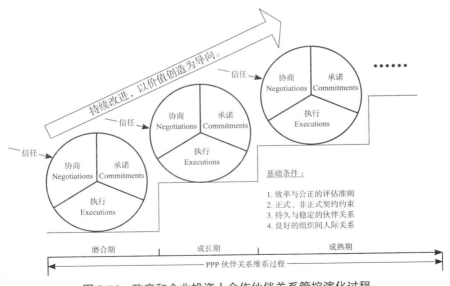

图 2-16 政府和企业投资人合作伙伴关系管控演化过程

PPP伙伴关系维系与项目价值之间存在关联关系。但是，PPP伙伴关系维系关键因素及其作用路径、项目价值如何界定与计量、关系维系与项目价值怎样建立关系以及二者关联关系如何测量等问题尚不清晰，这也是本研究后续章节应解决的关键问题。

如图2-16所示为理论分析结果的逻辑结构。本文立足于PPP伙伴关系本质和价值导向，PPP项目规模与周期、伙伴主体有限理性以及信息不对称等因素引起的伙伴关系不稳定与项目价值波动问题很难在契约条款中得以完全预设，这使得伙伴关系的维系问题成为关键，也是关系契约重点关注的对象；PPP伙伴关系的价值创造属性不仅是项目价值实现的基础，也是伙伴关系建立的前提条件和关键判断，关系维系的目的是在保障关系持久与稳定的基础上实现价值创造；通过改变伙伴主体的预期结果和未来收益，推动伙伴主体不间断投入专用型资源维持伙伴关系持久与稳定，这也反过来促进伙伴主体做出持续承诺和根据未来预期设计现行策略，最终推进PPP伙伴关系维系—项目价值—伙伴关系持久与稳定的良性循环，也就是如图2-17所示中虚线矩形框中描述的内容，更是本文需要进行研究的重点部分。

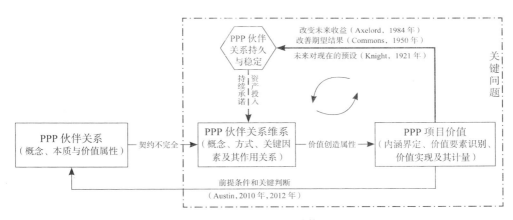

图 2-17 研究问题结构

2.5 本章小结

本章梳理了国内外关于PPP的概念与内涵，确立了本书的研究基点"伙伴关系"；通过基础理论回顾，包括市场营销、资源基础观、交易成本经济学、契约理论和项目管理，界定了PPP伙伴关系维系的概念、内涵与特征，表明了PPP伙伴关系维系的价值创造属性与伙伴关系维系的价值效应，构建了PPP伙伴关系—伙伴关系维系—项目价值—伙伴关系持久与稳定的研究框架。本部分为后面PPP伙伴关系维系关键因素研究、假设的提出、价值效应模型设计以及实证研究等方面提供了理论基础，增强了本研究的理论意义。

| 第3章 |

PPP伙伴关系维系的关键因素甄选与确立

为厘清我国PPP项目伙伴关系维系的关键问题，笔者开展了对我国PPP项目发展状况的调查和研究，主要目的在于分析和识别影响我国PPP项目伙伴关系维系的关键因素，并运用结构方程探索我国PPP伙伴关系维系关键因素之间的关联关系及作用路径。

3.1 研究思路设计

根据本书第2章的理论分析，PPP项目伙伴关系管理的内容主要分为伙伴关系形成、伙伴关系维系、伙伴关系价值创造和伙伴关系效果评价，依据这个逻辑，本章重点研究PPP项目伙伴关系维系，时间范围限定在项目合同签订（法律关系确认）至特许经营期结束（伙伴关系结束）。

没有伙伴关系就没有PPP（贾康等，2014年），这种"伙伴关系"观点肯定了公共部门和私人部门组建平等合作关系的重要性，但是，由于"伙伴关系"观点将研究焦点放在PFP伙伴主体之间的特定资源交换所产生的价值的来源、产生与分配方面（Kivleniece等，2012年），较少考虑伙伴关系中伙伴主体与合作环境的交互过程以及这种互动对PPP公共产品供给的影响作用。由资源依赖理论可知，组织生存离不开环境，组织在环境中能够获取保持竞争优势的资源（如自然、技术、制度等）（Pfeffer等，1978年）；这就要求PPP项目在投融资、建设与运营管理等全生命周期中既要关注PPP伙伴主体之间的交互关系，也要重视伙伴主体与合作环境的互动，减少如伦敦地铁、悉尼域际隧道以及青岛威立雅污水处理等PPP项目再谈判或失败案例的发生（Anne等，2005年；亓霞等，2009年）。

目前，关于PPP伙伴关系维系的研究主要集中在合同（或契约）方面，一方面通过正式合同（也称古典契约或个别性契约）的条款设置明确界定伙伴双方的责任、权利和义务（Brown等，2016年；Van Den Hurk等，2016年；Martimort等，2016年），并在项目全生命周期中严格执行；另一方面通过非正式合同（如关系性契约）形式，基于信任、承诺以及保证等途径（Parker等，2003年），协调伙伴主体的行为、态度与合作（Tomkin，2001年）、治理伙伴关系或约束主体机会主义行为、弥补契约治理的缺陷（严玲等，2016年）。而对于PPP项目伙伴关系管理的关键成功因素研究主要从PPP项目管理角度进行理论与实证研究，如Li等（2005年）、Zhang（2005年）和Chan等（2010年）分别从英国、全球、中国视角探讨PPP项目成功的关键因素，重点讨论伙伴主体、外部环境和公共项目等相关的因素，如表3-1所示；伙伴关系成功也是PPP项目成功的重要内容，这些关于PPP项目成功的因素研究为伙伴关系维系提供参考基础。

典型的PPP关键成功因素研究成果　　　　　表3-1

作者	Li等（2005年）	Zhang（2005年）	Chan等（2010年）
分类	有效的采购	合理的投资环境	稳定的宏观经济环境
	项目可实施性	经济可行性	公私双方责任分担
	政府保证	具备技术优势的、可靠的特许联合体	透明且有效的采购过程
	合理的经济条件	健全的财务计划	稳定的政治社会环境
	可利用的金融市场	基于可靠的契约安排的风险合理分配	明智的政府管控

针对伙伴关系维系的研究，主要集中在组织间或企业间伙伴关系、企业与顾客之间，如Mohr等（1994年），Wilson等（1995年），Brinkerhoff（2002年）、Judge等（2006年）和Cramn等（2013年），如图3-1和图3-2所示。PPP伙伴关系也是两个组织之间基于特定目标和特定对象而建立"公—私"伙伴式关系，但组织间或企业间伙伴关系的逻辑思路为公私伙伴关系提供分析参考，张万宽（2011年）借鉴组织间伙伴关系的基本原理研究PPP伙伴关系治理，并得到影响PPP绩效的因素（知识获取、决策参与、确定规则、易于融资、有效监管、政府信用和政府能力）。影响组织间伙伴关系维系或稳定性的因素不仅来自伙伴主体内部，也受到组织外部环境的影响；Chattopadhyay等（2001年）和Greenwood等（2011年）认为组织效果受到组织与环境的适配程度的影响，外部环境在组织未来行动及其对机会与威胁应对中扮演重要角色，并且组织与环境的交互效果直接影响组织间冲突的发生及其带来的结果

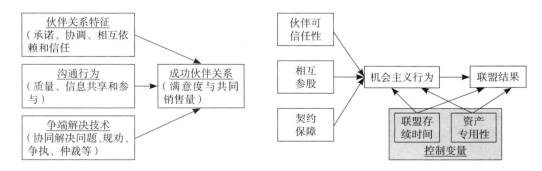

图3-1　Mohr等提出的伙伴关系研究逻辑框架　　图3-2　Judge等提出的战略联盟成功的理论框架

（Lumineau等，2015年；Andrews等，2010年）。Ni等（2007年）通过对美国42个州16项电子政府服务外包进行实证研究，发现服务外包不仅受到交易自身特征的影响，还与外部环境（如政治环境、市场环境、制度环境和经济环境等）有重要关系；特别是外部环境较差的情景，少数地方政府以公共利益为代价与企业合作谋取"私利"，这种政府工作人员与企业的关系（包含人际关系和利益互惠交换）削弱了法律规则的效力（Engel等，2014年）。Lenferink等（2013年）从竞争性谈判视角提出公共项目中公共部门与私人部门交互的影响因素应考虑组织问题、融资复杂性、技术复杂性和法律复杂性。Currie等（2015年）从组织间管理视角，以伦敦地铁PPP项目为例，分析公共部门与私人部门之间、公私双方与外部环境（如公共政策）之间的冲突，从价值与理念、结构与角色、程序、价值与态度等方面设置冲突解决机制。

资源（金融资源和实物资源等）、伙伴特征（异质性和参与水平等）、伙伴之间的关系（重点是建立良好的工作关系）、伙伴关系特征（如领导力、行政管理能力、治理以及伙伴关系效率等）和外部环境（如政策）是伙伴关系协同的决定因素。资源依赖问题是伙伴关系发展的重要推动力，共同工作也能为组织提供个人目标改善和新机遇创造的可能（Huxham，1996年），如英国财政部2012年推出的Private Finance 2（PF2）中明确提出政府以少量参股的方式主动参与PPP项目活动，加强其监管和合作角色（H.M Treasury[①]，2012年）；同时也要注意相互依赖产生的协调成本（Coordination Cost）（Zhou，2011年）。伙伴关系通过减少重复和费用分担等形式充分利用存量资源实现资源效率增加，通过互补服务集成、培育创新或协同等形式实现价值增值（Lowndes等，1998年），以及撬动新资源。

综上所述，PPP伙伴关系维系不仅受到伙伴主体自身特性影响，而且还受到项目属性、外部环境的影响。基于上述分析构建PPP伙伴关系维系关键因素分析的逻辑框架，如图3-3所示。

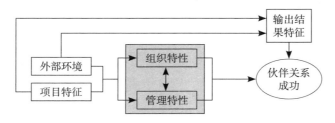

图 3-3　PPP 伙伴关系维系因素分析框架

---

① Treasury H.M. A New Approach to Public Private Partnerships[R]. London：The Stationary Office，2012.

3.2 影响因素筛选

PPP伙伴关系维系影响因素筛选质量的好坏直接影响研究结果的可靠性。本章将主要描述PPP伙伴关系维系的影响因素，通过访谈初步了解人们对PPP认知，为建立影响因素清单提供参考；通过问卷调查掌握专家学者、社会公众或企业管理者等对于PPP伙伴关系维系影响因素的认识与判断。本章的目的在于，提高PPP伙伴关系维系测量的可靠性和有效性，从而保证研究结果的效度（Validity）。

3.2.1 访谈

1. 方法选择

根据论文研究目的、研究问题的性质、研究对象的特征、资源的可获取性以及数据处理技术工具特点等，作者首先选择面对面访谈的方式，选择依据：第一，PPP在我国刚刚起步，大批的普通管理人员对PPP概念认识尚不清晰；第二，政府部门习惯于行政管理模式，对政府与企业合作参与公共项目供给有了一定认识，特别是在政府重点项目管理领域部门；第三，实业界仅限于从事政府工程建设的专家以及参加PPP培训的专业人员知道并认识PPP项目及相关信息，社会公众对PPP的认识也非常有限。因此，访谈对象优先从具有PPP经验或知识的政府部门、企业、行业协会、科研机构的专家学者以及公众，在保证信息质量的同时提升效率。采用判断抽样（Judgement Sampling）方法，根据课题组对PPP学术界和实业界的经验判断和客观分析，事先选择访谈对象，然后再根据访谈计划逐步开展访谈。访谈采取介于结构性访谈和开放式访谈之间的半结构化访谈方式。由于访谈对象的特殊性、访谈内容的专业性以及访谈问题的广泛性，访谈时间根据具体情况控制在1～2个小时。在访谈正式开始之前，事先向访谈对象介绍此次访谈的目的、内容、焦点及原因，并就访谈内容和访谈对象信息的保密性作出正式说明。对于访谈内容，在征求访谈对象同意的前提下采取录音形式记录信息，否则，只能采取速记方式保留相关信息。

研究内容包含在此次访谈的三个问题，分别是①学术界和实业界如何认识和理解PPP概念和本质？②哪些因素是有利于或阻碍PPP发展？③维系PPP伙伴关系的关键因素是什么？

访谈对象选取从事公共项目管理、PPP项目管理或PPP研究的相关组织或个人。公共部门主要选取分管公共项目投融资或PPP项目管理人员；私人部门主要选取企业管理人员（企业领导或项目投融资主管）、技术及管理人员（参与PPP项目建设与运营的工作人员）、从事PPP研究、咨询或代理的组织或个人；科研院校主要选取PPP

研究专家（主要来自清华大学、北京交通大学、同济大学、重庆大学、东南大学、大连理工大学、天津大学和天津理工大学等）；社会公众选择与PPP项目有关联关系的人员，访谈样本分布情况如表3-2所示。

受访者信息　　　　　　　　　　　　　　表3-2

类型	政府	企业	社会公众	科研院校	合计
数量（个）	15	15	15	15	60
比例（%）	25	25	25	25	100

2. 访谈结果与讨论

对于访谈记录的整理、统计与分析，只要与某一因素相关的关键词被访谈对象在上述3个问题的回答中提到过，则认为访谈对象认同该因素的重要性，同一位受访者重复提起的某个关键词只能计算一次，最终计算每一个因素被提到的次数，访谈结果如表3-3和表3-4所示。

访谈对象的PPP认知　　　　　　　　　　　表3-3

类型		政府	企业	公众	科研院校	合计
对PPP的认知	仅是一种项目融资模式	5	10	13	3	31
	也是一种新型管理模式	7	4	1	4	16
	也是一种治理机制创新	3	1	1	8	13
对PPP本质的认知	项目融资	6	3	11	1	21
	风险与利益分担	7	7	3	8	25
	伙伴关系	2	5	1	6	14

访谈获取的影响因素　　　　　　　　　　　表3-4

因素	频次	因素	频次
完备的法律法规体系	27	合理的定价及调价机制	12
政府具备较高的履约能力	25	经验、知识和信息	11
有效监管	23	经济环境适宜	9
连续且稳健的PPP政策	23	合同执行力强	8
政府审批程序简单易行	22	价值观的认同	7
项目具有现金流	19	公众满意	6
风险分担和利益分配合理	15	经济发展水平高	1
政府意愿和支持	14	保障公众参与	1
过程透明	14	政治稳定	1

对表3-3分析后可知，项目融资模式是访谈者对PPP的首要观点，尤其是企业（私人部门）和公众，认为推行PPP可以减轻政府财政压力、增加项目融资渠道；政府（公共部门）认为PPP是一种基于长期合作的新型管理模式，区别于一般的公共项目管理模式；而PPP科研院校专家学者认为它是一种治理机制创新，集成PPP项目市场准入、风险分担和利益分配、激励约束以及监督管理等内容。基于此，项目融资模式是人们对PPP的现实认知和功能定位，而"机制创新"观点是PPP的研究前沿和发展趋势。

从PPP本质视角，风险与利益分担是访谈者对PPP本质的首要认知，尤其是政府和企业，这也是"经济人"特性的重要表现；伙伴关系的本质特征是部分企业和学者的重要观点，认为PPP中的第三个"P（Partnership）"应该翻译和理解为"伙伴关系"，这既是契约精神的体现，也是PPP区别于其他模式的关键。基于此，风险与利益分担是人们对PPP本质的现实认识，而"伙伴关系"本质是PPP的学术界和实业界深入认识的方向。

由表3-4可知，PPP伙伴关系维系的因素有：第一，"完备的法律法规体系"。第二，政府具备较高的履约能力、有效监管、连续且稳健的经济政策、政府审批程序简单易行、项目具有现金流、风险分担和利益分配合理、政府意愿和支持、过程透明、合理的定价及调价机制、经验、知识和信息等。"完备的法律法规、制度和政策"是指要有确定的、一致的和有效的法律和法规，可以是PPP专门法律法规，也可融合在其他综合性法律中。第三，"政府具备较高的履约能力"反映政府作为PPP项目的参与方，应该按照合同约定行使权力和履行义务，避免不合理干预。"有效监管"主要是指政府监管和市场监管的有效性，包含监管机构、监管流程和监管能力等。第四，"连续且稳健的政策"主要是为了减少因政府领导更替而造成的不确定性。第五，"政府审批程序简单易行"是为了消除企业市场准入壁垒，降低企业准入成本。第六，"项目具有现金流、风险分担和利益分配合理、政府意愿和支持、合理的定价及调价机制"是减少PPP项目风险的重要方面。第七，"过程透明"主要涉及贪污腐败、信息公开、公众参与和第三方监督等。第八，"经验、知识和信息"主要是反映公私双方具备经营管理PPP项目的能力。

总之，访谈结果既是对理论分析的反馈，也是对图3-3分析框架的具体分析（图3-4）。PPP项目是一个系统工程，发现推行PPP的关键条件既有利于厘清政府、企业和公众的关系，也利于明晰PPP伙伴关系维系的关键内容，因此这次访谈是非常重要的。

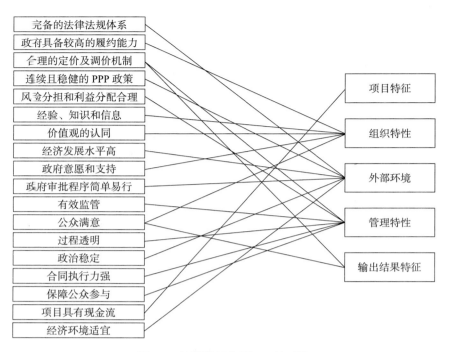

图 3-4 访谈结果与图 3-3 的对照

3.2.2 问卷调查

1. 问卷设计

通过问卷调查进一步研究影响 PPP 项目伙伴关系维系的关键因素及其作用路径。调查问卷中指标的来源和依据主要是四个方面：①本书第 2 章对 PPP 伙伴关系维系的理论分析结果；②已完成的关于我国 PPP 成功的关键因素访谈结果；③关于影响 PPP 项目、PPP 项目管理和 PPP 项目关系维系的关键成功因素的研究文献；④我国当前 PPP 法律、法规、条例以及政策等制度现状（附录2）。基于此，26 个影响因素被识别，列入 PPP 伙伴关系维系的影响因素清单，如表 3-5 的第一列所示（试调查问卷，附录3）。为了避免任何值得研究的影响因素，在后期的问卷试调查中允许受访者补充建议影响因素，受访专家（表 3-5）所补充的建议影响因素包括明确的 PPP 合作部门、完备的 PPP 指南、问题研讨与经验分享机制；对于问卷调研，一共发放 120 份问卷填写邀请，收到有效问卷回复是 31 份，占邀请人数的 25.83%，这个回复比例在工程管理研究领域中是比较可观的（Wang 等，2004 年）。根据试调研的结果，课题组多次讨论和征求专家学者的意见，最终因素清单如表 3-6 所示。

此外，问卷中还包含受访者的基本资料，包括所处省市、工作单位性质、工作年限、受教育程度和是否具有 PPP 经验等，正式调查问卷如附录 4 所示。

问卷试调研的受访者资料　　　　　　　　　　　　　　　　　　　　　　表 3-5

调研项目	单位性质				接触PPP时间（年）				参与PPP项目（个）			
	政府部门	企业	科研院校	社会公众	无	1～2	3～5	大于5	无	1～2	3～5	大于5
人数（个）	6	9	12	4	7	5	11	8	13	11	5	2
比例（%）	19	29	39	13	23	16	35	26	42	35	16	6

PPP项目伙伴关系维系影响因素　　　　　　　　　　　　　　　　　　　表 3-6

初始清单	最终清单
企业 PPP 经验	企业 PPP 经验
企业利润预期	企业利润预期
公众意见	公众意见
公众满意度	公众满意度
公众认知水平	公众认知水平
完善的法律体系	完善的法律体系
稳定的伙伴关系专用型投入	稳定的伙伴关系专用型投入
企业及时、合理的披露信息	企业及时、合理的披露信息
政府行政管理能力	政府行政管理能力
政府设置标准的 PPP 程序	政府设置标准的 PPP 程序
企业履约能力	企业履约能力
合理的政府监管	合理的政府监管
完善的经济政策	完善的经济政策
清晰的项目范围界定	清晰的项目范围界定
政府融资保证	政府融资保证
政治支持	政治支持
可利用的融资或资本市场	可利用的融资或资本市场
项目不确定性降低	项目不确定性降低
持续的关系承诺	持续的关系承诺
合理的风险分担和利益分配	合理的风险分担和利益分配
政府履约能力	政府履约能力
企业融资能力	企业融资能力
合理的产品或服务价格	合理的产品或服务价格
有效的合同管理	有效的合同管理
良好的伙伴工作关系	良好的伙伴工作关系
政府意愿	政府意愿

续表

初始清单	最终清单
	明确的 PPP 合作部门
	完备的 PPP 指南
	问题研讨与经验分享机制

2. 样本选择与数据收集

本书采用五分制李克特量表（Likert Scale）设计调查问卷，其中1表示非常不重要，5表示非常重要，1～5程度依次递增。为了保证问卷调查的全面性和有效性，选择公共部门（政府部门及其所辖的事业单位）、私人部门（国有企业、民营企业、合资企业）、科研院所中参与PPP项目（包含BOT项目）决策、建设与运营的工作人员、社会公众为对象，主要涉及交通运输、垃圾发电、水利灌溉、城市水务、体育等领域。此次调研通过访谈、实地发放，以及在比较集中的一级/二级建造师、PPP培训、项目管理工程硕士等项目课堂发放问卷1048份，也通过QQ、微信、问卷星等网络方式向PPP研究机构和从事PPP项目的工作人员发放问卷131份；对于社会公众的调研，主要采用面对面访谈为主，主要选择与特定PPP项目存在利害关系的人群，共得到80份问卷。此次调研一共发放问卷1259（1048＋131＋80）份，回收有效问卷494份（剔除回答不完整的、关键项不作答的无效问卷），有效回收率为39.2%。如表3-7所示，统计了调查对象的分布，其中62%受访者来自企业，这些调查信息更能反映市场主体的态度和观点。

问卷调查样本信息　　　　　　　表3-7

调研对象	公共部门	私人部门	社会公众	科研机构	合计
数量（份）	74	306	74	40	494
比例	15%	62%	15%	8%	100%

3. 样本的信度与效度分析

如表3-8所示，为PPP伙伴关系维系影响因素的基本统计分析结果。问卷调研数据的Cronbach's Alpha系数是0.954，大于0.8，数据可信度较高（Cronbach，1951年）；Kendall's W测试下Chi-Square值是1024.42，大于$\alpha=0.005$显著性条件下自由度46的临界值74.45，说明本次调研数据具有足够的可信度（Siegel等，1988年），并且这也说明数据可以进行进一步统计分析。

4. 因子分析

PPP伙伴关系维系的影响因素之间存在复杂的相互关系，简单的均值、方差等统

影响因素的基本统计描述　　　　　　　　　　　　表 3-8

指标	样本量	最小值	最大值	平均值	标准差
合理的政府监管	494	1	5	3.28	0.975
政府意愿	494	1	5	3.27	1.044
明确的PPP合作部门	494	1	5	3.29	1.039
政府履约能力	494	1	5	3.29	1.157
政府行政管理能力	494	1	5	3.41	1.013
标准的PPP程序	494	1	5	3.08	1.200
企业履约能力	494	1	5	3.64	0.953
企业融资能力	494	1	5	3.48	0.950
企业及时、合理的披露信息	494	1	5	3.40	0.973
企业PPP经验	494	1	5	3.28	1.039
企业利润预期	494	1	5	3.40	1.051
公众意见	494	1	5	2.77	1.127
公众满意度	494	1	5	2.79	1.188
公众认知水平	494	1	5	2.92	1.213
完善的法律体系	494	1	5	3.47	1.020
问题研讨与经验分享机制	494	1	5	3.58	0.993
完善的经济政策	494	1	5	3.46	0.991
完备的PPP指南	494	1	5	3.66	0.975
清晰的项目范围界定	494	1	5	3.57	1.020
政府融资保证	494	1	5	3.50	0.980
政治支持	494	1	5	3.34	0.957
可利用的融资或资本市场	494	1	5	3.33	1.020
项目不确定性降低	494	1	5	3.44	1.015
持续的关系承诺	494	1	5	3.51	0.880
合理的风险分担和利益分配	494	1	5	3.44	0.886
稳定的伙伴关系专用型投入	494	1	5	3.39	0.907
合理的产品或服务价格	494	1	5	3.21	0.938
有效地合同管理	494	1	5	3.48	0.980
良好的伙伴工作关系	494	1	5	3.45	0.941

计描述很难反映因素之间的关系，探索这些因素之间的关系对伙伴关系维系决策存在重要作用。因子分析是通过研究多个变量之间相关关系并寻找公共因子的一种统计方

法，在探索事物本质联系方面具有重要意义（Spearman，1905年，1939年）。探索性因子分析（Exploratory Factor Analysis）是因子分析的一种类型，可以用于探索事物或现象背后的、存在本质差异的关键因子或视角，通常用于新构念（Construct）的识别、发展和理论化（Haig，2005年）；验证性因子分析（Confirmatory Factor Analysis）也是因子分析的一种类型，通常用于验证潜在变量和测量变量的关联关系，为理论假设验证、理论发展提供重要基础（Brown，2006年）。对于因子分析的适用范围，一般要求样本量不能太小，至少是变量数的5倍（理想结果是10倍以上），并且样本总量一般大于100，本研究中变量数是29，样本量是494，满足要求；变量之间的偏相关性指标 KMO（Kaiser-Meyer-Olkin）大于0.5，可以认为样本数据能够用于因子分析，KMO值越接近1说明因子分析得到的效果可能越好（张文彤，2013年）。对于因子分析模型，假设有 N 个样本，P 个指标，$X=(x_1, x_2, \cdots, x_p)^T$ 为随机向量，目的是寻找公共因子 $F=(F_1, F_2, \cdots, F_m)^T$，其具体形式可以表示为：

$$X_1 = a_{11}F_1 + a_{12}F_2 + \cdots + a_{1m}F_m + \varepsilon_1 \quad (3-1)$$

$$X_2 = a_{21}F_1 + a_{22}F_2 + \cdots + a_{2m}F_m + \varepsilon_2 \quad (3-2)$$

……

$$X_p = a_{p1}F_1 + a_{p2}F_2 + \cdots + a_{pm}F_p + \varepsilon_p \quad (3-3)$$

其中，矩阵 $A=(a_{ij})$ 称为因子载荷矩阵，a_{ij} 为因子载荷（Loading），其实质是公共因子 F_i 和变量 X_j 的相关系数。

因子分析最常用的方法是采用特征值法从相关矩阵中按照相对重要性依次抽取因子，对于如何确定公共因子数量至今仍未有一个统一的、严格的、受到公认的标准或方法（谈小庆等，1989年）。本书主要从以下几个方面确定因子数量：首先是保留特征值大于1的因子（Thompson，2004年）；其次保留贡献率大于5%的因子（袁方等，2003年）；最后参照碎石图（Scree Plot）的协助判断（谢蕾蕾等，2013年）。此外，为了对因子含义进行清晰解释和促使因子更能反映实际意义，一般通过对初始因子荷载矩阵进行旋转，使得因子和原始变量间的关系进行重新分配，从而改善因子的可解释程度；旋转方法主要包括方差最大正交旋转（Varimax）、四次方最大正交旋转（Quartimax）、斜交旋转法等。本书选择方差最大正交旋转法（Varimax），它是目前最常用的方法，而且本书也尝试采用其他旋转方法，发现结果基本一致。

本书对29个指标进行探索性因子分析，识别公共因子，形成了分析PPP项目伙伴关系管理的一般性框架。KMO分析结果表明，该样本的KMO值是0.785（大于0.5），适合进行因子分析。根据谢蕾蕾等（2013年）的研究成果，基于碎石图（图3-5）和最小特征值（表3-9）等识别方法，选择5个公共因子，前5个公共因子对总方差的贡献

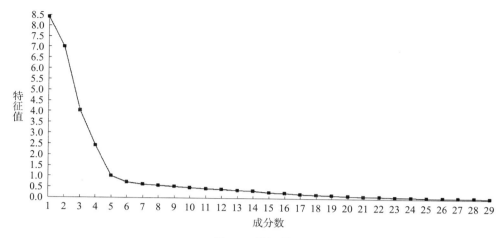

图 3-5 碎石图

总方差分解 表 3-9

因子成分	初始特征值			未旋转因子载荷平方和			旋转后因子载荷平方和		
	特征值	方差贡献率（%）	累积贡献率（%）	特征值	方差贡献率（%）	累积贡献率（%）	特征值	方差贡献率（%）	累积贡献率（%）
1	8.412	29.007	29.200	8.412	29.007	29.200	7.414	25.566	26.107
2	7.015	24.189	53.196	7.015	24.189	53.196	5.063	17.459	43.024
3	4.039	13.928	67.124	4.039	13.928	67.124	4.733	16.321	59.345
4	2.433	8.391	75.515	2.433	8.391	75.515	3.140	10.828	70.172
5	1.018	3.510	79.025	1.018	3.510	79.025	2.567	8.853	79.025

率或解释力为79.025%。对初始因子矩阵进行了方差最大正交旋转（表3-10），使每个变量只在一个因子上的荷载很大，而在其他因子上的荷载较小，保证每个因子能够代表具有本质差异的构念；依据Hair等（2009年）的研究结果，因子载荷大于0.5表示非常显著，本文选择0.5作为判断标准。然后结合关于PPP项目发展所需关键因素的访谈结果（表3-3），对各个因子进行结构划分和解释，如表3-11所示。

方差最大正交旋转后的因子载荷 表 3-10

指标	因子				
	1	2	3	4	5
合理的政府监管	0.775	0.273	0.094	0.062	0.110
政府意愿	0.677	0.094	0.161	0.041	0.114
明确的PPP合作部门	0.707	0.022	0.243	−0.115	0.258
政府履约能力	0.691	0.101	0.163	0.072	−0.036

续表

指标	因子				
	1	2	3	4	5
政府行政管理能力	0.689	-0.019	0.228	-0.043	0.071
标准的PPP程序	0.817	0.113	-0.090	0.230	0.050
企业履约能力	0.075	0.734	0.116	0.166	0.086
企业融资能力	-0.012	0.821	0.135	0.149	0.093
企业及时、合理的披露信息	-0.087	0.769	0.174	0.216	0.137
企业PPP经验	0.045	0.908	0.167	0.277	-0.049
企业利润预期	0.109	0.746	-0.204	0.272	0.070
公众意见	0.018	0.136	0.770	-0.023	0.042
公众满意度	0.220	-0.054	0.694	0.091	0.121
公众认知水平	0.116	-0.150	0.747	0.289	0.031
完善的法律体系	-0.024	0.127	0.082	0.689	0.228
问题研讨与经验分享机制	0.205	0.170	-0.022	0.739	0.231
完善的经济政策	0.085	-0.035	0.034	0.663	0.150
完备的PPP指南	0.106	0.034	0.268	0.627	-0.164
清晰地项目范围界定	0.030	-0.051	0.171	0.670	0.190
政府融资保证	-0.061	0.139	0.131	0.689	0.173
政治支持	0.020	0.108	-0.180	0.710	0.024
可利用的融资或资本市场	0.103	-0.046	0.060	0.643	0.230
项目不确定性降低	0.074	0.144	0.242	0.049	0.841
持续的关系承诺	0.011	0.134	0.180	0.096	0.812
合理的风险分担和利益分配	-0.021	0.178	0.122	0.047	0.780
稳定的伙伴关系专用型投入	-0.233	0.207	0.054	0.214	0.607
合理的产品或服务价格	0.069	0.154	0.110	0.079	0.727
有效地合同管理	0.044	0.183	-0.038	0.117	0.641
良好的伙伴工作关系	-0.015	0.065	0.164	0.007	0.639

各个维度（因子）的划分及解释　　　表3-11

维度		指标	解释
政府能力与组织特征（α=0.836）	因子1	合理的政府监管	反映政府针对PPP项目的组织结构安排、能力体现与资源配置等特性
		政府意愿	
		明确的PPP合作部门	

续表

维度		指标	解释
政府能力与组织特征 （α=0.836）	因子1	政府履约能力	
		政府行政管理能力	
		标准的PPP程序	
企业能力 （α=0.737）	因子2	企业履约能力	反映企业参与PPP所运用的资源和能力特性
		企业融资能力	
		企业及时、合理的披露信息	
		企业PPP经验	
		企业利润预期	
公众参与 （α=0.846）	因子3	公众意见	反映公众对PPP和公共服务的认知与态度
		公众满意度	
		公众认知水平	
合作环境 （α=0.857）	因子4	完善的法律体系	反映PPP伙伴关系形成与维系的外部环境
		问题研讨与经验分享机制	
		完善的经济政策	
		完备的PPP指南	
		清晰地项目范围界定	
		政府融资保证	
		政治支持	
		可利用的融资或资本市场	
伙伴协同 （α=0.833）	因子5	项目不确定性降低	反映PPP伙伴主体利用资源和能力在公共服务供给过程中的运作特征、信任与效率改善过程
		持续的关系承诺	
		合理的风险分担和利益分配	
		稳定的伙伴关系专用型投入	
		合理的产品或服务价格	
		有效的合同管理	
		良好的伙伴工作关系	

注：α是Cronbach α系数，反映问卷信用度，α大于0.7说明问卷信用度较好。

政府能力与组织特征反映了公共部门具备的与PPP项目相关的组织能力与政府组织结构安排。政府组织能力越强，行政管理效率越好，PPP项目决策成本越低（Flemming等，1997年；Brown等，2003年；王守清等，2014年），并且具备较强组织能力的政府在与私人部门谈判过程中能够表现出较好的讨价还价能力，从而更好地保障公共利益（Yan等，1994年；张万宽，2011年）；此外，PPP项目中的政府扮演着PPP合作者、监管者、争端仲裁者等角色，多重角色蕴含着潜在的内在冲突，以公共价值为导向的公共部门与逐利的私人部门在价值理念、组织惯例、行为方式以及文化等方面，在维护公私合作伙伴关系稳定与实现社会效益之间存在着可能冲突（段绪柱，2012年）。同时，政府除了拥有行政和资源配置方面的自由裁量权之外，还掌握大量的企业发展所需的关键资源（周黎安等，2009年；López-de-Silanes等，1997年）；政府对PPP的合作态度或意愿越好、合作部门越明确、履约能力越强，越有利于PPP伙伴关系可持续（叶晓甦等，2013年；Yun等，2015年）。

企业能力反映私人部门在PPP项目中的能够胜任且顺利运行该项目的能力，企业能力涉及融资能力、类似项目经验水平、履约能力、处理与政府关系的能力以及盈利能力等；盈利能力越强，利润预期和投资回报的实现该类越大，越有利于企业竞争力和持续发展（Reichelstein，1997年）；较强的融资能力、丰富的项目经验、良好的政治关联是获取市场机遇的重要条件（Tiong等，1992年）；此外，企业经营方式和管理机制比较灵活，市场适应能力比较强，决策执行力具有比较优势，并且拥有产品生产或提供的技术、知识或经验（王治国，2015年）；合作伙伴的承诺与信任、采购过程的透明化以及合作伙伴的知识水平、合理并及时地信息披露、企业的社会责任等也是企业胜任工作和顺利运行项目的关键因素（何寿奎，2010年；叶晓甦等，2013年；Mota等，2015年；张璞等，2017年）。

合作环境反映PPP项目中公共部门和私人部门建立伙伴关系、维系伙伴关系以及协同运营项目的环境条件，完善的法律体系、稳定的经济政策以及较低的政府腐败有利于吸引社会资本投资者参与PPP项目、约束主体行为和促进伙伴关系稳定（贾康等，2014年；Zhang等，2015年），并且较好的PPP项目公共政策可塑性（Plasticity）、清晰的PPP指南、公正的纠纷协调机制、稳定的政治与社会环境以及明智的政府管控有利于维持与创造良好的PPP伙伴合作环境、降低伙伴双方的交易成本、促进PPP伙伴协同（张万宽，2011年；Chan等，2010年；Percoo，2014年；Hatani，2016年）；此外，有效的金融市场也是影响PPP伙伴双方获取资源、降低资金成本的关键因素（Li等，2005年；叶晓甦等，2013年）；Soumaré等（2015年）研究指出"PPP项目中政府融资保证比直接投资更能够减少项目借贷成本，增加项目财富，进而减少伙伴主体的财务压力和有利于伙伴关系的持续性"。

伙伴关系协同是伙伴关系成功运行的首要特征，其协同效应来自于伙伴关系的核心竞争力（如稀缺资源）与知识、能源、资金以及法律赋予的权力等资源投入之间的互补性（Bennett，1998年；Lasker等，2001年）。伙伴协同是反映PPP伙伴关系双方项目建设与运营过程中合作成功的关键指标，项目特许期越长，公共服务需求不确定性越大，产品价格受到的影响越大，政府与企业的谈判次数增加、公众的意见越多，导致伙伴主体面临的风险越大和关系稳定性越差（宋波等，2011年；贾康等，2014

年；Xu等，2015年）；在复杂的任务环境下，对合同过程的有效管理可以有效降低市场风险和交易成本，从而提高市场制度安排成功的可能性（蔡长昆，2016年）；合同管理能力作为解释市场化制度绩效的核心变量，这不只在社会服务领域（Van Slyke，2003年），即便在垃圾回收领域，公共服务市场和网络管理对于成功的市场化制度安排都具有举足轻重的意义（Brown等，2004年）。此外，在PPP合同执行过程中，伙伴双方针对特定问题或潜在不确定事件进行定期交流、经验分享或知识学习，不仅可以提升不确定性事件处理能力和改善合同绩效，而且能够改善伙伴双方信任水平、改善工作关系和促进伙伴主体做出关系承诺，从而增加伙伴关系维系专用型投入的稳定性、实现伙伴关系协同效应和降低项目不确定性损失（Joskow，1987年；Moorman等，1992年；Das等，1996年；潘镇等，2008年；季闯等，2015年；杜亚灵等，2015年；Dao等，2016年）。公众参与是反映社会公众在PPP项目中的决策参与程度，恰当的公众参与有利于改善公众对服务的满意度、准确掌握公众需求、提升公共部门的行政效率和降低伙伴主体机会主义行为（Ahmed等，2006年；杨永恒，2008年；Li等，2005年；Boyer等，2016年）。

因此，通过对上述影响PPP伙伴关系维系的关键因素的研究，我们具体化了PPP伙伴关系维系的研究，将伙伴关系维系从PPP伙伴关系管理中剥离出来，重点研究PPP伙伴关系维系的关键因素，如图3-6所示。通过因子分析，发现影响我国PPP项目伙伴关系维系的关键因素是政府能力与组织特征、企业能力、公众参与、合作环境、伙伴协同。

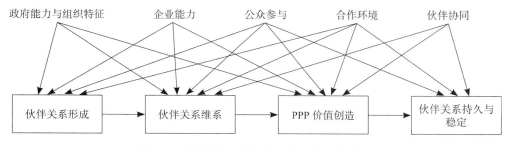

图3-6 公共因子与伙伴关系维系的逻辑联系

3.3 关键因素识别

3.3.1 研究方法

1.方法选择

PPP伙伴关系维系涉及PPP项目系统中主体、客体与环境之间的关联关系，不仅具有横向关系，而且指标之间可能存在纵向层次联系；因子分析法很难识别系统要素之间的复杂关联关系，对本书问题的研究具有局限性。结构方程模型（Structural Equation Modeling，简称 SEM）是对已知的内部现象与外部结果之间通过数学函数关系建立两者的关系，它可同时处理多个因变量，对难以直接观测的潜变量提供一个可以观测和处理，将难以避免的误差纳入模型之中的分析工具，运用 SEM 能够在数据分析中处理测量误差和探索潜在变量之间的逻辑关系（Keline，2016年）；除此之外，SEM 采用方差—协方差矩阵估计参数和探求多变量之间的真实关系，可以有效地排除关系方程中的测量误差，SEM 也能同时处理多种类型变量（邱皓政等，2009年）。基于此，本文选择 SEM 方法探究 PPP 伙伴关系维系关键因素之间的关联关系，探寻关键因素之间的作用路径及影响机理。

2. 模型设定

一个完整结构方程模型包括：①测量模型（Measurement Model），反映潜变量与实际测变量间的交互关系；②结构模型（Structure Model），说明潜变量之间的结构关系。SEM 一般由3个反映测量模型和结构模型的方程式表示：

$$y = \Lambda_y \eta + \varepsilon \quad (3-4)$$

$$x = \Lambda_x \xi + \varepsilon \quad (3-5)$$

$$\eta = B\eta + \Gamma \xi + \varsigma \quad (3-6)$$

式3-4和式3-5是 SEM 的测量模型，x 为外生潜在变量的观测变量，y 为内生潜在变量的观测变量，Λ_x 为外生潜在变量与其观测变量的关联系数矩阵，Λ_y 为内生潜在变量与其观测变量的关联系数矩阵，基于测量模型，潜在变量可以由观测变量来反映。式3-6是 SEM 的结构模型，η 为内生潜在变量，ξ 为外生潜在变量，η 通过 B 和 Γ 系数矩阵以及误差向量 ς 把内生潜在变量和外生潜在变量连接起来。

而在本文的结构方程中主要估计的参数涵盖潜在变量的结构方程系数，观测变量与潜在变量的测量方程系数，观测变量的误差项，误差项与误差项之间的协方差以及潜在变量的方差。该部分建立的结构方程模型包括潜变量（Y_i）5个，测量变量（X_i）29个，测量模型描述潜变量（Y_i）与其对应的测量变量（X_i）的关系，即纵向关系，结构模型描述潜变量（Y_i）之间的关系，即横向关系。

3. 样本检验

信度是指测量结果的一致性（Consistency）或稳定性（Stability），信度越高表示误差越低。采用 Cronbach's α 系数作为测量指标，当 Cronbach's α 系数值在大于或等于0.7表示数据高信度（张文彤等，2013年）。另外，本书也考虑了 KMO（Kaiser-Meyer-Olkin）检验统计量，在0.5~1.0之间表示适合因子分析（张文彤等，2013年）。如表3-12所示，政府参与、企业参与、宏观经济环境和公共产品生产与提供潜变量的Cronbach's α系数均大于0.7，KMO统计量均大于0.5，说明这5个潜在变量所对应的量表具有良好且稳定的信度，也适合做因子分析。

测量量表的变量及其信度和效度分析　　　　　表3-12

潜在变量	测量变量	KMO
政府能力与组织特征 （Cronbach's α= 0.836）	$X1$：合理的政府监管	0.811
	$X2$：政府意愿	
	$X3$：明确的PPP合作部门	
	$X4$：政府履约能力	
	$X5$：政府行政管理能力	
	$X6$：标准的PPP程序	
企业能力 （Cronbach's α= 0.737）	$X7$：企业履约能力	0.833
	$X8$：企业融资能力	
	$X9$：企业及时、合理的披露信息	
	$X10$：企业PPP经验	
	$X11$：企业利润预期	
公众参与 （Cronbach's α= 0.846）	$X12$：公众意见	0.768
	$X13$：公众满意度	
	$X14$：公众认知水平	
合作环境 （Cronbach's α= 0.857）	$X15$：完善的法律体系	0.927
	$X16$：问题研讨与经验分享机制	
	$X17$：完善的经济政策	
	$X18$：完备的PPP指南	
	$X19$：清晰地项目范围界定	
	$X20$：政府融资保证	
	$X21$：政治支持	
	$X22$：可利用的融资或资本市场	
伙伴协同 （Cronbach's α= 0.833）	$X23$：项目不确定性降低	0.881
	$X24$：持续的关系承诺	
	$X25$：合理的风险分担和利益分配	
	$X26$：稳定的伙伴关系专用型投入	
	$X27$：合理的产品或服务价格	
	$X28$：有效的合同管理	
	$X29$：良好的伙伴工作关系	

3.3.2 研究假设

PPP是公共部门和私人部门之间的合作安排（Hodge等，2007年），从理论上讲，PPP项目中公共部门和私人部门之间是一种平等的、伙伴式关系（Schaeffer等，2002年；叶晓甦等，2013年；王天义，2016年）；PPP伙伴主体根植于各种各样的联系网络中，公共产品或服务的生产与提供所需的资源（物质、信息、财政、政策制度等）来源于合作环境，公共部门和私人部门具备资源依赖特性（孙国强，2003年；Mahoney等，2009年）。在PPP系统中，资源交换增进了公私双方之间的相互依赖，公共部门对私人部门的依赖是为了获取资金、技术与能力、商业精神、市场竞争力等稀缺资源（Collin，1998年），减轻财政压力和提供更多公共服务；私人部门对公共部门的依赖不仅是为了获取项目和攫取经济价值，也是为了获得公共市场空间和实现组织生存。然而，在PPP实践中，政府具有比较优势，并对公共资源、公共政策等具有控制权或主导优势，这些资源是PPP项目中私人部门（企业）获取竞争优势、保障项目顺利实施以及企业发展的关键条件（Zhang，2014年）；政府在PPP项目中更多地表现为监管者而非合作伙伴的角色，这就需要私人部门做出专用性资产投资用于处理政府和企业的关系（李维安等，2012年；Ke等，2013年；Valero，2015年），这就造成伙伴主体之间的不平等。基于此提出研究假设如下：

H1：PPP项目中政府能力与组织特征对企业能力具有重要影响。

伙伴关系是PPP的核心，公共部门能力、公共部门组织设置、私人部门能力以及公私双方意愿是伙伴协同的关键因素（贾康等，2014年；Brinkerhoff，2011年）；较好的政府能力不仅增强政府和企业方的讨价还价能力、降低决策成本和交易成本，还能通过与社会资本方的能力形成合力，实现公共服务的优质、高效供给（张万宽，2011年）；私人部门的技术、项目经验、管理效率以及企业家能力等不仅能够增强企业的项目胜任能力和改善企业市场竞争优势，而且可以减少公共产品提供过程中的不确定性，从而减少伙伴主体之间的意见分歧或矛盾、增强伙伴协同（张万宽，2011年；Iossa等，2012年）；伙伴主体各自具有特质（Specific Qualities），单个组织通常不具备提供满足需求的高质量产品或资源的能力，为了实现既定目标、解决投资或社会问题，组织之间交换资源是必要的（Rosenau，1999年）；这些组织特质或资源的集成效果也将对PPP伙伴主体双方都有利，例如英国财政部在《A new approach to public private partnerships》中明确提出"为了加强公共部门和私人部门之间的伙伴关系，政府将以共同投资人的角色出现在未来的项目中"，在增加政府专用性投资的基础上保证PPP伙伴关系的稳定性。基于上述分析提出研究假设如下：

H2：政府能力与组织特征对PPP伙伴协同具有积极的正向影响。

H3：企业能力对PPP伙伴协同具有积极的正向影响。

社会公众是PPP项目的重要利益相关者，尽管公众没有参与任何PPP合同权利与义务，但是他们的意见对PPP伙伴关系协同和PPP项目成功或失败具有重要意义（Majamaa等，2008年；Wagner，2013年；Rwelamila等，2015年；Boyer等，2016年）；王旭（2016年）从参与行政视角阐释公民参与行政带来的风险，尤其是在公私合作领域，公民的不恰当参与会导致公共责任丧失、信赖利益缺乏保护以及合作伙伴选择瑕疵等。此外，公众作为公共产品或服务的最终用户或消费者，公众对产品或服务的需求、意见和评价对PPP伙伴主体合理运用公共资源生产与提供恰当的产品或服务具有关键性作用，更重要的是为企业项目运营和公共服务供给策略设计提供基础支撑（Jamali，2007年；叶晓甦等，2013年；Kumaraswamy等，2015年）。基于上述分析提出研究假设如下：

H4：公众参与对PPP伙伴协同具有重要影响。

H5：公众参与对PPP项目中企业能力有重要作用。

合作环境是PPP项目可持续的基本保障，合理的政治支持、完善的法律体系、稳定的经济政策有利于PPP伙伴关系可持续和改善公共服务供给质量（Bennett，1998年；宋波等，2011年；Zou等，2014年）；稳定的宏观经济环境和完善的法律体系不仅为政府PPP组织设置和资源获取与配置能力改善提供基础条件，也为私人部门参与公共领域提供准入条件与规则、投融资保障以及维持平等的交易环境（Ham等，2001年；Grimsey等，2004年；张万宽，2011年；贾康等，2014年）。此外，良好的合作环境也为社会公众参与PPP项目、表达公众意见、公众需求和评价与反馈公共服务质量提供合法渠道和正常参与途径（Ng等，2013年；Kumaraswamy等，2015年；叶晓甦等，2016年）。基于此提出研究假设如下：

H6：合作环境对社会公众参与PPP项目具有正向影响。

H7：合作环境对PPP项目中企业能力具有正向影响。

此外，为了保障PPP项目顺利实施和公共服务质量满足公众需求，政府有责任创造和维持稳定的合作环境，这也是伙伴关系可持续的基础条件（Li等，2005年），这也有利于消除私人部门对法律政策风险或资产回报的担心（Zhang，2005年）；而且，良好的政府行政管理能力也有助于法规政策的贯彻与落实（Polidano，2000年；王守清等，2008年；Yang等，2013年），同时也通过公民咨询委员会、公共论坛、公众听证或网络咨询等形式为公众参与PPP项目创造机会和提供强有力的保障（Kathlene等，1991年；Herian等，2012年；Chen等，2013年；Adams等，2016年）。基于此提出研究假设如下：

H8：合作环境和政府能力与组织结构之间存在相互关联关系。

H9：政府能力与组织结构对公众参与PPP项目具有积极的影响。

基于上述讨论构建PPP项目伙伴关系维系因子之间的假设模型，如图3-7所示。

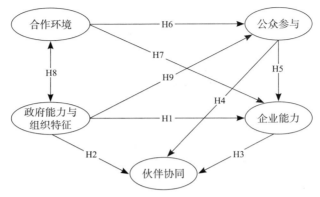

图 3-7　概念模型与研究假设

3.3.3 模型运算

1. 数据来源

采用3.2.2节所描述的问卷调查数据，有效样本量为494份。

2. 模型拟合

采用结构方程模型观测和处理PPP项目中伙伴关系维系关键因素之间难以直接观测的关联关系和逻辑关系。采用Amos22.0软件对模型拟合度进行计算和验证，并选择X^2/df、CFI、TLI、PGFI、RMSEA和GFI等指标均对模型拟合度进行检验（Keline，2016年），初始模型的拟合度如表3-13所示，初始模型的效果较差，需要进行模型修正。根据Amos22.0软件输出结果中的指标（Modification Index，简称MI）进行修正，增加CSFs之间的关联关系，这种方法是也是最常用的（Xiong等，2015年），本研究也选择这种修正方法，表3-13的最后一列显示最终模型的拟合度。基于结构方程的基本原理，运用选择的MI修正方法对模型逐步修正，参照结构方程拟合评价的标准，得到PPP项目伙伴关系维系关键因素的SEM模型，如图3-8所示。

模型拟合度　　　　　　　　　　　表3-13

拟合度指数	评估标准	假设模型	修正后的最终模型
X^2/df	＜2	2.410	1.839
TLI	＞0.9	0.693	0.930
CFI	＞0.9	0.707	0.909
RMSEA	＜0.05	0.082	0.046
GFI	＞0.9	0.713	0.912
PGFI	＞0.5	0.652	0.736

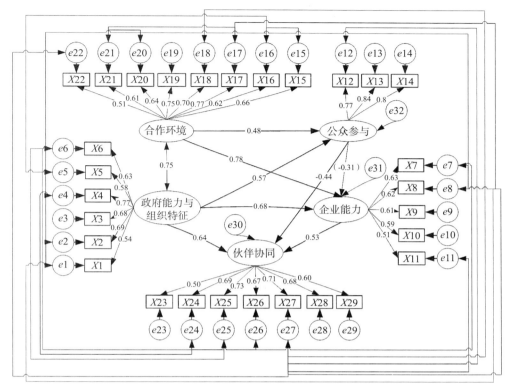

图 3-8 最终模型

3.3.4 计算结果

利用 AMOS22.0 对 PPP 项目伙伴关系维系关键因素的关联关系模型的路径系数或测量模型的载荷系数进行统计显著性检验,以此来判断参数的统计意义。表 3-14 阐述了理论假设的检验结果、潜在变量之间的逻辑关系及其效应值。根据表 3-14 显示的信息可知,政府能力与组织特征、企业能力、公众参与、合作环境、伙伴协同之间的理论假设 $H1$($p=0.001<0.05$)、$H2$($p=0.003<0.05$)、$H3$($p=0.015<0.05$)、$H4$($p=0.009<0.05$)、$H6$($p=0.026<0.05$)、$H7$($p=0.031<0.05$)、$H8$($p=0.006<0.05$)和 $H9$($p=0.008<0.05$)通过检验,表明样本数据支持理论假设;而假设 $H5$($p=0.217>0.05$)没有通过检验,说明该样本数据与假设 $H5$ 匹配度较低。

此外,图 3-8 中存在多条具有间接效应的路径,运用 Xiong 等(2015 年)推荐的调节效应的识别与检验方法,识别出四条路径,如表 3-14 的最后四行所示,四条路径通过了统计学检验,并根据表 3-14 显示的潜在变量之间的直接效应值,计算四条路径的效应值,例如合作环境→企业能力→伙伴协同,其效应值等于合作环境和企业能力之间的直接效应值(0.78)、企业能力和伙伴协同之间的直接效应值(0.53)的乘

假设检验与潜在变量间效应　　　　表 3-14

假设	路径	效应	p	假设检验
H1	政府能力与组织特征→企业能力	0.68	0.001*	支持
H2	政府能力与组织特征→伙伴协同	0.64	0.003*	支持
H3	企业能力→伙伴协同	0.53	0.015*	支持
H4	公众参与→伙伴协同	-0.44	0.009*	支持
H5	公众参与→企业能力	-0.31	0.217	拒绝
H6	合作环境→公众参与	0.48	0.026*	支持
H7	合作环境→企业能力	0.78	0.031*	支持
H8	合作环境↔政府能力与组织特征	0.75	0.006*	支持
H9	政府能力与组织特征→公众参与	0.57	0.008*	支持
	合作环境→企业能力→伙伴协同	0.41	0.011*	
	合作环境→公众参与→伙伴协同	-0.21	0.039*	
	政府能力与组织特征→公众参与→伙伴协同	-0.25	0.045*	
	政府能力与组织特征→企业能力→伙伴协同	0.36	0.003*	

注：*表示显著性水平 $p<0.05$。

积，即 0.41。其他三条路径的效应值按照此计算原理依次计算。基于此，根据结构方程的基本原理得到潜在变量之间的回归方程：

$$\Delta 伙伴协同=0.64 \times \Delta 政府能力与组织特征 + 0.53 \times \Delta 企业能力 - 0.44 \times \Delta 公众参与 + (0.41+0.36) \times \Delta 企业能力 - (0.21+0.25) \times \Delta 公众参与 \quad (3-7)$$

回归式 3-7 中的前三个变量的系数是该变量对伙伴协同的直接效应，最后两个变量的系数是该变量对伙伴协同的间接效应。根据这个回归方程，政府可以通过评估与关注重要因素来有效识别与监督管理 PPP 项目中社会资本投资人的行为；类似的，社会资本投资人也可以基于该方程评估 PPP 项目绩效，选择合适的策略处理与协调复杂的伙伴关系和公共关系，尤其是公众对产品或服务质量不满意的情况下，社会资本投资人可以预先评估社会公众变量对项目价值的影响，然后选择进行科学决策。此外，回归式 3-7 也为 PPP 伙伴主体双方提供一个看待公众参与的新视角，对伙伴主体双方的战略管理提出新的挑战，即公众参与的重要性和风险性。

如表 3-15 所示，为政府能力与组织特征、企业能力、公众参与、合作环境、伙伴协同等潜在变量与其对应的测量变量之间的关系效果，模型中潜在变量与其测量变量之间的标准化载荷的绝对值都在 0.5～0.95 之间（Keline，2016 年），这也说明该模型的估计结果是合理的。

潜在变量与测量变量之间的路径识别　　　　　表 3-15

路径	标准化载荷	p	路径	标准化载荷	p
$X1 \leftarrow$ 政府能力与组织特征	0.54	***	$X16 \leftarrow$ 合作环境	0.62	***
$X2 \leftarrow$ 政府能力与组织特征	0.69	***	$X17 \leftarrow$ 合作环境	0.77	***
$X3 \leftarrow$ 政府能力与组织特征	0.68	***	$X18 \leftarrow$ 合作环境	0.70	***
$X4 \leftarrow$ 政府能力与组织特征	0.77	***	$X19 \leftarrow$ 合作环境	0.75	***
$X5 \leftarrow$ 政府能力与组织特征	0.58	***	$X20 \leftarrow$ 合作环境	0.64	***
$X6 \leftarrow$ 政府能力与组织特征	0.63	***	$X21 \leftarrow$ 合作环境	0.61	***
$X7 \leftarrow$ 企业能力	0.63	***	$X22 \leftarrow$ 合作环境	0.51	***
$X8 \leftarrow$ 企业能力	0.62	***	$X23 \leftarrow$ 伙伴协同	0.50	***
$X9 \leftarrow$ 企业能力	0.61	***	$X24 \leftarrow$ 伙伴协同	0.69	***
$X10 \leftarrow$ 企业能力	0.59	***	$X25 \leftarrow$ 伙伴协同	0.73	***
$X11 \leftarrow$ 企业能力	0.51	***	$X26 \leftarrow$ 伙伴协同	0.67	***
$X12 \leftarrow$ 公众参与	0.77	***	$X27 \leftarrow$ 伙伴协同	0.71	***
$X13 \leftarrow$ 公众参与	0.84	***	$X28 \leftarrow$ 伙伴协同	0.68	***
$X14 \leftarrow$ 公众参与	0.80	***	$X29 \leftarrow$ 伙伴协同	0.60	***
$X15 \leftarrow$ 合作环境	0.66	***			

注：*** 表示显著性水平 $p < 0.001$。

3.3.5 结果讨论

如图 3-8 所示，既反映了潜在变量之间的关系，也表达了测量变量之间的逻辑特征；潜在变量之间的关系为 PPP 项目伙伴关系维系策略的结构设计提供支撑依据，潜在变量与测量变量之间的效应值反映这些测量变量对潜在变量的重要程度或贡献度，而测量变量之间的关系为 PPP 项目伙伴关系维系主体提供因素效应传导路径。基于此，本文从两个层面讨论模型输出的结果，即潜在变量、测量变量之间。

此外，根据 Cohen（1988 年）对路径系数范围的研究成果，路径系数与潜在变量之间因果关系强弱的关系，将其因果关系强度分为三类，即标准化路径系数的绝对值在 [0, 0.1] 区间内属于小效果、标准化路径系数的绝对值在 [0.1, 0.5] 区间内属于中效果、标准化路径系数的绝对值在 [0.5, 1] 区间内属于大效果；本文也参照此标准研判潜在变量之间关系的强弱。

1. 伙伴关系维系关键因子之间的关系

结合图 3-8 和表 3-14 假设检验的结果可以发现，合作环境与企业能力之间的标准化路径系数是 0.78，处于大效果范围；合作环境与公众参与之间的标准化路径系数是 0.48，属于中等效果；合作环境、政府能力与组织结构之间的标准化路径系数是 0.75，处于大效果范围，并且均通过了显著性统计检验，这表明所提出的理论假设 $H6$、$H7$、$H8$ 通过检验且得到证实。可见，在 PPP 项目伙伴关系运行过程中，良好的合作环境有利于社会公众参与 PPP 项目，促进 PPP 项目中企业能力提升，也有助于政府能力改善与组织结构合理设置，同时，政府能力与组织结构的改善又能够维持与创造良好的 FPP 合作环境。

政府能力与组织结构、公众参与之间的标准化路径系数是 0.57，处于大效果范围；政府能力与组织结构、企业能力之间的标准化路径系数是 0.68，处于大效果范围；政府能力与组织结构、伙伴协同之间的标准化路径系数是 0.64，处于大效果范围，并且均通过了显著性统计检验，这表明所提出的理论假设 $H1$、$H2$、$H9$ 通过检验，样本数据支持三个假设。可见，良好的政府能力与组织结构有助于社会公众参与 PPP 项目，保障公众意见、需求以及满意度能够恰当的反映在 PPP 伙伴主体策略中；政府履约能力的提升不仅能够吸引优秀的企业参与 PPP，而且也能缓解企业为了收回投资和获取回报而采取的机会主义行为（王俊豪等，2016 年；王玺等，2016 年）；政府能力与组织结构的改善能够保障政府及时、公平与有效的处理 PPP 项目中的问题，减少审批、再谈判以及学习的成本，同时，建设好的政府能力与组织结构也能够帮助企业减少关系维系成本、获取更多市场资源和应对因政策、法规、不可抗力等导致的不确定事件，从而促进企业能力提升。此外，政府作为 PPP 伙伴关系的关键合作主体之一，它是创造伙伴协同的重要力量，较好的政府能力建设更能够增强 PPP 伙伴主体之间的协同。

公众参与、伙伴协同之间的标准化路径系数是 -0.44，处于中等效果范围；虽然公众参与、企业能力之间的标准化路径系数是 -0.31，也处于中等效果范围，但是它没有通过显著性统计检验；这表明所提出的理论假设 $H4$ 通过检验且得到证实，而假设 $H5$ 没有通过检验，样本数据不支持该假设。可见，公众参与 PPP 项目对伙伴协同产生重要的消极的影响，即公众参与程度越高，PPP 伙伴协同效应越差；这也支持 Boyer 等（2016 年）提出的"尽管公众参与能够改善公众对 PPP 的支持度和改善项目设计，然而公众参与对加速服务提供和缓解公私双方权利不平等具有很小影响，并且增加 PPP 项目成本"观点；王旭（2016 年）也认为在公私合作领域，公民的自利性会导致不合理的参与行政，这会产生合作伙伴选择不合理、公共利益损耗、伙伴之间信任丧失等消极效果；并且 Irvin 等（2004 年）也提出公民参与的消极效果，导致政府"浪费时间、稀释政策控制、项目预算无效以及可能发生不利的决策"。这并不意味着拒绝公众参与 PPP 项目，而是采取恰当的方式、合理的时间和合适的参与程度引导社会公众参加 PPP 项目公共服务提供全过程，这也对 PPP 公私合作主体提出了挑战。

企业能力与伙伴协同之间的标准化路径系数是0.53，处于大效果范围，并通过显著性统计检验，这说明理论假设H3通过检验并得到证实。可见，较强的政府能力能够积极地促进伙伴协同，创造伙伴关系协同效应。

此外，图3-8和表3-14也反映了潜在变量之间的间接效应或中介效应。合作环境通过企业能力变量传导其对伙伴协同的影响，效应值是0.41，属于中等效果；合作环境通过公众参与变量传导其对伙伴协同的影响，效应值是-0.21，处于中等效果范围；政府能力与组织特征通过公众参与变量传导其对伙伴协同的影响，效应值是-0.25，属于中等效果；政府能力与组织特征通过企业能力变量传导其对伙伴协同的影响，效应值是0.36，处于中等效果范围；这些间接效应路径均通过统计检验。可见，在特定的合作环境下，不同主体对伙伴协同的影响存在差别，公众参与对伙伴协同产生消极影响，而企业能力对伙伴协同产生正向影响；在特定政府能力与组织结构的背景下，公众参与、企业能力仍然对伙伴协同产生相反的效应。这既说明政府能力与组织结构、合作环境在不同中介变量影响下对伙伴协同产生不同的效应，又进一步强调了协同的重要性，尤其是协调利益相关者之间的关系，减少主体关系的消极效应。

2. 伙伴关系维系因素之间的关系链

基于结构方程的基本原理和图3-8显示的信息，将具有关联关系的测量变量重新整理并构建他们之间的逻辑关系框架，如图3-9所示，测量变量之间的连接线上面的数值反映了两个变量之间的效应值。

变量 $X25$、$X26$、$X27$ 与其他测量变量之间具有最多的连接，如图3-9所示，这三个变量不仅在PPP项目实施过程中扮演着重要角色，而且它们也为伙伴协同、伙伴关系维系以及价值创造提供有用的证据。首先，恰当的风险分担是PPP项目成功的第二个重要因素（Chan等，2010年；Li等，2005年），Meng等（2011年）通过对中国TOT项目研究，提出公平的风险分担是项目成功的重要因素，缺少清晰的风险解释与公平的风险分担将导致项目前景的不确定性增加、引起伙伴之间冲突。其次，公共产品或服务的价格应该建立在用户或消费者能够承担的基础上，合理的价格对项目现金流和项目成功具有重要影响，否则公众反对将导致项目停滞或终止，甚至引起社会不稳定（Rangan等，2002年；Zhang，2005年；Hodge等，2007年）；而且恰当的价格可以提高项目效率和改善伙伴双方的激励结构（Qiu等，2011年）；此外，由于风险能够引起价格波动和收益变化，恰当的风险分配与管理有助于伙伴关系的可持续、公众满意和PPP伙伴关系协同（Bennett，1998年；王俊豪等，2014年；McCann等，2015年）。最后，关系专用型资源或资产投入是伙伴关系维系的必要要素（Alchian等，1972年；van de Ven，1976年；Joskow，1987年；刘凤委等，2009年），它不仅改善伙伴主体之间的关系质量，而且对项目绩效或项目输出结果具有重要的积极效应（Das等，

1996年；Calbreath，2002年；Smyth等，2007年；Fandel等，2012年；Ling等，2013年；Zou等，2014年；叶晓甦等，2017年）。因此，这三个变量在PPP项目伙伴关系维系系统中具有比较重要的作用。

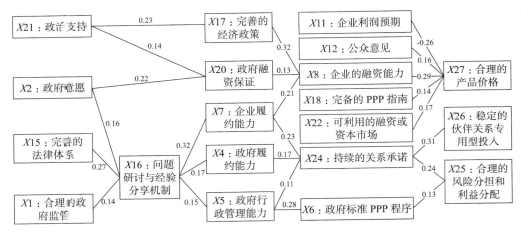

图 3-9　测量变量之间的关联关系

对于价格关系链，合理的产品价格受到企业利润预期、企业融资能力、公众意见、完备的PPP指南和可利用的融资或资本市场等变量的影响，其中企业利润预期对产品价格具有消极影响，企业利润目标越高，增加产品价格可能成为企业实现目标的重要途径；而其他变量对产品价格均具有正向影响。此外，价格关系链中存在中介效应，例如，政治支持通过完善的经济政策、企业融资能力传导其对产品价格的影响，若企业融资能力被证实它是产品价格的决策因子，那么改善政治支持将会成为PPP项目公共产品价格管理的控制点；这条路径揭示了关键因素之间的影响机制，有利于PPP伙伴主体更容易管控关键因素的影响机理。

对于风险关系链，合理的风险分担受到持续的关系承诺和政府标准的PPP程序的影响，伙伴双方的关系承诺持续性越好，项目风险分担和收益分配越合理；政府制定标准的PPP程序，有利于项目审批、评价或监管的合规性，使得管理人员合理介入PPP项目全过程，减少PPP伙伴双方的行为冲突、机会主义行为，进而促进项目风险合理分配与管理；恰当的风险分担也能够减少伙伴双方利益冲突或再谈判的交易成本、降低伙伴关系破裂的概率。此外，风险关系链中也存在中介效应，例如，问题研讨与经验分享机制通过政府行政管理能力、政府标准PPP程序传导其对风险分担的影响，若政府标准PPP程序被证实是合理风险分担的关键因子，那么改善问题研讨与经验分享机制将会成为PPP项目风险管理的关键控制点，该路径揭示了关键因素对风险分担的影响机制。

对于关系专用型投入关系链，稳定的伙伴关系专用型投入受到伙伴主体关系承诺的持续性的影响，PPP项目公私合作主体的伙伴关系承诺的持续性越好，伙伴主体对PPP伙伴关系维系的专用型投入越稳定，从而增加伙伴主体转换成本和促进PPP伙伴关系的稳定性。此外，关系专用型投入关系链中也存在中介效应，例如，问题研讨与经验分享机制通过政府履约能力、持续的关系承诺传导其对关系专用型投入的影响，若持续的关系承诺被证实是稳定的伙伴关系专用型投入的关键因子，那么改善问题研讨与经验分享机制将会成为优化PPP项目伙伴关系专用型投入的关键控制点，这条路径揭示了关键因素对关系专用型投入的影响机制。

3.4 本章小结

本章基于第2章理论分析的逻辑思路，通过对PPP伙伴关系维系的综述，构建PPP项目伙伴关系维系的实证分析框架。在厘清我国PPP发展基本情况的前提下，通过访谈、问卷调查获取我国政府、社会资本投资人、科研机构以及社会公众对PPP伙伴关系维系的认知，利用统计工具与结构方程模型探索关键因素之间的关系与作用机理，主要结论如下：

（1）"项目融资模式"仍是人们对PPP的首要认知，而"PPP是一种治理机制创新"在学术研究领域得到广泛认可，而现实实践尚未落地；风险与利益分担是人们对PPP本质的现实认识，而"伙伴关系"本质是PPP的学术界和实业界深入认识的方向；此外，"完备的法律法规体系"和"政府具备较高的履约能力"推行PPP的关键条件。

（2）通过对PPP伙伴关系维系关键影响因素的因子分析研究，我们具体化了PPP伙伴关系维系的研究，将伙伴关系维系从PPP伙伴关系管理中剥离出来，重点研究PPP伙伴关系维系的关键因素。通过因子分析，发现影响我国PPP项目伙伴关系维系的关键因素是政府能力与组织特征、企业能力、公众参与、合作环境、伙伴协同。

（3）利用问卷调查数据，采用结构方程模型探索政府能力与组织特征、企业能力、公众参与、合作环境、伙伴协同之间的作用机理，并得到测量变量之间的重要关系，公共产品价格、风险分担和关系专用型投入是PPP项目伙伴关系维系系统的关键因子，同时，这三个因子的关系链也得到识别，为PPP伙伴主体进行PPP伙伴关系维系提供参考路径与机制设计路线。

（4）特许价格、风险和关系维系专用型投入将作为PPP项目伙伴关系维系的关键变量，为第4章建立PPP伙伴关系维系与项目价值关联关系模型提供测量变量。

| 第4章 |

PPP伙伴关系价值创造机理

价值创造是构建伙伴关系的前提条件和伙伴关系维系的关键动力，也是 PPP 伙伴关系维系的目标，而且以价值创造为导向的新型项目管理范式对公共项目公私合作提出了新的要求与挑战。根据 PPP 伙伴关系维系路径（第3章）的探索性研究可知，稳定且可持续的伙伴关系是实现项目价值、满足 PPP 项目利益相关者（政府、企业、公众等）的前提，创造价值也是对伙伴关系维系的专用性投资的反馈与回报。因此，本章重点厘清 PPP 伙伴关系价值创造机理，识别伙伴关系价值创造驱动要素及其作用路径，为测度 PPP 项目伙伴关系效果提供基础材料。

4.1 研究问题提出

成本、时间与质量是判断建设项目成功的标准（De Wit，1988年；Turner，1993年；丁士昭，2014年）已得到广泛认可，Freeman 等（1992年）比较商业项目与建设项目的生命周期（图4-1）与成功标准，商业项目更注重资产价值；Shenhar 等（2001年）在此基础上从操作层面和战略层面将项目成功界定为四个维度，即项目效率、对顾客的影响、直接商业与组织成功以及对未来的影响。随着项目管理理论不断发展、人们需求不断增加以及技术水平不断提升，传统"以产品为导向，质量—时间—成本为成功标准"的项目逻辑思维范式存在诸多不完善方面，也很难适应现代项目管理的要求，以价值创造为中心的新型项目管理范式提出"项目管理应该从注重单一的产品生产转向同时关注产品生产与价值创造"，考虑将商业战略融入项目、最大化经济收益和利益相关者收益管理将是组织面临的重要挑战（Winter 等，2006年；Morris，2013年）；PPP 项目也处于项目管理研究对象范围，价值思维与理念也对 PPP 项目管理提出了新的挑战，PPP 项目伙伴主体也应该接受并适应新型项目管理范式的逻辑理念与改革思维。

PPP 项目的客体是公共项目，其公共性是区别于商业项目和一般建设项目的关键指标。从项目生命周期视角，PPP 项目也具备一般项目与商业项目的特征，涵盖项目可行性研究阶段、建设、运营与资产移交，如图4-1所示。PPP 项目核心主体是由代表公共利益的公共部门和逐利的私人部门构成，公共部门利用公共资源和公共权力为社会公众提供公共服务和创造公共价值（Moore，1995年；包国宪等，2012年；叶晓甦等，2015年）；私人部门（主要指企业）利用自身资源和市场资源在实现合同目标的同时实现利润最大化，这也是企业的首要目标（Savas，2000年；Laffont，2005年；萨缪尔森等，2013年）。伙伴关系这种混合组织形式使得公共部门和私人部门的资源、能力、目标以及组织文化等特质融合一体化（Hodge等，2005年；Siemiatycki等，2012年；叶晓甦等，2016年），通过利益相关者协同、项目运营商业模式创新以及伙伴关系价值创造，实现PPP项目预期目标。

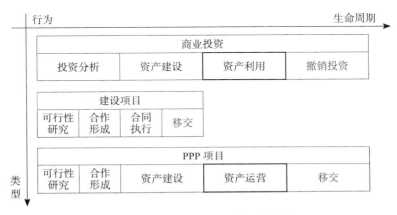

图4-1　不同类型项目生命周期对比

然而，在我国PPP实践中，项目主体因目标模糊、利己行为、机会主义等原因引发项目的招标流产、运行中止、再谈判或者失败，给投资者双方和社会公众带来较大的负面影响，如国家体育场"鸟巢"PPP项目，由于社会资本主体（中信联合体）无法承担成本回收任务和过度商业化行为等原因，导致政府收回特许经营权，PPP项目失败（郑志强等，2011年）；长春汇津公司通过PPP模式承接的长春北郊污水处理厂因与政府在收费问题上存在分歧，正式停产并将污水直接排入松花江，产生巨大的价值损失（宋金波等，2014年）。这也间接说明了PPP伙伴主体不清楚"为谁创造价值，怎么创造价值，价值创造的驱动力是什么"，并且各自的利己行为或机会主义使得利益相关者之间的信任关系"弱化"、伙伴关系不稳定以及PPP项目价值耗散。

目前，我国PPP研究主要集中在"物有所值"的效率提升、产权/控制权配置、利益分配、风险管理、关键成功因素、项目绩效、项目监管以及项目治理等（贾康等，2014年；李启明等，2010年；尹贻林等，2011年；张喆等，2012年；叶晓甦等，2013年；王守清等，2014年；Osei-Kyei等，2015年；Song等，2016年），为公共项目公私合作提供应用理论基础。而忽略了推行PPP项目的一个基本前提（即PPP项目的终极目标是创造社会的公共价值，其引导政府与社会资本投资人正确的价值观），导致PPP价值创造方面的研究偏少，并集中于国外学者，主要是从法律专业（律师和契约两个方面）（Davidson，2009年）、私人部门（概念框架和治理结构）（Kivleniece等，2012年）、企业家（顺从性和主体交互两个层面）（York等，2013年）、PPP采购标准（利益相关者管理层面）（Mouraviev等，2015年）、商业模式设计（Villani等，2015年）、价值增值动因（Steijn等，2011年）以及组织关系动力学（Panda，2016年）的视角，其研究方法主要从定性研究PPP项目价值来源、价值要素、契约设计、组织关系结构以及价值创造概念模型，少有学者系统地构建PPP项目价值创造驱动要素及模型，辨析构成价值要素对PPP项目价值影响的差异性。因而，在我国面临巨大的PPP项目市场，正本清源政府与社会资本投资者合作目标，构筑PPP伙伴关系价值创造的驱动要素及其作用机理框架，对PPP伙伴关系维系和项目可持续发展是十分重要的。

4.2 理论基础

4.2.1 伙伴关系的价值创造属性

PPP是公共部门和私人部门为提供公共服务而建立的长期伙伴关系（张万宽，2011年）。从时间维度，PPP是政企之间长达10～30年甚至更长的合作（伙伴关系）（Partnership）（王守清，2015年）；在项目特征层面，伙伴关系是PPP项目的第一特征，"没有伙伴关系就没有PPP"（贾康等，2014年）；从合同视角，PPP是合同集合，既包括商业合同、技术合同及经济合同，还具有社会公众关系契约等，必须是建立长期的伙伴关系（曹富国，2016年）；从价值管理视角，创造额外价值（Creation of Extra Value）是PPP的本质（Osborne，2000年），这部分价值是由公共部门和私人部门合作而产生的，可以理解为伙伴关系价值（Partnership Value），表现为生产成本的减少和交易费用的节约（张万宽，2011年）；从组织关系视角，伙伴关系是有价值的资产，这种关系的存在引起了双方价值增值（Panda，2011年）。总之，多视角的概念解释拓展了PPP的内涵与本质，也明确了PPP项目的终极目标。伙伴关系是PPP项目的出发点和落脚点，价值创造是公共部门和私人部门建立合作伙伴关系的本质属性，伙伴关系价值也是PPP项目价值的组成部分，PPP项目的最终目标是"为社会公众创造价值"。

基于此，PPP伙伴关系具备价值创造的属性，而伙伴关系维系的目标是保障政府与社会资本投资人在特许经营期内合作伙伴关系的持续性和持久性。在稳定的伙伴关系的前提下，PPP项目伙伴关系价值创造能力才能得到发挥与合理的利用。

4.2.2 PPP价值创造基本原理

价值创造（Value Creation，简称VC）是构建伙伴关系的前提条件（Meidutė等，2011年），也是对伙伴关系建立的关键判断（Austin，2010年），VC取决于目标用户价值实现量和已获得价值的货币交换量，表现为价值增加或成本节约（Lepak等，2007年）。项目是创造价值的载体，为了厘清项目价值创造的基本原理，Winter等（2006年）从项目管理视角提出项目价值创造基本框架，核心是处理好企业（运营主体）与消费者（社会公众）的关系。

PPP项目是一种新型商业项目（Winter等，2006年），PPP模式也是一种商业模式（Villani等，2015年；Shen等，2016年），但这种模式区别于一般的商业模式，重点强调PPP伙伴关系和实现公共利益。在Winter等（2006年，2008年）的项目商业模式研究成果基础上，设计PPP项目商业结构（图4-2），它们在第一层关系的基础上创新设计PPP项目的商业模式（Villani等，2015年），更加重视资产运营和处理好第二层关系。这种模式融合政府与企业的相对优势，形成风险防范与处理能力的最优组合，发挥公共项目正外部性、减少环境不确定性和挖掘政府与企业资源互补优势，进而为政府、社会资本投资者和社会公众创造价值。

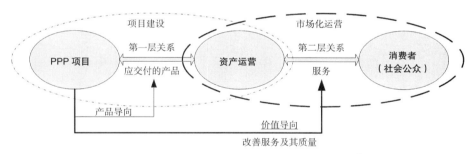

注：①第一层关系：PPP伙伴主体内部组织关系；②第二层关系：SPV[①]与社会公众的关系

图4-2 PPP项目商业结构

4.3 PPP项目伙伴价值要素识别

4.3.1 研究方法与资料收集

考虑到PPP项目伙伴关系价值学术研究基础匮乏，但实际项目经验丰富的特点，

---

① 在PPP合同签订后（伙伴关系正式建立），PPP伙伴双方基于伙伴关系组建PPP项目公司（Special Purpose Vehicle，SPV），由SPV直接负责项目的建设及运营活动。

宜采用管理学领域解决此类问题常用方法——扎根理论方法。扎根理论解决问题的核心要点是在基础数据的研究中发展理论，直接从实际观察与原始资料入手，归纳概括出经验，然后上升到系统的理论，包括搜集资料与逐级编码的过程，本书通过文献资料分析和专家访谈两种方式搜集原始资料，然后利用质性分析软件Nvivo10辅助处理文本资料完成编码工作，从而整理出PPP项目伙伴价值要素初始清单。

1.文献资料及分析

我国PPP项目发展至今积累了大量的文献资料，本研究主要通过以下3种途径搜集与PPP项目伙伴关系价值相关的原始资料：

（1）CNKI学术期刊

CNKI数据库中已发表与PPP项目伙伴关系价值相关的文献资源，且均为学术论文，内容相对可靠，因此借助其高级检索功能，将检索主题设置为"PPP＋伙伴关系＋价值"，筛选出24篇文献，逐一阅读后最终选出研究内容与PPP项目伙伴关系价值相关、类似或本质相同的相关文献，共计9篇。

（2）企业报道与沙龙

北京大岳咨询有限公司是我国最早开展PPP项目咨询服务的咨询机构之一，目前已参与了多项中央或地方政府的PPP项目政策分析与制定工作，已完成供排水、环境卫生、能源、交通等多个行业领域的PPP项目咨询工作，具有丰富的理论与实践经验。2014年5月起，大岳咨询公司定期邀请财政部、国家发展改革委、地方政府等政府部门领导，PPP领域知名专家学者以及知名金融机构和企业代表等参与研讨PPP政策与PPP相关专题以及典型PPP项目案例，故其官网"报道与沙龙"功能模块下积累了大量的PPP实践与学术领域的知名研究者对于PPP的观点。因此，以"伙伴关系"为检索关键词，在大岳咨询公司官方网站中检索出的54条记录，逐一阅读并筛选出涉及PPP项目伙伴关系价值内容等，或者本质上属于PPP项目伙伴关系价值的案例、报道、访谈、会议与论坛纪要等，共计11篇。

（3）政府官方网站

自2019年2月以来，财政部PPP中心网站开设了专家库交流实录专栏，从实际出发，从具体问题入手，真实记录库内各领域专家对PPP改革与稳发展的热点难点讨论内容。全年累计发布44期，共有130余名财政部库内专家参与，形成《2019年财政部PPP专家库交流实录汇编》，逐期阅读，筛选出与PPP项目伙伴关系价值主题相近的交流观点，包括"PPP项目绩效评价/绩效管理面临的现实问题有哪些？""民营企业在PPP项目实践中遇到的难题有哪些？""如何通过PPP项目合同保障政府和社会资本切实履约？""完善物有所值评价的具体方法有哪些？ 特别是如何完善物有所值定性、定量评价？"等讨论专题，共计10期，共72名专家参与讨论。

通过对以上3种途径所获取的文献资料进行分析与整理，摘录其中有关对伙伴关系价值概念、内容描述的语句，或者其他虽未明确指明伙伴关系价值概念，但能从侧面反映出有关内容的语句等，共计22条，作为编码的部分素材（附录7价值要素指标初始清单第4列、第5列）。

2. 专家访谈

访谈是从与特定访谈对象的谈话中挖掘研究资料的一种研究方式，本研究依托课题组承接的课题——PPP项目伙伴关系价值机理与测量管理模型研究：基于情景模拟的行为实验（国家教育部规划基金项目17YJA630123），对"伙伴关系价值"这一主题进行了大量的调研访谈，从中挖掘研究资料对文献资料进行补充与检验。具体访谈工作通过以下3个步骤展开：

（1）设计访谈提纲

访谈提纲是访谈工作顺利开展的前提，考虑到本书欲通过访谈挖掘出PPP项目伙伴关系价值的价值要素，故提纲围绕受访对象对PPP项目伙伴关系与伙伴关系价值的理解展开设计。

（2）确定访谈对象

访谈对象选择的关键在于受访者对研究主题具有充分的了解，因此，本书将访谈对象锁定为PPP项目实操经验丰富的实践工作者。考虑到实际PPP项目中，政府方与社会投资企业直接参与PPP项目，是项目创造价值的关键主体，结合本文选定的政府与企业主体二元论，因此依托课题组对重庆市参与PPP项目的相关政府部门以及具有PPP项目实际经验的社会投资企业进行联系，并基于"PPP项目伙伴关系价值"展开了深入交流，包括政府相关部门12人以及企业方24人，此外，考虑到咨询公司代表的中立性观点，因此对国内知名PPP项目咨询公司的2名专家进行交流访谈，访谈对象如表4-1所示。

访谈对象一览表　　　　　　　　　　　表4-1

类型	单位	职位	人数	从事/研究PPP项目时间	参与PPP项目数量	人数占比
政府	重庆市区财政局、国资委、建委；固原市政府、规划局等5部门	处级	12人	2～5年	2～5个	31.5%
企业	重庆市轨道交通集团、水务资产运营有限公司、高速公路集团等企业代表	副总	24人	2～5年	2～4个	63.2%
咨询	PPP项目咨询公司	专家	2人	>5年	2～3个	5.3%
合计			38人			100%

资料来源：根据课题组实际调研整理。

（3）实施访谈。

为有效避免访谈对象在交流过程中的拘谨与紧张心理，使访谈者和被访谈者就"PPP项目伙伴关系价值"这一主题进行轻松的交谈，保证访谈过程的客观、真实与深入性，采取了半结构式访谈方法，具体访谈程序如下：第一步：在正式访谈前一周，通过电子邮件/微信等方式将访谈提纲发送给受访者，保证受访者事先对访谈内容有一定的准备和思考；第二步：在访谈开始前介绍本次访谈主题的背景和目的，进一步加深受访者对研究主题的理解，征得受访者同意后，对访谈过程进行录音，确保访谈资料的完整性和真实性；第三步：按照访谈提纲正式进入访谈，并对访谈对象提出的关键观点进行深入追问与挖掘，同时做好记录；第四步：开放式交流，包括访谈者实际参与的PPP项目情况、参与PPP项目的心得体会等。为保证研究严谨性，访谈结束后，课题组及时客观地将访谈录音材料整理为文字资料。

4.3.2 范畴挖掘与提炼

对于文献资料与访谈资料的统计、整理与分析，本文主要选用Nvivo10软件进行开放性编码与主轴编码，形成具有结构层次关系的伙伴关系价值要素指标表。

1. 开放性编码

开放性编码是将收集到的原始资料中抽象概念与信息记录不断揉碎，再用概念和范畴进行重新整合的过程。具体操作为：

（1）概念化。分析整理以上收集到的文献资料与访谈录音转换文本，提取与"PPP项目伙伴关系价值要素"相关的原始文字，归纳其关键词，并编码到同一级节点"概念"下；

（2）挖掘范畴。分析与比较所有同级节点，将具有共性的同级节点进行归纳与命名，形成二级节点"副范畴"；

（3）核查。利用Nvivo10软件"查询"模块中的"复合"功能对文本资料进行核查，检验编码是否出现遗漏。

按照以上操作步骤，共得到34个概念，因原始文本资料庞杂无法一一列出，此处仅列出"履约能力"这一副范畴中概念的形成过程，如表4-2所示；共聚敛出12个副范畴，如表4-3第2列所示。

2. 主轴编码

开放性编码聚敛得到的副范畴具有数量多、相互间关系模糊的特征，因此，本书在开放性编码基础上增加主轴编码过程。运用聚类分析方法，深入分析各副范畴之间的关系，并建立联结，形成涵义更宽广、概括性更强的范畴，有利于提高对经验资料的抽象把握程度。因此，利用NVivo10软件的"聚类分析"模块，依据二级节点名称的相似性对开放性编码形成的12个副范畴进行聚类，最终将12个副范畴归为2类，并对每一类赋予新的概念，形成"主范畴"，聚类分析的主范畴结果如表4-3第1列。

概念化与副范畴的编码形成过程　　　　　　　　　　　　　　　　表4-2

副范畴	概念化	原始资料	资料来源
履约能力（AA1）	政府契约精神（AAA1）	政府部门在项目当中良好的契约意识和经费保障，有利于打消社会资本方的顾虑，加速项目的推进	大岳咨询官网——国务院发展研究中心宏观部副部长孟春先生
	政府履约能力（AAA2）	因为项目的经济收益好，政府要求对项目进行提前回购。但根据合同约定，项目公司拥有20年的项目运营权，所以拒绝政府的提前回购。但当地政府表示，若项目公司不放弃项目运营的话，政府会在该项目附近建一座桥或修一条隧道，迫使项目公司答应提前回购	大岳咨询官网——中国海南改革发展研究院海南研究所所长、副研究员夏锋先生
	政府参与度（AAA3）	政府会在项目公司持股，政府方会派人员来项目公司共同组建团队来操作项目，通过这条线去解决项目过程中需要政府支持的一些问题	重庆市水务集团调研访谈
	企业履约能力（AAA4）	例如我们一个新区道路，按照规定来说，政府投资巨额资金进行修建道路，道路修建成之后，政府的费用也支付了，但到了第三年、第四年之后可能道路出现了问题。这个时候呢，钱也付过了，建设单位也走了，怎么办？还得政府买单	大岳咨询官网——洛阳财政局熊文博局长

资料来源：根据文献分析与调研访谈整理。
备注：完整编码过程详见附录7。

PPP项目伙伴关系价值要素编码结果　　　　　　　　　　　　　　表4-3

主范畴	副范畴	概念化
A1伙伴核心能力	AA1 履约能力	AAA1 政府契约精神；AAA2 政府履约能力；AAA3 政府参与度；AAA4 企业履约能力
	AA2 PPP专业能力	AAA5 政府学习能力；AAA6 政府专业团队建设；AAA7 政府职能转换；AAA8 明确的PPP合作部门
	AA3 伙伴选择能力	AAA9 政府伙伴选择能力；AAA10 企业项目选择能力
	AA4 融资与管理能力	AAA11 政府财政能力；AAA12 企业融资能力；AAA13 企业利润预期
	AA5 监管与激励能力	AAA14 合理的政府监管；AAA15 政府激励措施
	AA6 技术创新与项目综合管理能力	AAA16 企业技术与管理能力；AAA17 技术创新能力；AAA18 高效的施工管理能力；AAA19 良好的项目运营能力
	AA7 满足公众需求能力	AAA20 消除公众抵触情绪；AAA21 公众对公共服务的满意程度

续表

主范畴	副范畴	概念化
A2伙伴协同	AA8互为平等主体	AAA22同等市场地位；AAA23地位平等
	AA9良好的伙伴工作关系	AAA24优势互补；AAA25伙伴各方信息共享程度；AAA26协调与合作共赢；AAA27伙伴关系专用型投入
	AA10风险分担与利益分配	AAA28合理的风险分担和利益分配；AAA29有效管理风险
	AA11相互信任与理解	AAA30基于投资回报的信任；AAA31相互信任；AAA32相互理解与支持
	AA12沟通与协调	AAA33有效沟通渠道；AAA34统筹协调

资料来源：根据扎根理论概念化、副范畴与主范畴编码，形成PPP项目伙伴关系价值要素初始指标清单。

4.3.3 伙伴价值要素修订

通过文献资料与调研访谈结合扎根理论方法得到的PPP项目伙伴关系价值要素指标本质上是对以往研究成果与PPP项目实践规律的梳理与总结，具有扎实的数据基础，科学性较强。但鉴于研究者的学术水平与实践经验有限，可能无法准确对原始资料进行理解与归纳总结，因此，此研究选择对课题组调研访谈的对象展开专家回访，进一步提升PPP项目伙伴关系价值要素识别的可靠性与完备性。

1. 专家回访

鉴于课题组第一次访谈时已详细向调研对象介绍了研究主题，使得调研对象对PPP项目伙伴关系价值具有一定了解，并且与调研对象建立的良好沟通渠道，给本次专家回访带来了很大的便利性。为确定价值要素归纳总结的正确性与优化指标清单，研究者将原始文本资料和访谈录音文本与对应的概念化、副范畴、主范畴形成层级清晰的价值要素指标初始清单（附录7），通过微信/QQ/电子邮箱方式反馈给调研对象，考虑到沟通的及时性与便利性，本文通过微信或电话的方式与回访对象展开交流，此次回访的主要目的为以下三点：

（1）您认为研究者对原始文本的概念化是否正确？
（2）您认为副范畴与主范畴归纳的是否合理？
（3）您认为这份PPP项目伙伴关系价值要素指标清单有哪些地方需要修改或补充？

2. 回访总结与指标清单调整

本次回访对象即初始调研对象，共38人，涉及政府、企业以及咨询公司三方主体，通过微信或电话方式，形成有效沟通的共23人，占总回访对象60.53%，总体回访效率及质量较高。关于"PPP项目伙伴关系价值"这个主题，访谈对象比第一次调研时做出了更加深入的理解。对回访者观点进行记录与整理，结果如下：

（1）访谈对象关于伙伴关系与伙伴关系价值的进一步理解

关于伙伴关系认知，访谈对象均承认在PPP概念的本源上，政府与社会投资企业之间是伙伴关系，但是在实际应用中，这种伙伴关系就"变味儿"了，没有了信任、承诺、利益共享与风险共担。例如固原市海绵城市PPP项目，访谈对象表示项目采用EPC的模式，政府没办法完全对项目进行监管，而社会资本企业对于项目没有提供相关的质量管理体系和技术检查人才，导致项目的质量不符合要求，同时项目进度比计划慢，没有实现真正的物有所值。重庆市高速公路集团受访者表示伙伴关系是一起干、一起走、一起把项目做完，而在集团承接的PPP项目中，政府主要介入前期招标工作，后期将由重庆市高速公路集团自担风险、自负盈亏，体现了政府在合作中的"甩手掌柜"行为，没有为项目价值创造出力。

关于伙伴关系价值，受访者表示实际项目中，政府与企业并没有认识到伙伴关系价值这一重要概念，且表现出强烈的价值冲突，其中企业方大多为有建设资质的国企，参与PPP项目的主要目的主要是赚取建设利润并获得项目运营收益；政府方的价值目标表现为明显的公共价值属性，目的是满足社会公众的需求。因此，实际项目中再谈判、企业方撤资、政府方提前回购等现象层出不穷。但值得注意的是，一旦出现再谈判现象，表明双方必定会为谈判付出时间、精力甚至资金成本，导致项目成本增加；另一方面，企业撤资与政府提前回购则标志着伙伴关系彻底破裂，此时无论企业方追求的收益与回报还是政府方的公共价值目标均无法实现。

（2）关于价值要素指标初始清单的修改建议

首先是概念化过程，由于截取的文本资料具有明显的观点、访谈对象的回答也是围绕某一主题进行，因此概念化操作相对容易，回访对象未对概念化提出修改意见。其次是副范畴归纳：

1）将"AA3伙伴选择能力"删除，基于对重庆市国资委的访谈，PPP项目伙伴选择归属于招投标阶段，在该阶段，政府与企业方并未结成伙伴，也没有对PPP项目伙伴价值系统进行投入活动，同时，结合本书界定的伙伴时间维度为建设—运营全面合作期，因此将"AA3伙伴选择能力"删除；

2）将"AA1履约能力"纳入"AA12相互信任与理解"中，基于对重庆市高速公路集团有限公司的访谈，出现政府拒绝承担风险、未参与到PPP项目管理且由社会资本方自负盈亏的事件，根据专家观点，这种拒绝履约现象实质是政府信用失效的一种体现，因此建议将AA1范畴合并至AA12中；

3）将"AA8满足公众需求能力"删除，基于PPP咨询专家建议，价值要素具有投入属性，但是在PPP项目伙伴关系价值系统中，"满足公众需求"是基于价值要素投入的结果性产出，因此此处建议删除。最后关于主范畴的归纳，回访结果表示归类可行。

3. 关键价值要素指标修订

根据回访专家提出的建议，对PPP项目伙伴关系价值要素编码结果进行优化，得到最终的伙伴价值要素指标清单。如表4-4所示。其中"A1伙伴核心能力"汇集了PPP项目政府与企业伙伴主体间的关键互补性资源，是伙伴价值创造的能力基础；"A2伙伴协同"价值要素指标涵盖了伙伴主体之间平等、互惠、信任、协调等反应关系质量的因素，这些因素对PPP项目伙伴价值系统的资源投入与价值结果输出具有重要的积极效应（Das等，1996年；Smyth等，2007年；叶晓甦等，2017年）。

PPP项目伙伴关系价值要素指标清单　　　　　　　　　　表4-4

主范畴	副范畴	范畴内涵
A1伙伴核心能力	AA1 PPP专业能力	PPP伙伴主体对PPP的认识与理解，以及为展开PPP项目对组织作出的结构调整与学习培训
	AA2 融资与管理能力	PPP伙伴主体的融资与资金管理能力
	AA3 监管与激励能力	主要为政府主体为提高PPP项目的价值创造能力对企业主体做出的监督管理与激励行为
	AA4 技术创新与项目综合管理能力	主要为企业主体在PPP项目建设中新技术、新工艺的运用以及高效的项目管理水平；在PPP项目运营中的创新商业模式以及企业家精神
A2伙伴协同	AA5 互为平等主体	PPP伙伴主体双方的地位平等
	AA6 良好的伙伴工作关系	PPP伙伴主体间资源与信息以及收益共享的良好工作关系
	AA7 风险分担与利益分配	PPP伙伴主体间合理的分担项目风险，并依据风险承担大小分配对应的收益
	AA8 相互信任与理解	PPP伙伴主体之间一种拒绝猜忌、相互信任并理解对方行为的关系
	AA9 沟通与协调	PPP伙伴主体间形成的及时、有效、灵活的沟通协调形式

资料来源　根据回访专家对PPP伙伴关系价值要素编码提出的修改意见整理得到。

基于此，认为伙伴核心能力与伙伴协同是PPP项目伙伴价值系统的关键价值要素，其中伙伴核心能力包括主体的PPP专业能力、融资与管理能力、监管与激励能力、技术创新与项目综合管理能力；伙伴协同包括互为平等主体、良好的伙伴工作关系、风险分担与利益分配、相互信任与理解、沟通与协调。

4.4 伙伴价值要素与伙伴价值关系结构

4.4.1 伙伴核心能力与PPP项目伙伴价值

根据资源基础观，认为企业是各种有形与无形资源组成的资源包（Wernerfelt 1984年），企业拥有的不可替代、不可模仿的稀缺资源是其获得竞争优势与创造价值的源泉（Barney，1991年）。并且，企业创造价值不仅仅基于其内部资源，与合作伙伴进行资源整合也是经营效率提升与价值增值的重要原因（Dyer等，1998年），尤其是与其他组织的互补性资源，是伙伴价值创造的基本途径（Hockerts等，2015年），这种资源整合通常都依赖于与其他组织的关系（Pfeffer等，1978年）。在PPP项目伙伴价值要素中，伙伴核心能力是政府与企业伙伴关系建立前提下，聚集的双方特有的与互补性资源优势，对双方资源与能力的充分挖掘与合理利用是PPP项目伙伴价值创造的基础。可见，资源与能力同企业价值具有紧密联系。PPP项目中伙伴主体汇集成的核心能力是伙伴价值创造的起点，不同类型的能力通过PPP项目的成本与收益影响到伙伴价值，在此逻辑基础上分析伙伴核心能力对伙伴价值的作用路径。

根据上述内容识别出的PPP项目伙伴关系价值要素清单，可知伙伴核心能力包括PPP专业能力、融资与管理能力、监管与激励能力、技术创新及项目综合管理能力等。首先是PPP专业能力，戴大双等（2020年）指出在实践中由于PPP模式具有较强的特殊性且主要参与人员经验不足，往往会使项目在生产与运营中产生额外费用，导致项目绩效受到影响。其次是融资与管理能力，PPP模式最基本的功能即融资功能，因此融资与管理能力能有效解决PPP项目资金不足，推进的项目进程。接下来是监管与激励能力，一方面，政府对PPP项目监管的首要目的是保证PPP项目提供的服务能满足公众需求，因此提高对项目监管力度能促进使用者满意，而使用者满意直接影响着公共产品的销量并通过经济收益提高伙伴价值；另一方面，政府激励是对伙伴企业的激励，能激发企业的能动性从而加强管理与创新，对生产成本降低与经济收益提高具有积极的正向影响。最后是技术创新及项目综合管理能力，企业方的专利技术、高效管理与创新商业模式能有效降低项目的生产成本，同时还可通过提高运营效率而增加经济收益。

基于上述分析，伙伴核心能力与PPP项目伙伴价值紧密相关，主要作用于生产成本与经济收益从而对PPP项目伙伴价值产生影响，由此绘制伙伴核心能力与PPP项目伙伴价值的关系结构，如图4-3所示。

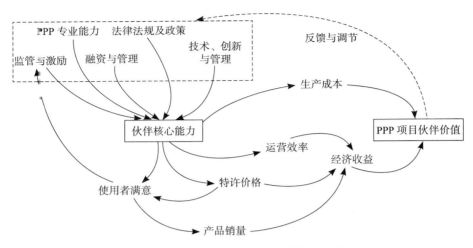

图 4-3　伙伴核心能力与 PPP 项目伙伴价值的关系结构

4.4.2　伙伴协同与PPP项目伙伴价值

伙伴协同是伙伴关系成功运行的首要特征，其协同效应来自于伙伴关系间的信任、互惠、沟通、共担风险与相互平等（Bennett，1998年；Lasker等，2001年）。PPP项目中，伙伴协同表现为政府与企业之间紧密的信任关系与履行承诺，可有效降低政企双方的机会主义行为，减少交易过程中产生的损失，即交易成本（Joskow，1987年；Das等，1996年；季闯等，2015年；杜亚灵等，2015年；Dao等，2016年）。此外，伙伴双方针对潜在不确定事件或合作中遇到的问题进行定期交流、分享经验、相互学习，不仅可以提升不确定性事件的处理能力，而且还能降低处理问题的成本。由此可见，伙伴协同对PPP项目运行过程中产生成本的减少具有十分重要的意义。

根据识别出的PPP项目伙伴关系价值要素清单，可知伙伴协同具体指为平等主体、良好的伙伴工作关系、风险共担与利益分配、相互信任与理解、沟通与协调等。结合上述分析，这些协同因素主要是通过降低伙伴主体机会主义与处理问题能力提升而产生的成本节约，这里主要指交易成本的节约。因此，构建伙伴协同与PPP项目伙伴价值的关系结构，如图4-4所示。

综合上述，关于PPP项目伙伴价值要素与伙伴价值的关系结构分析，汇总形成PPP项目伙伴关系价值演绎路径，如图4-5所示。其中，伙伴核心能力价值要素通过一系列价值活动影响PPP项目生产成本与经济收益，形成价值增加量；伙伴协同通过PPP项目交易活动形成价值增加量。因此，伙伴价值要素可促进PPP项目生产成本节约、交易成本减少、经济收益增加，共同构成PPP项目伙伴价值。

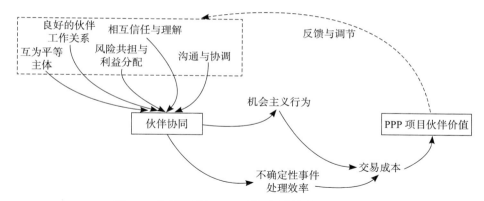

图 4-4 伙伴协调与 PPP 项目伙伴价值的关系结构

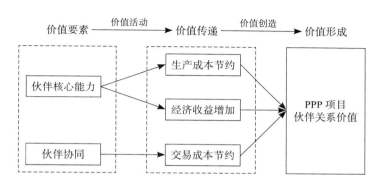

图 4-5 PPP 项目伙伴关系价值形成演绎路径

4.5 本章小结

本章主要的研究目的是识别伙伴价值要素，进一步探索关键价值要素与价值量之间存在的价值传递与价值实现因果关系，为下一章价值测量模型构建奠定基础。本章的研究成果如下：

（1）通过对文献资料分析与课题组实际调研访谈等两种方式收集 PPP 项目伙伴价值要素原始资料，根据扎根理论与专家回访最终识别出伙伴核心能力与伙伴协同为 PPP 项目伙伴价值的关键价值要素。

（2）根据 PPP 项目的成本收益关系，结合交易成本理论，界定 PPP 项目伙伴价值的计量基础为生产成本、经济收益以及交易成本；根据理论逻辑分析法，推导伙伴核心能力价值要素通过一系列价值活动影响 PPP 项目生产成本与经济收益，伙伴协同通过 PPP 项目交易活动，形成价值增加量，共同构成伙伴关系价值形成演绎路径，为后续设计伙伴价值测量模型与实证研究提供理论基础。

| 第5章 |

PPP伙伴关系维系的价值效应模型设计

伙伴关系维系是PPP项目价值实现与可持续的前提条件，根据第3章的探索可知，特许价格、风险分担、关系维系专用型投入是PPP项目伙伴关系维系的关键变量；在此基础上探讨三个变量与项目价值的关系，从而反映PPP伙伴关系维系对PPP项目价值的重要性。

5.1 研究思路设计

合作行为的演化与维持机理是社会科学领域最为重要而又没有解决的问题（May，2006年；Colman，2006年），合作是使双方支付近期成本而获得远期更大利益的"延期互惠行为"（Gibbons等，2002年；Sinervo等，2003年；黄少安等，2013年）。伙伴关系稳定性是混合组织的未来重点研究问题（Powell，1987年；Jay，2013年），维持伙伴关系稳定是混合组织实现目标与协调冲突的核心（Grohs，2014年）；PPP作为混合组织的一种典型形式，伙伴关系维系也是实现PPP伙伴主体目标的重要内容（Ménard，2004年；Evanschitzky等，2016年）。为了增加合作双方行为的稳定性与持久性，Robert Axelrod教授运用经典的"囚徒困境"博弈（Prisoner's Dilemma game）分析具有自利主义的个体如何合作、如何从合作中获取收益、如何进行策略选择以及如何促进合作等经典问题，认为通过增加未来的影响（使相互作用更持久和相互作用更频繁）、改变收益值以及教给对策者促进合作的准则、事实和技能等策略增加合作的持久性（Axelrod，1984年）。此外，美国经济学家奈特（Frank H Knight）指出"不确定性存在于我们的社会生活中，解决不确定性问题的可能性则取决于未来与过去的相似性，增强对未来的控制力和预测能力是解决不确定性的途径"，这就预示着现在的实践或决策应考虑对未来的影响以及未来对现在行为的预设（胡潇，2016年）；这也要求PPP项目伙伴主体的行为决策应通过当前决策消除未来不确定性产生的消极影响（如关系专用型投入），同时，借鉴历史经验研判未来不确定性对当前行为的预设。

然而，由于合作伙伴的身份特征、行为特征、资源禀赋以及社会关系属性等特质存在差异，不同特质的合作主体对合作伙伴的资源和能力等也存在不同要求，这些特质差异必然给合作均衡造成影响（McNamara等，2004年；黄少安等，2013年；张衔等，2016年）。PPP合作伙伴关系是由两个具有明显不同特质的公共部门（政府）和私人部门（企业）因某个共同目标建立的伙伴式关系，伙伴双方既存在组织间的经济关系或交易关系，又因为合作而产生社会关系，这些特征增加了合作的复杂性与不确定性。

改变公共服务提供模式将会导致公共产品生产体系变化和PPP项目管理体系变化，从而产生较高的转换成本或交易成本（Williamson，1981年；Ferris等，1991年）；由于公共经理与他们的政治监管者可能更倾向于风险厌恶，因此较高的服务提供方式转换成本引致频繁改变服务改变方式很少得到考虑（Brown等，2008年）；而关系专用性资产投资（Relationship-specific Assets）产生的"套牢问题（Hold-up Problem）"一定程度上增加伙伴主体之间关系的稳定性（Strieborny等，2016年；Klein等，1978年；Williamson，1979年；Grossman等，1986年）。此外，陈建宝等（2016年）通过对公共产品供给过程中利益主体对自然资源的偏好情况，认为当民间主体收益达到最大时，他们对资源利益的追逐会相对减少；恰当的政府治理也是减少私人部门机会主义行为对PPP价值损耗效果（Pusok，2016年）。吴正泓等（2016年）认为公共文化PPP项目的未来收益值足够大时，公私部门能实现最优合作，认为通过政策激励、惩罚机制和健全声誉机制来提高社会资本未来合作收益，进而培育伙伴主体的"合作思维倾向[①]"和实现帕累托最优。

综上，现有研究成果说明PPP伙伴关系维系与项目价值之间存在关系，但是二者之间的关系如何建立、关系效应如何传递以及如何计算等问题仍处于模糊状态，本书称之为"关系灰箱"。因此，本章通过理论分析，推导PPP伙伴关系维系与项目价值的关联关系表现形式以及测量模型，即建立特许价格、风险和专用型投入三个变量与项目价值的函数关系，为实证研究PPP伙伴关系维系与项目价值的关联关系提供基础支撑；在此基础上建立如图5-1所示的研究思路。

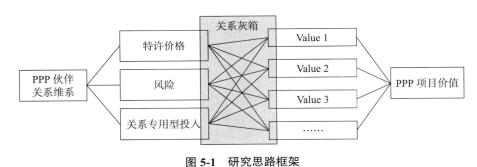

图 5-1　研究思路框架

---

① 黄少安等（2013年）认为人们存在一种思维倾向：虽然自我作为微观个体获得了更多的资源，但是整体的适应性在下降，当整体状况恶化时，自己的适应性会不可逆转地减少。

5.2 PPP项目价值界定

5.2.1 项目价值构成

物有所值（Value for Money）是公共项目或PPP项目的目标和评判标准。PPP是政府为了有效提供公共服务，将公共项目的设计、建造、运营及管理等工作转移给私营部门，建立伙伴关系提供公共服务，实现物有所值（Value for Money）；许多国家和地区，如英国、加拿大、澳大利亚和中国香港，都提出了"物有所值"评估指南，将其作为公共服务供给方式选择的决策依据（彭为等，2014年）。所谓物有所值是指满足用户要求的产品（或服务）全生命周期成本和质量的最优组合（HM Treasury[①]，2006年），其内涵是经济（成本最小化）、效率（支出约束下实现产量与质量目标）和效果（最大程度实现预期目的）三个方面，效果是核心（Glendinning，1988年），物有所值集成了公共项目全寿命周期成本、效益、风险（Efficiency Unit[②]，2008年）。物有所值的"值"既可以指一个衡量产出的经济性，也可以指这个产出的更大范围的可能影响（曹富国，2016年）。

为了清晰地表达PPP价值，Siemiatycki等（2012年）将PPP价值分为财务相关的（Financial related）、行政相关的（Administrative related）和公共利益相关的（Public-interest related）的价值，这些价值通过伙伴关系配置中激励、风险与回报的分配实现；Kivleniece等（2012年）认为PPP伙伴主体基于公共项目正外部性、减少环境不确定性和发挥政府与企业资源互补优势，采取合理的治理机构实现PPP项目的政治利益、私人利益和社会利益；Bovaird（2004年）和Reynaers等（2014年）指出PPP项目必须考虑公共价值（Public Value），涵盖政府绩效改善和公众利益；叶晓甦等（2013年）认为PPP目标是政府、私营企业和公众三方满意；贾康等（2014年）认为通过政府公共部门与民营部门合作实现政府公共部门的职能并同时也为民营部门带来利益；王守清（2015年）也提出成功的PPP应该使得"公众满意、政府获得好评、投资者获利等"；此外，张万宽（2011年）认为，PPP项目不仅实现公私双方绩效改善，而且更要基于合作伙伴关系实现价值增值。

基于此，根据马克思的劳动价值论和项目价值管理，本书把PPP项目价值量分解为劳动价值量、创新价值量和伙伴关系价值量，这是既是PPP项目基本价值量也是项

[①] HM Treasury. Value for Money Assessment Guidance[S]. The Stationery office，2006.
[②] Efficiency Unit. An Introductory Guide to Public Private Partnerships（PPPs）[S]. The Administration office，2008.

目绩效管理的价值目标；还原物有所值概念的本质是资金价值，因而"物有所值"是指的资金包括项目实体投资资金＋创新资金＋伙伴关系资金，才能实现未来的PPP项目绩效，即"3E＋P"，即公共价值、经济价值和伙伴关系价值，如图5-2所示。在最终形成的PPP项目绩效关系中，公共效益是绩效的目的，经济效益是绩效的基础，伙伴关系绩效是核心。

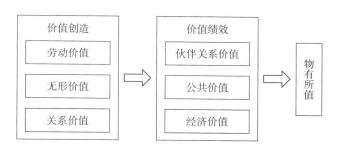

图 5-2　PPP项目价值构成

5.2.2　项目价值计量基础

1. PPP项目成本收益解析

关注产品生产与价值创造是新型项目管理范式的重要内容（Winter等，2006年；Morris，2013年）。根据Morris（2013年）项目价值的界定可知，项目价值主要有生产成本和经营收入构成，这与工程财务管理中对项目价值组成（成本、收入或利润）的结论具有一致性（叶晓甦，2011年）。

然而，交易成本在交易活动中一直存在（Coase，1960年），也是组织选择服务提供机制（内部或外部生产）的决策基础（Williamson，1981年）。交易成本包括信息成本、协商与谈判成本、合同执行与监管成本以及绩效测量成本等，其规模取决于交易环境助长机会主义行为的程度，与信息约束和资产专用性存在重要关联（Williamson，1981年）。Li等（2015年）认为建设项目的成本不仅仅包含生产成本，而且也包括信息成本、协商与谈判成本、合同执行与监管成本等交易成本。交易成本不仅对PPP项目公私伙伴关系的建立、项目价值以及风险管理存在重要影响（Kivleniece等，2012年），而且可能直接影响项目利益相关者行为决策、生产成本以及经济效益（Soliño等，2010年；张万宽，2011年）。此外，交易成本也是价值消散（Value Dissipation）的主要来源，减少交易成本可以创造价值（Foss等，2005年）。因此，为了提升项目投资决策和现金流分析的准确性和科学性，在传统成本收益分析框架基础上增加交易成本要素。

综上，本文将PPP项目价值系统界定为生产成本、交易成本和经济收入三个子系统，其中生产成本子系统主要涉及从输入到产出的工程或技术成本等成本内容，交易成本子系统主要包含项目合同的谈判、协商、执行以及监督管理等发生的交易成本，经济收入子系统重点考察PPP项目的经营收入、其他收入。此外，为了比较清晰地理解与测量该项目的交易成本，基于交易成本经济学和项目生命周期理论（Alston等，1989年；Soliño等，2016年），把该项目的交易成本分为事前交易成本和事后交易成本。图5-3显示了PPP项目的成本收益结构，PPP项目生产成本包含项目建设成本和运营成本，经济收入主要包含公共产品或服务的销售收入、财政补贴等其他收入两部分；生产成本、交易成本和经济收入是PPP项目收益的测算要素，更是PPP项目价值计量的基础。

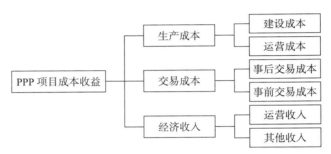

图 5-3　PPP 项目成本收益结构

2. 事后交易成本计算

对于事后交易成本，Whittington（2008年）通过六个美国高速公路项目研究，提出DBB（Design-Bid-Build）模式和DB（Design-Build）模式的事后交易成本分别为合同价值的8.9%～14.7%、3.4%～14.3%（Dudkin等，2005年；Schepper等，2015年）。机会主义（Opportunism）和信息不对称（Asymmetric Information）是引发PPP项目交易成本的直接因素（Ho，2015年；Valero，2015年）。信息的转换、传输及处理在交易过程中起着关键性作用，信息成本是交易成本的核心（卢现祥等，2012年），更是主体决策和经济绩效解释的关键（Alston等，1989年；Marschak等，1968年）。通过加强组织主体之间的沟通和增强信息透明，Oniki（1974年）认为经济组织之间的沟通成本（Cost of Communication）是交易成本的重要部分，并把组织投入（技术、资源等要素投入）作为经济组织交易成本的测算基数；Masten等（1991年）认为组织成本是交易成本的关键，从资产专用性、交易不确定性以及交易的相似性的视角构建组织成本计算模型，结果显示组织成本约占资产价值（要素投入）的14%。Perard（2009年）的统计研究发现，项目交易成本的平均值是项目总成本的4%，其最大值是项目成本的14%。

合同签订后，PPP项目交易成本主要是伙伴关系维系成本，伙伴关系维系是PPP主体通过专用性资产投入，维护合作关系的稳定性和项目运营的可持续性。资产专用性是合同协商、实施与监管的关键性指标，合同主体根据项目的资产专用性和服务可测量性进行合同管理方式选择。另外，信任、规模、复杂性和脆弱性对交易成本具有重要影响（Lyons，1994年），政府履约能力与行政执行力度、企业履约能力是PPP项目合作效率的必要条件（叶晓甦等，2013年），也是引起PPP项目风险错配、成本变动和制度成本的关键因素（Ke等，2013年；Zhang等，2015年）；政府履约能力、资产专用性、服务可测量性或可销售指数也是测量PPP项目交易成本的关键因素（胡鞍钢等，2002年；Brown等，2005年），其中因政府原因可能导致2%～6%的资本成本增加，改善政府履约能力是有效途径之一（Guasch等[①]，1999年；Percoco，2014年）。

基于此，参考叶晓甦等（2017年）的研究成果，结合项目特征以及专家咨询意见，本书选取$k=[1-$政府履约程度（Time）$/10)\times 0.02+((1-$资产专用性/测量尺度）$+(1-$服务可测量性或可销售指数/测量尺度$))\times 0.5\times 0.147]$，其中资产专用性和服务可测量性或可销售指数参考胡鞍钢等（2002年）和Brown等（2005年）的研究成果进行选取。

5.2.3 项目公共价值

公共项目的公共性决定了其输出结果和目标的属性，公共产品是公共部门对公众需求的回应，PPP是政府提供服务满足公共需求的有效方式或工具。Gestel等（2008年）对准市场化或市场化的基础设施项目公私合作的公共价值进行案例研究，认为经济发展与环境质量是公共价值的起点，可持续与经济发展权衡是过程，共享文化（而非合同与科层制）是公共价值管理的关键工具。Weihe（2008年）从协同视角，立足于PPP项目全过程，将PPP项目的公共价值分为物质价值（Material values）和程序性价值（Procedural values）。高秦伟（2011年）在肯定私人部门参与公共项目优势的基础上，从行政法视角阐释公私合作的责任与回应性不足问题，建议增加公私合作中私人部门的行政法义务。张小航等（2013年）认为我国公共体育服务公共价值在注重产出的同时应更注重公众需要。Reynaers等（2014年）从当责（Accountability）、民主（Democracy）、透明（Transparency）理解PPP项目的公共价值，创造公共价值也是PPP中私人部门的重要任务（Osborne等，1998年；Rosenau，2000年）。Reynaers等（2016年）基于公共价值研究范式，以荷兰监狱设计—建设—融资—维护—运营（Design-Build-Finance-Maintain-Operate，DBFMO）项目为研究对象，提出DBFMO项目中保障公共价值的主要因子是关于技术或财务等参数的输出

[①] Guasch J. L., Spiller P. Managing the Regulatory Process: Design, Concepts, Issues and the Latin America and Caribbean Story[S]. The World Bank, Washington, D.C, 1999.

规范或协议的透明（Transparency）、问题或需求的响应性（Responsiveness）、公私双方的履约责任（Responsibility）、项目运营或服务提供的质量（Quality），并识别影响DBFMO项目公共价值的积极与消极因素，为改善政府绩效、公众满意和公共服务质量提供决策依据。

PPP项目具有公共性，其输出结果是公共产品或服务，其面向对象是社会公众；在中央/地方人民政府授权立项PPP项目（取得合法性）的基础上，公共部门（政府）和私人部门（社会资本投资人）基于信任建立伙伴关系，充分利用市场资源和公共资源实现合同目标；而项目的公共性、合法性和信任也正是公共价值的重要反映，公共部门绩效改善、公众满意和实现公平也是物质价值和程序性价值的表现。基于此，在Weihe（2008年）关于PPP项目公共价值分类的基础上，将PPP项目公共价值（Public Value，简称PuV）界定为：公共部门绩效（Public sector performance，简称PsP）、环境价值（Entironment Value，简称EV）和公众利益（Public Benefits，简称PB）。

$$PuV_t = PsP_t + EV_t + PB_t \tag{5-1}$$

式中 t——特许经营期。

5.2.4 项目经济价值

经济价值（Economic Value，简称EcV）是PPP项目物有所值定量评价的关键指标，也是社会资本投资人制定投资决策的基础。对于一般的工程项目，项目的经济价值是其全生命周期成本和收益的数学计算值，项目利益相关者根据此经济价值进行资产评估或投资效益评价（Morris，2013年）；对于PPP项目，经济价值是物有所值测试中公共比较值（PSC）和风险分担成本等指标的测算基础，也是3E（Economy，Efficiency，Effectiveness）中最基本的指标，主要反映PPP项目显性的成本和收益（HM Treasury，2006年；Cartlidge，2006年）。

从投资学视角可知，项目经济价值是投资者对项目进行持续投资的重要考察指标，更是项目运营绩效和运营主体经营策略效果的重要反映（Hirshleifer等，2005年；Tecco，2008年；周春生等，2001年；Akintoye等，2003年；Morris，2013年）。而现金流（Cash Flow）是项目经济价值测算的基础方法（Copeland等，1994年；张先治，2000年），其敏感性或波动也对项目或投资者价值和融资约束产生重要影响（Almeida等，2004年；Abel等，2011年）。在PPP项目具有潜在现金流的基础上，未来能够获取收益是说服私人部门投资公共项目的关键事件，并且获利是促进私人部门平衡利润与项目可持续的关键变量（Koppenjan等，2009年；Panayiotou等，2014年）。从本质上讲，投资是牺牲未来收益为基础的，企业以现值（Present Value）和内部收益率（Internal Rate of return）作为投资决策参考变量（Hirshleifer，1958年；Hirshleifer，1965年），私人部门实现合理收益也是PPP项目成功的重要目标（Kivleniece等，2012年；王守清，2015年）；如果PPP项目不具备盈利性或收益小于成本，私人部门不会参与PPP项目（Mayer，2007年；Gross等，2010年）。

基于此，选择现金流分析作为PPP项目中经济价值评估的方法，采用净现值反映项目经济价值（EcV）；净现值与PPP项目现金流入、现金流出、时间以及折现率等参数相关，具体表现为项目经济收入、生产成本和交易成本。

$$EcV = NPV = \sum_{n=1}^{t}(EI - PC - TC)/(1+i)^t \tag{5-2}$$

式中 EI——PPP项目经济收入；

PC——PPP项目生产成本；

TC——PPP项目交易成本；

i——折现率；

t——特许经营期。

5.2.5 项目伙伴关系价值

伙伴关系是公共项目公私合作的立足点与出发点，而关系是有价值的资产，关系存在引起了双方价值增值（即关系价值）（Wilson等，1994年），这种关系价值是对未来关系利益的衡量（王亚娟等，2014年）。在PPP项目组织中，公共部门和私人部门各自具备不同的特质，基于资源融合、信任、利益依赖和互惠，促进公私伙伴主体之间形成较强信任的伙伴关系，从而发挥伙伴关系整体优势和创造伙伴关系协同效应（Lasker等，2001年；Hodge等，2007年；Mahoney等，2009年）；因PPP项目具有较长的特许经营期，合同执行过程中不确定性或风险事件很难预测，公私双方的经验、能力与资源的集成对减少项目环境不确定性、降低交易成本、获得互补优势以及实现价值增资具有关键作用（Osborne，2000年；Steijn等，2011年；Kivleniece等，2012年；Panda，2016年），并且丰富的项目经验与较强的管理能力能够增强伙伴主体对项目风险进行合理预测与科学处置，从而将风险损失与价值损耗减少至最低（Iossa等，2012年；Siemiatycki等，2012年），这也是伙伴关系协同的重要体现。

从交易成本视角，威廉姆森（2001年）将组织的成本分为生产成本和交易成本，认为一体化或混合治理的生产成本和治理成本比较适中；Priem（2007年）认为顾客是价值的裁决者，价值创造的重要目标是顾客使用价值最大化。Steijn等（2011年）认为PPP项目公私伙伴双方能够实现价值增值；Austin等（2012年）认为合作双方通过资源交易、组织优势整合以及协同创新，创造交互价值、资源转移价值和协同价值,并且这些价值是单一主体很难实现的;Mouraviev等(2015年)也指出PPP项目通过利益相关者协同可以改善价值创造能力。此外,张万宽(2011年)运用交易成本经济学分析PPP项目绩效,指出因公共部门和私人部门建立合作关系而产生的"租"的大小由生产成本节约和交易成本节约决定;叶晓甦等(2016年)认为PPP项目除了要实现经济价值、改善效率和满足公众需求之外,更重要的是创造PPP伙伴关系价值;并且Axelrod(1981年)认为互惠互利的合作行为将给合作双方带来利益增加,黄少安(2013年)将合作者因合作所获取的纯收益成为"合作剩余",并在此基础上指出合作主体通过资源投入、互惠以及环境改善可以增加未来双方的收益(黄少安等,2013年)。

基于上述分析,本书将PPP项目中因公共部门和私人部门建立伙伴关系而产生的价值增值部分称为伙伴关系价值(Partnership Value,简称PaV),伙伴关系价值由生产成本(Production Cost,简称PC)节约和交易成本(Transaction Cost,简称TC)节约共同决定,但应以满足合同要求或公众需求为前提。

$$PaV_t = \Delta PC_t + \Delta TC_t = \lambda \times PC_t + \theta \times TC_t \tag{5-3}$$

式中 λ——生产成本节约系数;
θ——交易成本节约系数;
t——特许经营期。

基于此,PPP项目价值(TPV)是公共价值(PuV)、经济价值(EcV)和伙伴关系价值(PaV)的总和,其函数关系如下:

$$\begin{aligned} TPV_t &= PuV_t + EcV_t + PaV_t \\ &= (PsP_t + EV_t + PB_t) + \left(\sum_{n=1}^{t}(EI - PC - TC)/(1+i)^t\right) + (\lambda \times PC_t + \theta \times TC_t) \end{aligned} \tag{5-4}$$

5.3 伙伴关系维系与PPP项目价值的关系

PPP项目伙伴关系维系是实现项目价值的基础条件,通过对相关文献研究、理论分析(第2章)以及伙伴关系维系关键因素实证研究(第3章),发现"特许价格、风险以及关系维系专用型投入"是PPP项目伙伴关系维系的三个关键变量,通过逻辑推理和案例分析,探讨这三个变量与PPP项目价值的关系。

5.3.1 特许价格与项目价值

根据价值论可知,"价格由价值决定,价格随价值的变化而上下变动"(马克思,

1975年);从经济学视角,价格是市场的关键特征,市场价格决定商品和资源的配置,价格指导生产(Hirshleifer等,2005年);从财务会计视角,价格是商品在市场上货币交换反映的价值,市场价格是历史成本、现行成本、现行销售价格等所有计量属性的基本概念(葛家澍等,2006年;葛家澍,2011年)。这说明价格与价值具有紧密的联系,二者不是相互独立的;对于工程项目,项目合同价或招标价是项目业主或合同双方根据劳动力、原材料和机械设备等市场价格为基础进行计量的,并将此作为评估项目价值的基础或基准,一般采用项目净现值(NPV)进行评价(Morris,2013年)。

PPP项目中的特许价格问题是学者们一直关注的焦点,价格调整或波动对项目特许经营期、项目经济收入以及社会福利等变量具有重要影响;同时,项目特许经营期、需求不确定性、政策以及使用者满意度等因素影响PPP项目特许价格的合理制定、科学调整与再谈判。王守清团队(2015年)对城市轨道交通PPP项目票价的分析研究,指出"票价是城市轨道交通PPP项目的主要收入来源,也是吸引社会资本投资者参与PPP的关键决策变量;并且票价的调整对PPP项目的特许经营期、伙伴主体的收益以及项目运营策略等具有重要影响"。Yang等(2002年)对BOT收费公路研究表明,在特定时间价值水平下,公路收费水平对私人部门利润和社会福利具有重要影响。Chen等(2007年)在考虑需求不确定性的前提下,通过BOT公路的特许价格计算项目净现值、内部收益率和盈亏平衡年等指标反映项目价值情况,并通过调整特许价格实现私人部门利润最大化、公共部门社会福利最大化和消费者平等的目标,这进一步证明特许价格对项目价值的影响。Rouhani等(2015年)指出"不同的收费策略对PPP项目的成本和收益具有中影响;价格管制对项目成本增加具有积极效应"。高颖等(2015年)通过对用户付费的交通类PPP项目价格机制研究,发现政府价格政策对私人部门的价格策略、消费者剩余以及私人部门收益有重要作用。宋金波等(2016年)通过对新建公路BOT项目的特许期和收费价格探讨,发现特许价格与项目需求水平、特许期、消费者剩余以及政府价格政策之间存在关联关系。

由于PPP项目涉及多个利益主体,特许价格的调整需要考虑利益相关者的诉求,李启明等(2010年)认为PPP项目特许价格调整与政府公共利益目标、私营企业利益目标、公众满意度的平衡具有重要关系。然而,因PPP项目伙伴主体认知约束、信息不对称以及有限理性等约束条件的存在,PPP项目合同执行过程中对于特许价格问题经常出现再谈判事件(Hodge等,2007年),例如拉丁美洲地区60%的交通类PPP项目在合同签订3年左右就会发生再谈判(Guasch等,2008年),而因价格再谈判引起的项目价值损失超过合同初始价值的5%(Chong等,2006年)。这些前期研究成果进一步证明了特许价格与PPP项目价值的关联关系属性,政策、信息以及主体认知等因素引发的价值变动通过特许价格传导至PPP项目价值变量。此外，合同双方依据项目运营信息（如收入、利润或资产收益率）约定价格的调整机制，比如北京地铁四号线PPP项目，如果实际票价收入水平低于测算票价收入水平，市政府需要就其差额给予特许经营公司补偿。如果实际票价收入水平高于测算票价收入水平，特许经营公司应将其差额的70%返还给市政府。

综上可知，特许价格与PPP项目价值之间存在关联关系；在其他条件不变的情境下，政策、利益主体目标、输出产品需求水平等变量是特许价格制定与调整的重要参数。另外，特许价格是PPP项目的收入来源，不同的价格策略影响PPP项目价值，进而促进合理价格的再制定或再谈判，如图5-4所示。

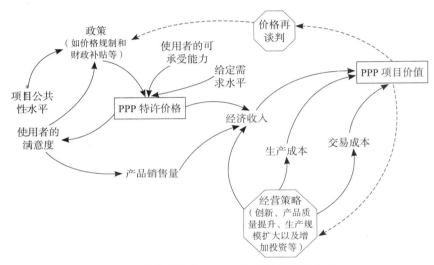

图 5-4 特许价格与 PPP 项目价值的关系结构

根据式5-4对PPP项目价值的界定，项目价值（TPV）的测算基础是项目经济收入（EI）、生产成本（PC）和交易成本（TC）三个变量。参考宋金波等（2016年）对交通BOT项目特许期、特许价格、需求水平以及政策等变量函数关系的界定，本研究将特许价格（P）界定为政策（policy）、使用者承受能力（affordability）、需求水平（demand level）三个变量的函数，见式5-5。对于PPP项目的经济收入，图5-3将其分为运营收入和其他收入（I），运营收入是PPP项目输出的产品数量（Q）和特许价格（P）的乘积，则PPP项目价值和特许价格的关系可表示为式5-6。

$$P = f(\text{policy}, \text{affordability}, \text{demand level}) \tag{5-5}$$

$$TPV_t = PuV_t + \left(\sum_{n=1}^{t}(P \times Q + I - PC - TC)/(1+i)^t\right) + (\lambda \times PC_t + \theta \times TC_t) \tag{5-6}$$

式中　t——PPP项目特许经营期；

I——项目其他收入；

i——折现率。

5.3.2 风险与项目价值

风险是工程建设领域中的一种客观现象，可以将其界定为一种不确定性，一旦这种不确定性发生，将会引致至少一个项目目标如进度、成本、质量或价值的变动。风险的基础概念研究需要解决"什么是风险、风险发生概率和风险后果"问题，项目风险管理由风险识别、风险评估和风险处置三个核心内容组成（Kaplan，1997年；Morris，2013年），风险事件是引发风险发生或引致风险损失的基础元素（柯永建等，2011年）。与其他类型的建设工程项目相比，主体多、周期长和规模大的PPP项目具有更复杂的风险，这也是PPP项目风险研究受到一直关注的重要原因。

风险分担与利益分配是PPP项目成功实施的最重要因素之一（Grimsey等，2002年；Li等，2005年；Zhang，2005年；Broadbent等，2008年；柯永建等，2011年；尹贻林等，2013年；）、项目绩效改善的关键参数（Yuan等，2009年；Liu等，2015年）和项目价值提升的重要因素（Loosemore等，2015年；叶晓甦等，2016年）。风险识别是风险分担的基础（陈通等，2011年），Ozdoganm等（2000年）将发展中国家的BOT项目主要风险因素精炼为市场、财务、政治、法律、建造和经营等方面的风险；Wang等（2000年）将识别出的50项BOT项目风险因素归类为政治风险、建造风险、经营风险、市场与收益风险、财务风险和法律风险。柯永建等（2011年）针对中国PPP项目调查研究，识别了37项PPP项目风险事件，并将风险划分为国家风险、市场风险和项目风险；乌云娜等（2013年）采用ISM-HHM方法识别PPP项目风险，并探讨风险对PPP项目的经济收入、社会资本投资人财务收入、项目成本以及利益相关者利益等的影响关系。

对于风险分担与项目价值，Oudot（2005年）认为风险分担对项目成本的影响体现在交易成本、生产成本和风险承担成本。何寿奎等（2006年）认为风险分摊是PPP项目的本质内容；刘新平等（2006年）分析了我国PPP项目风险的主要特征，认为项目风险分担应该由对风险最有控制力的一方控制相应的风险，风险承担要与相应的回报相匹配；王雪青等（2007年）指出不同风险类型下的伙伴双方的成本和收益函数构建应以平衡项目的整体满意度为导向。杜亚灵等（2011年）通过风险理论分析和案例实证研究，提出PPP项目风险分担研究存在风险分担的过程评价、比例确定以及与其他方面的关联关系等三个薄弱环节。胡振等（2011年）通过案例研究探讨PPP项目范式选择与风险分配的相关关系，发现风险事件目标导向清晰、风险主体明确且事前可行预防的项目风险与范式选择无关,而风险事件产生于政府或第三方的项目风险与范式选择高度相关,并且伙伴主体事前很难预防,会产生较严重的项目风险价值损失。柯永建等(2011年)在识别出中国PPP项目风险事件基础上,具体化每一个风险事件的风险后果以及对PPP伙伴双方的影响,主要表现在成本增加、收益减少、再谈判以及项目中止或终止。温来成等(2015年)认为PPP是财政风险较高的公共产品供给方式,法律变化、政府换届和公众需求波动等因素是加大财政风险的重要变量,科学合理的财政风险分担与监管可以有效降低PPP项目风险损失。吴孝灵等(2016年)基于PPP项目的公共产品属性,探讨私人投资者风险行为与项目收益的关系,并建议最优设计合同参数来提高项目最佳社会效益。

总之,风险与项目收益、成本或价值具有紧密联系;PPP项目风险其本质是伙伴关系主体利益传递的起点,同时也是伙伴关系维系与管理的重点。不同的风险分担比例或策略影响PPP项目伙伴主体的决策、投资与关系管理等行为,进而影响项目成本收益、价值提升与利益相关者价值目标实现。风险识别是风险管理的第一环节,风险事件筛选与甄别是进行风险识别的关键,也是诊断PPP项目价值变化的重要程序。为了更好地分析与确定不同风险对PPP项目价值的影响,进一步厘清风险对价值的作用路径,本书借鉴Hastak等(2000年)和柯永建等(2011年)的风险分类方法,将PPP项目风险分为国家层级风险、市场层级风险和项目层级风险[①],而对应的风险事件也分为国家层级风险事件、市场层级风险事件和项目层级风险事件,并构建如图5-5所示的PPP项目的风险与价值关系结构,即PPP风险事件引发相应的风险,政府和企业投资人根据自身的风险分担偏好和合同约束条件进行风险分担与处置;社会公众作为公共产品或服务的最终消费者,公共产品或服务的质量问题、价格不能承受以及环境污染等消极事件影响消费者满意度,进而减少消费频率或产品销量;这些风险结果都直接或间接以PPP项目的成本与收入表现出来,最终引起PPP项目总价值的变动。

根据式5-4对PPP项目价值的界定,项目价值(TPV)的测算基础是项目经济收入(EI)、生产成本(PC)和交易成本(TC)三个变量。根据李林等(2013年)和宋金波等(2012年)对PPP/BOT项目风险分担、成本函数以及收益函数等变量函数关系的研究可知,风险引起的项目价值变动是风险事件对价值测算关键参数影响水平或程度的函数。基于此,本文将特定风险对使用者满意度影响引起的产品销售量变动设为

[①] 根据柯永建等(2011年)对风险的归纳与释义可知,PPP项目国家层级风险主要涉及政府官员腐败、政府干预、政府信用、政治/公众反对、法律变更、环保风险以及不可抗力等;PPP项目市场层级风险主要包含利率风险、外汇风险、通货膨胀、项目唯一性、市场需求变化、融资风险等;PPP项目层级风险主要涵盖技术风险、成本超支、特许经营者能力不足、收费变更、供应风险、组织协调以及合同不完备等。

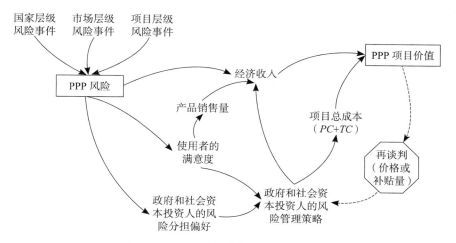

图 5-5 PPP 风险与项目价值的关系结构

ΔSQ，政府和企业投资人风险管理策略变动引起的经济收益变动效应设为 ΔRMI，政府和企业投资人风险管理策略变动引起的项目总成本变动效应设为 ΔRMC。对于 PPP 项目的经济收入，如图 4-3 所示将其分为运营收入和其他收入（I），运营收入是 PPP 项目输出的产品数量（Q）和特许价格（P）的乘积，则 PPP 项目价值和风险效应的关系可表示为式 5-7。

$$TPV_t = PuV_t + \left(\sum_{n=1}^{t}(P\times(Q+\Delta Q) + I - PC - TC - \Delta RMC)/(1+i)^t\right) \\ +(\lambda \times PC_t + \theta \times TC_t + \phi \times \Delta RMC)$$

（5-7）

式中　t——PPP 项目特许经营期；
　　　ϕ——成本变动引发的伙伴关系价值变动系数；
　　　i——折现率。

5.3.3 专用型投入与项目价值

1. 关系维系专用型投入与项目价值的关系

长期稳定平等友好的伙伴关系是推进我国 PPP 可持续实施的关键问题，也是政府和社会资本投资者双方必须高度重视的重要事件（王天义，2016 年）；而无论采用正式规则（合同）还是非正式方式（信任）维系伙伴关系，任意一种伙伴关系维系方式均需要投入专用型资源或资产（涵盖有形资产和无形资产）（Van de Ven，1976 年），尤其是因信息搜寻、合同协商与谈判、合同执行与监督管理等活动引发的交易成本（Williamson，2010 年），这些成本对伙伴关系维系、项目价值创造以及企业绩效提升具有重要作用（Alchian 等，1972 年；Ring 等，1994 年；Kranton，1996 年；Dyer，

1997年；Parker等，2003年；刘凤委等，2009年）。

关系资本理论认为"关系"能够创造价值或产生关系租金（Dyer等，1988年；Khanan，1998年；Das等，1998年；Barringer等，2000年；Kale等，2000年；Ménard，2004年），并且这些伙伴关系维系专用型投入或发生的伙伴关系维系成本在伙伴关系维系管理过程中转化为关系资本（Mitchell等，2000年；董俊武等，2003年；刘衡等，2010年），这些专用型资产投入不仅改善伙伴主体之间的关系质量，而且对项目绩效或项目输出结果具有重要的积极效应（Das等，1996年；Galbreath，2002年；Smyth等，2007年；Fandel等，2012年；Kohtamäki等，2012年；Ling等，2013年；Zou等，2014年；叶晓甦等，2017年）。根据公司理财中关于资本属性的界定，资本的价值增值特性与经济组织价值最大化目标具有一致性（罗斯等，2012年；Strieborny等，2016年），如果维持伙伴关系的成本超出了伙伴关系能够带来的收益，投资就是不理智的行为或者资本投资无效（Dwyer等，1987年）。

此外，关系专用型投入的持续性也进一步增强PPP伙伴主体之间合作关系的"锁定性"，增加了合作伙伴的转换成本，激励PPP项目伙伴关系主体充分发挥资源与能力优势实现投资的价值增值，进而缩小伙伴主体对资本回收的消极预期和实现PPP伙伴关系的协同效果（Weiss等，2002年；Kivleniece等，2012年；Cramm，2013年）。这些研究成果的共同之处在于认同伙伴主体关系维系专用型资产投入对PPP持续性、实现伙伴关系协同效应以及项目价值最大化具有重要促进作用，也进一步证明了关系专用型投入对PPP项目伙伴主体决策、投资者价值实现和项目价值改善具有重要作用。

综上，伙伴关系维系专用型投入和PPP项目输出结果（成本、收益或价值）之间存在关联关系。这种PPP伙伴关系维系专用型投入在合同执行过程中资本化，扩充了PPP项目价值的资本投入，对增加项目产出具有重要推动作用。根据Axelrod（1984年）的研究可知，增加主体未来预期可以增强主体之间合作的持久性与稳定性；对于PPP项目，关系维系专用型投入增加了PPP项目的价值，也就提升了伙伴主体资源与能力投入的价值创造能力，进而改善或扩大了PPP伙伴主体的未来利益预期"蛋糕"。此外，根据黄少安等（2013年）的研究可知，合作主体未来利益预期的增加能够培育合作双方的"合作思维倾向"，从而改善合作伙伴主体的价值观念、组织目标一致性、组织关系的协调性与稳定性、合作的持久性等（这是组织认同性的基本特征）；对于PPP项目，关系维系专用型投入增加了PPP伙伴主体的未来预期，也就进一步促进伙伴主体形成"合作逻辑思维倾向"，推动伙伴主体的可信任度提升和做出持续承诺，从而强化PPP伙伴关系的维系行为和提升PPP项目价值。基于上述分析构建关系维系专用型投入与PPP项目价值的结构关系，刻画关系维系专用型投入与PPP项目价值的关联关系路径，如图5-6所示。

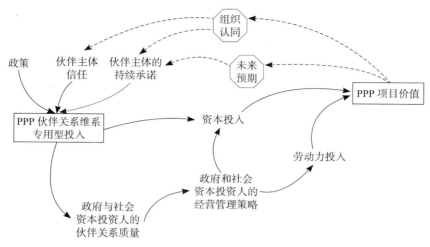

图 5-6　关系专用型投入与 PPP 项目价值的关系结构

2. 关系维系专用型投入界定

根据不完全合同理论，长期合同的条款起草、执行、未来不可预见事件以及机会主义行为等特征必然导致不可预见事件（Unforeseen Contingencies）处理成本、合同起草成本（Writing Costs）、合同执行成本（Enforcement Costs）、再谈判发生的成本（Renegotiation）（Tirole，1999 年；Segal，1999 年；卢现祥等，2012 年；Bajari 等，2014 年；Ho 等，2015 年；Valero，2015 年）以及组织成本（Oniki，1974 年；Masten 等，1991 年）。在特许经营期为 20～30 年的 PPP 项目实施过程中，复杂的项目环境和难以预见的不确定性需要合同双方进行人力、资本等关系专用型投资，用以处理不确定事件、关系稳定以及合同实施问题（Jap 等，2000 年；Rangan 等，2006 年；Smyth 等，2007 年；张万宽，2011 年；Brown 等，2015 年）。Marschak（1968 年）认为改善合同双方信息的转换、传输及处理事件可以减少交易成本；Oniki（1974 年）认为加强组织主体之间的沟通，不仅可以增强交易过程的信息透明，而且也能够减少交易成本的发生，并把组织投入（技术、资源等要素投入）作为经济组织交易成本的测算基数；Masten 等（1991 年）认为经济组织之间的交易或交互过程必然引致组织成本，认为组织成本约占资产价值（要素投入）的 14%；Segal（1999 年）指出，合同双方为了保障合同顺利执行而投入的关系专用型资产虽然导致合同双方陷入"套牢"困境，但是，当合作环境可控的条件下，有效的交易或沟通或再谈判可以让合同双方获得"剩余"。

此外，合作伙伴投入专用型的人力、物力、财力是伙伴关系资本建立的成本，关系资本对关系契约建立、绩效改善和价值创造具有重要作用（Cullen 等，2000 年；董俊武等，2003 年；Schepker 等，2014 年），关系专用型投入是伙伴关系资本价值创造的基础要素，交易成本可以作为价值创造的专用型投资或资产（Madhok 等，1998

年),这些关系专用型资产在伙伴关系维系过程中资本化(Mitchell 等,2000 年;董俊武等,2003 年)。综上可知,交易成本是合同双方谈判、协商、协调问题以及处理不可预见事件而引发的成本,而伙伴谈判、协商和协调等是保障合同顺利实施和维系合作伙伴关系稳定的主要活动,这些活动引发的成本或需要伙伴双方投入的资本是伙伴关系维系投入的重要组成部分;另外,关系专用型投入不仅是建立信任与承诺来减少交易成本的重要途径,也是伙伴关系资本价值创造的基础要素。

因此,本书将 PPP 项目中伙伴关系专用型资产界定为包含合同执行过程中的协商成本、(再)谈判成本以及组织成本等交易成本的变量,但不限于交易成本(合同实施中的交易成本是伙伴关系专用型资产投入的下限)。

3. 模型建立

根据微观经济学中生产论对生产函数的界定可知,生产函数表示在一定时期内,在技术水平固定不变的条件下,生产中所使用的各种生产要素的数量与产量之间的关系;其中生产要素主要包含劳动、资本和土地等,劳动涉及体力和智力,资本涉及实物资本和无形资本。对于工程项目而言,它也是一个"特殊产品",需要投入人力资本、实物资本和土地等要素,从而创造项目价值(Morris,2013 年;丁士昭,2014年);采用 PPP 模式的公共项目也属于工程项目范畴,更需要投入资本、土地、劳动等生产要素,创造 PPP 项目价值、实现利益相关者满意和特许经营期内伙伴关系稳定与持续。

在 PPP 项目合同执行过程中,合同双方不仅需要投入实物资本和人力资本,而且更需要投入专用型资产维系合作伙伴关系的稳定与持续。Madhok 等(1998 年)认为这种关系专用型投资应该被看作是价值创造与实现的生产性资源(Productive Resource)或资产(Assets);关系专用型投资是合作伙伴关系价值创造的重要资产,具有"利益蛋糕扩大(Pie-Expansion Efforts)能力"(Ghosh 等,1999 年;Jap 等,2000 年)。这种关系专用型资产涉及交易专用性资本投资(Transaction-specific Capital Investments)(Dyer 等,1998 年);并且关系专用型投资(Relationship-Specific Investments)也是合作主体在未来合同执行阶段对双方交易做出长期承诺的最重要的因素(Joskow,1987 年)。从关系资本视角,合作伙伴为了保障合作顺利、绩效改善和合作价值创造而投入专用型的人力、物力、财力,建立伙伴信任与承诺,促进伙伴主体之间的关系资本形成与维护(Cullen 等,2000 年;董俊武等,2003 年;宝贡敏等,2004 年);在合作伙伴关系稳定与可持续的前提下,具有"混合组织"特性的伙伴关系能够集成伙伴双方的资源和能力,利用关系专用性投资缓解伙伴双方目标冲突、增加伙伴双方信息或交易的透明度和合理发挥伙伴双方的利益依赖作用,创造伙伴关系协同效应,从而减少交易成本、提升项目价值和增加合同双方的依赖程度（Williamson，1975年；Dyer等，1998年；Ménard，2004年；薛卫等，2010年；王守清，2015年；Fong等，2017年）。基于此，本文将PPP项目价值要素界定为实物资本、关系维系专用型投入和人力资本。

Cobb-Douglas生产函数是经济学中一个极为重要的概念，它研究产品或服务生产过程中投入—产出关系的重要工具（Cobb等，1928年），主要应用在对生产函数的研究和估计主要集中在宏观经济和产业经济领域（成邦文等，2001年），被用来研究要素的产出弹性、经济增长、技术进步以及产业集中度、进入壁垒等对产业绩效的影响，如Griliches（1964年）利用C-D生产函数研究农业教育和研发支出对农业产出的影响；Feldstein（1967年）利用C-D函数对要素的产出弹性的研究；李焕彰等（2004年）运用生产函数测定农户私人投入、农业基本建设支出、农业科技三项费用对农业产出增长的边际产出效应；姜明辉等（2013年）基于C-D生产函数探索产业集群对区域创新能力的影响效应。此外，随着科布—道格拉斯生产函数的普遍化，学者们也将其应用于测算不同资本要素或生产要素对特定产出的贡献度或影响，如朱翊敏等（2002年）拓展C-D生产函数，测算人力资本对广东省经济增长的贡献度；李兵等（2009年）利用C-D生产函数测量我国科技投入对GDP的贡献率；郑鑫（2014年）基于C-D生产函数，增加新的变量，测算城镇化对中国经济增长的贡献度；刘莹等（2015年）综合运用C-D生产函数测量水价政策变量对灌溉用水以及种植收入的效应；Fandel等（2012年）拓展C-D生产函数，引入新变量，测度公共部门—社会—私人部门伙伴关系（Public Social Private Partnership）的协同效应；Lin等（2014年）采用C-D生产函数测算合作伙伴之间的协同效应。这不仅反映C-D生产函数在揭示投入产出关联关系（尤其是资本、劳动力与产量之间的关系），而且也证明C-D生产函数在度量某个或某些要素对产出的贡献度的适用性和合理性。基于此，本书也选择C-D生产函数测算PPP项目生产要素对项目产出的贡献度及其关联关系。

在我国PPP实践过程中，公共部门明显处于优势地位（Ke等，2013年；贾康等，2014年），企业（尤其是民营企业）需要花费资源（时间和精力）建立和维持企业与政府的关联关系，处理企业家与政府人员的关系（Tsang，1998年；Schaeffer等，2002年）；根据张维迎（2001年）的研究结果可知，企业家花费在维持与政府及政府人员关系上的时间和精力竟占到50%～60%之多。并且伙伴关系也不是一旦建立了就一劳永逸的，想要保证项目的顺利实施和获取更多的资源，就必然需要投入更多的精力维系公私伙伴关系。而对于特定PPP项目，伙伴关系的可持续是需要公私双方共同努力，投入专用型资产用于伙伴主体之间的信息沟通、关系协调以及纠纷处理等。我们把伙伴双方用于维持伙伴关系的非生产性投入假设为S，并将S也视为一种资产要素投入，将PPP项目价值TPV设定为关于伙伴关系维系专用型投入S、人力资本L和生

产性资本投入 K 的函数。

Cobb-Douglas生产函数（式5-8）是研究产品或服务生产过程中投入—产出关系的重要工具（Cobb and Douglas，1928年），可以揭示各要素对项目经济产出的影响大小。将伙伴关系维系专用型投入作为新的价值要素引入生产函数中，揭示其对PPP项目价值的影响，其函数形式见式5-9。

$$TPV(S, K, L) = A \times K^{\beta} \times L^{\gamma} \quad (5-8)$$

$$TPV(S, K, L) = A \times S^{\alpha} \times K^{\beta} \times L^{\gamma} \quad (5-9)$$

式5-9中　A——综合技术要素；
　　　　　α——关系维系专用型资产投入的产出弹性；
　　　　　β——生产性资本的产出弹性；
　　　　　γ——人力资本的产出弹性。

5.4 PPP系统与系统动力学

5.4.1 PPP系统

PPP项目是一个复杂的系统工程，是由若干个可区别但又相互关联的要素组成的具有整体功能的集合体，强调系统要素间的相互关联、制约和作用。公共项目的整体功能就是要实现预期确定的项目目标。项目系统通过与外部环境进行信息、技术及资源的交换实现系统输入，在系统内部进行生产、协调以及控制等，最后向外部环境输出其产品。项目系统由输入、处理、输出、反馈等组成（于景元等，1992年），公共项目系统输入表现为人力、技术、资本、原材料和管理要素的投入；处理表现为系统内部对输入要素的分析、加工与协调等项目的实施；输出表现为项目建成投产运营中产出的产品或服务；反馈表现为对项目输出结果的效率、效力、效果以及分配公平的分析与评估，考量项目系统的运行状况，发现问题并反馈到输入系统，动态调整系统结构和改善系统功能，从而进一步影响项目的输出。

反馈是工程控制论中的基本概念，是指把施控系统信息作用于控制对象后所产生的结果再传输到施控系统，并对信息的再输出发生作用的过程。其特点在于"根据过去的操作情况来调整未来的行为"（潘彬，2012年）。因此，反馈就是根据系统活动的结果信息作用于整个系统活动的过程，符合反馈控制原理，反馈控制过程是"利用反馈信息作用于目标输入信息，驱动控制机构，控制转换系统按既定目标输出"。在施控系统的反馈控制中，需要应对环境的不确定性，协同系统各个控制机构的工作，避免干扰、减少或消除系统偏差，使系统处于稳定控制状态，从而达到对公共项目系统进行评估、控制和管理的作用，如图5-7所示。

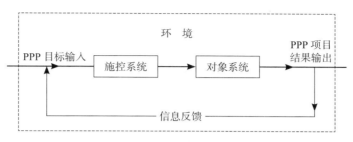

图 5-7　系统控制与反馈

PPP伙伴关系维系与项目价值的关联关系是运用系统论和工程控制论的基本原理，对PPP项目伙伴关系内涵、形成与维系及价值创造等全生命周期过程的发展及其实施结果，以系统控制观对PPP项目伙伴关系维系与项目价值创造进行科学的分析、评估和判断，并基于系统反馈控制原理，将项目现实情况与预期状态之间的偏差信息及时传输到施控系统和对象系统，调整和改善系统输入和输出信息，是保证PPP项目伙伴关系可持续与项目价值系统整体的稳定性和可靠性，才能最终促进PPP项目伙伴关系协同与价值创造有效运行和管理效率改善，促进政府和企业投资人的合作伙伴关系共同实现公共价值、经济价值和伙伴关系价值的最大化；这也构成了PPP项目伙伴关系维系研究的方法论基础。

基于此，本书将PPP项目伙伴关系维系与项目价值的关联关系研究划分为伙伴关系维系与项目价值两个子系统，伙伴关系维系涵盖伙伴关系主体与客体要素、伙伴关系维系关键因素及其关联关系、伙伴关系维系的价值效应三个关键内容，PPP项目价值子系统涉及项目生产成本、经济收入和交易成本三个价值测量基础要素；而PPP伙伴关系维系与项目价值的关联关系是在探索伙伴关系维系、项目价值的关键测量变量的基础上，基于理论分析与文献研究推导测量变量之间的关联关系，进而揭示PPP伙伴关系维系与项目价值的关联关系。

5.4.2　系统动力学

1. 系统动力学的概念

在当今社会经济系统中，常常出现一些简单线性数学方法难以解释的系统问题，如杭州湾跨海大桥PPP项目管理。复杂的系统结构与行为需要进行大量的数据统计与运算、分析与模拟、仿真与多属性决策，这些工作很难用简单的方法描述要素之间的关系，导致系统要素之间的关系难以清晰表达，也不能建立数学模型进行评估，这产生了对描述复杂性问题的方法论的需求，在系统论与控制工程的理论指导下，系统动力学（System dynamics）应运而生。系统动力学是一门建立描述和解决复杂性问题的科学，最早由福瑞斯特（1956年）创立，最初主要运用于企业管理，认为系统动力学是一种认识系统、解决系统问题的科学方法。系统动力学（System Dynamics，简称SD）是基于系统工程理论研究系统内部结构与动态行为关系的重要方法，借助计算机技术，可视化系统分析结果；它适用于解决经济、社会和生态环境等一类非线性复杂系统的问题，它主要涉及系统分析、系统结构分析、建立数学关系以及模型模拟评估等环节（王其藩，1994年）。

2. 系统动力学原理

系统动力学是根据系统理论的基本思想，将系统科学理论与计算机科学技术紧密结合，研究系统的结构与行为；系统动力学的基础理论涵盖信息论、控制论与反馈论等，科学技术主要有系统工程、控制工程、计算机技术等。系统动力学的基本模型包含目标系统、目标系统的状态变化量以及相关系统的信息、物质或能量等，如图5-8所示，从而引起目标系统状态的变化，最终决定了系统的状态；目标系统的状态会给相关系统输出物质流、信息流或能量流，从而引发相关系统的状态变化。基于图5-8所表达的系统理念，系统动力学借助计算机系统语言对单元、信息、物质或能量等要素进行转换与描述，从而可视化系统的功能、结构与关系，进而通过不同类型参数的调整与优化，可视化关键参数对系统的作用趋势，从而优化系统的结构、行为与功能，最终进行科学决策。

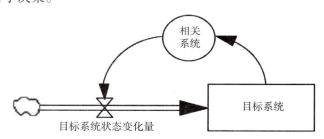

图 5-8　系统动力学理论模型

3. 主要建模步骤

根据系统动力学的基本原理，系统动力学模型构建首先应提出需要解决的科学问题，根据问题确定分解界定系统的边界；其次，根据研究问题的理论基础与文献分析，识别系统要素并推导要素之间的关系、作用路径，从而提出关系假设、绘制因果关系图，识别因素反馈关系，构建系统动力学模型；然后，检验构建的系统动力学模型的一致性与有效性，通过检验后，输入特定案例数据进行模型运算、模拟仿真，调试关键参数。寻求最优系统结构与行为；最后，根据模型运算结果进行问题解释，为科学决策提供建议。如图5-9所示。

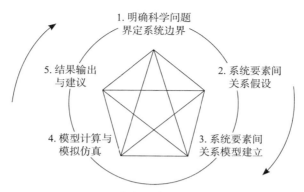

图 5-9　系统动力学的动态建模过程

4. 因果关系图示

系统要素之间的关系用"因果关系链"表示（王其藩，1994年），如图5-10所示，分别表示两个不同类型的因果关系链（a）、（b），其中A、B表示系统要素，箭尾表示原因，箭头表示结果，箭头的方向表明从原因指向结果的含义。箭头位置标识的"+"与"-"符号，用于表示两个系统要素的状态变动关系，以及辨识"因果关系链"的正负，其中"+"符号表示要素A、B同步变化，"-"符号表示要素A、B反向变化；如图5-10（a）所示，为一个正向的因果关系链，这表示要素A的变化将引发要素B同步与同向变化，即要素A变大要素B也变大，要素A减小要素B也减小。

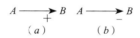

图 5-10　因果关系链

总之，PPP伙伴关系维系与项目价值的关联关系研究是一个复杂的系统工程，系统要素之间存在复杂的关联关系，这种关系是一种非线性的、动态的、系统的反馈结构，简单的数学方法很难实现复杂系统计算、仿真和可视化效果。系统动力学方法能够探寻复杂系统的结构、行为或决策问题，通过信息、物质或能量等输入，刻画系统要素之间的关系及作用路径，这也正是揭示PPP伙伴关系维系与项目价值关联关系的关键问题。因此，选择系统动力学研究PPP伙伴关系维系子系统和项目价值子系统的内在关系，结合特定案例进行系统模型模拟分析与仿真实验，从而厘清PPP伙伴关系维系关键变量与项目价值的关联关系与作用路径。

5.5　本章小结

本章通过理论逻辑推理，分析PPP项目伙伴关系维系与项目价值的关联关系作用机理。基于第3章的研究结论，将特许价格、风险以及伙伴关系维系专用型投入作为PPP伙伴关系维系的关键变量；结合PPP项目特征，将PPP项目价值界定为经济价值、公共价值和伙伴关系价值，并通过文献研究推导伙伴关系维系关键变量与PPP项目价值的作用路径与函数关系，为后续实证研究提供理论支撑。主要结论如下：

（1）结合PPP项目特征属性，将PPP项目价值界定为公共价值、经济价值和伙伴关系价值，并推导出三个价值的计算公式。

（2）根据经济学、管理学、交易成本经济学和不完全契约理论等的分析，推导特许价格、风险、关系专用性投入对PPP项目价值的关联关系，为后续实证研究伙伴关系维系与PPP项目价值之间关联关系提供理论基础。

（3）通过对PPP系统分析、系统动力学基本原理学习，选择系统动力学作为揭示PPP伙伴关系维系与项目价值的关联关系的方法，为第5章的案例研究提供方法论支撑。

| 第6章 |

PPP伙伴关系维系的价值效应实证研究

本章在理论分析和调查研究的基础上，采用实际项目案例明晰PPP伙伴关系维系关键变量与项目价值的内在关系，可视化不同情境下伙伴关系维系关键因子对项目价值的作用趋势，并运用实际案例数据验证第四章理论推导的伙伴关系维系与项目价值的作用关系，从研究结果中探寻PPP伙伴关系维系与项目价值方面的着力点，为PPP项目管理提供实践依据。

6.1 案例研究方法

案例研究是一种基于经验主义的探索和检验理论分析结果的方法之一。它主要调查现实世界背景中的临时或暂时现象（Contemporary Phenomenon），尤其是不能清晰界定现象与其背景之间界限的情景；并且案例研究主要针对"怎么样（How）"和"为什么（Why）"两个方面（Yin，2003年）。其研究对象是现实社会经济现象中的事例证据及变量之间的相互关系（余菁，2004年），主要适用数据不足且很难获取的情景（范埃弗拉，2006年）。根据第2章、第3章的分析结论，PPP伙伴关系维系的关键因素来自项目合作主体、项目特征、合作环境等多方面，如政府意愿、企业履约能力、公众认知、经济政策以及良好的工作关系等，这与PPP项目价值变动存在关联关系。抽象的理论分析结果或概念模型需要借助实际项目才能更好地进行诠释，这正是案例研究的重要优势。

根据我国财政部PPP综合信息平台统计，截至2016年12月末，入库PPP项目是11260个，总投资额13.5万亿元，其中市政工程类PPP项目数量占总数量的35%，项目数量居第一位、落地率也是第一位[①]；我国国家发展和改革委向社会公开推介1233个传统基础设施PPP项目，项目总投资约2.14万亿元，其中市政工程类项目数量占总

---

① 中华人民共和国财政部. 全国PPP综合信息平台项目库第五期季报[EB/OL]. 2017-02-13. http：//www.cpppc.org/zh/pppjb/4678.jhtml.

数量的42.7%，项目数量居第一位[①]；这两个数据也充分说明我国近期的PPP项目领域重点在市政工程领域。而垃圾焚烧发电项目是采用PPP模式比较广泛的市政工程类项目，因此本书选择垃圾焚烧发电PPP项目作为研究案例。然而，由于大多数PPP项目处于立项、签约或建设阶段，截至2016年12月31日，PPP项目的建设、运营及财务等相关信息仍处于不对外公开状态，政府也没有出台相应的法律法规或政策，因而难以获取大样本的、翔实的统计数据，导致本研究案例选取的艰难性。本书的案例资料主要来源于实际调研、政府文献和企业访谈。

研究案例应经过仔细挑选，挑选出来的案例可能产生相同成果，也可能产生新的结论；若案例与前期的理论分析、研究假设或预测结果相符合，则对理论分析的结果更具有说服力（Yin，2003年）。本案例的选取标准是：资料丰富、案例发生和存续的时间较长、案例背景条件具有典型意义以及相关领域改革领先等。据此，本书案例来自重庆市发展和改革委员会推荐的，重庆市人民政府发起签约的PPP项目，即重庆某垃圾焚烧发电厂PPP项目（因调研对象的特殊要求，对该项目名称暂称为"重庆某垃圾焚烧发电厂PPP项目"）。

6.2 案例背景

6.2.1 项目基本概况

重庆市政府于2003年授权某一项目公司采用公私合作模式建设一座生活垃圾焚烧发电厂，该项目是中国第一个以建设、经营和移交全过程的BOT模式垃圾发电厂项目，是继国务院《关于投资体制改革的决定》（国发〔2004〕第20号）颁布后投入运营的PPP项目；该项目公司的母公司"重庆三峰环境产业集团有限公司（以下简称"集团公司"）"是国内垃圾焚烧发电行业的领军企业（发改环资〔2012〕145号），是重庆市政府重点培育的专业从事垃圾焚烧发电项目投资、建设和运营的战略性新兴产业企业，其垃圾焚烧技术和设备在国内市场占有率为34%，位居全国第一；截至2016年12月，该集团公司基于此PPP项目拓展了24个垃圾发电BOT项目，在全球84个垃圾发电项目共有165条焚烧线的核心设备和技术业绩，其经济效益和环境效益非常显著。因此，该项目具有政府和企业合作投资、建设和运营管理的典型性、示范性和影响力。

---

① 中华人民共和国国家发展和改革委员会. 国家发展改革委向社会公开推介2.14万亿元传统基础设施PPP项目[EB/OL]. http://tzs.ndrc.gov.cn/zttp/PPPxmk/gzdt/201609/t20160914_818455.html. 2016-9-14.

2001年立项的重庆市某垃圾焚烧发电BOT模式项目（简称某BOT项目，图6-1），是中国第一个以建设、经营和移交全过程的BOT模式垃圾发电厂项目，具有政府和企业合作投资、建设和运营管理的典型性、示范性和影响力，是继国务院《关于投资体制改革的决定》（国发〔2004〕第20号）颁布后投入运营的BOT项目。该项目位于重庆市北碚区，于2005年正式投入运营。重庆同兴垃圾处理有限公司根据重庆市人民政府的项目授权委托协议，在特许经营期25年内负责项目运营。该集团以此项目为基础发展到如今占全国垃圾焚烧市场份额的34%，子公司遍及国内外19个，已经成为全国垃圾焚烧发电市场投资商与运营商领军企业。

该项目的公益性特征：

（1）城市垃圾是影响城市公民生活质量和城市环境质量的重要污染源，垃圾处理有益于保障公民基本生活环境和改善城市环境，因而城市生活垃圾处理服务具有公益性。

（2）环境质量是一种公共物品，城市生活垃圾对大气、水资源、土地资源和城市市容市貌等存在负面影响，垃圾处理服务理应由政府提供，因而环境保护服务具有公益性。

（3）投资环境保护项目主要涉及社会公众关系、投资项目模式大、环保技术复杂和专业性，投资回报率低和投资回收期长等，理应由政府提供。

图6-1　重庆市某垃圾焚烧发电BOT模式项目

在技术方面，集团公司通过"中美合资"形式，引进德国马丁技术SITY2000逆推倾斜炉排技术，并由控股公司按照马丁公司技术标准在重庆制造完成并通过德国马丁公司的功能性测试验收，设计日处理垃圾能力1200t/d（2×600），发电装机容量2×12MW。在项目建设运营管理中，以"技术+酬金"捆绑模式聘请德国马丁公司技术与管理专家向重庆同兴垃圾焚烧发电厂提供技术培训、现场指导、运营调试、设备维修及改进等技术支持服务，并采用分期付款的方式支付服务费。该项目按照《BOT

特许权协议》、欧盟环境标准和集团操作规程正常运营。该垃圾焚烧炉的设计处理能力为1200吨/天（浮动范围60%～120%），每年运行时间为8700小时左右，每年可处理生活垃圾约40万吨。

由此，正是由于科学技术的创新与发展，城市生活垃圾焚烧产生热能可作为热能发电的动力，发电通过市场销售带来了经济利益，又能提高城市生活垃圾处理效率和城市环境质量效果，从而为政府和企业合作创造新基点。

6.2.2 伙伴选择与组织管理

1. 伙伴选择与关系建立

20世纪90年代末，钢铁产业产能过剩、市场竞争激烈，在此背景下，重庆钢铁集团响应国家政策，通过国际市场考察和国内市场评估，考虑企业拓展市场。经过多次集团决策层讨论，最终决定进入环保产业，发展垃圾焚烧发电产业。在政府和集团公司共同支持下，重庆三峰环境集团开始进入新能源市场并成功中标重庆某垃圾发电厂项目。在重庆市政府的大力支持下，由重庆市原计划委员会牵头，会同市财政局、市市政管理委员会、市环保局、北碚区政府和重庆市电力公司等相关部门组建工作小组，负责协调项目前期准备工作。经过科学的前期论证研究，该项目于2001年4月得到重庆市发展计划委员会批准立项（渝计委投〔2001〕570号），并于同年8月获得重庆市人民政府对采用特许经营方式建设运营该垃圾焚烧发电项目的批复（渝府〔2001〕200号）。

2002年9月，重庆市发展计划委员会批准了该垃圾焚烧发电BOT项目的可行性研究报告（渝计委投〔2002〕1366号），依据《中华人民共和国招标投标法》的相关规定，该项目采用公开招标方式选择合作伙伴，重点考察企业：①技术能力（尤其是运行成本）；②企业的投资融资能力；③垃圾处理能力和发电量；④政府补贴报价；⑤社会责任。经过招标、资格预审、评标等环节，项目发起人最终确定由重庆三峰环境产业集团有限公司等机构组成的联合体中标，并共同出资组建项目公司，负责BOT项目的建设与运营，2005年正式运营，如图6-2所示。

该项目组织结构特点：

（1）大型国有企业BOT运营公司主要股东，重庆钢铁公司具备垃圾焚烧设备的制造技术与能力、环境技术标准的信息能力和国有资本融资能力。

（2）环境保护项目属于国家产业政策、货币政策和财政政策优先支持产业和行业的范畴，在资金、建设、生产和产品销售等方面存在政策优势。

（3）遵循BOT项目融资模式特征，即"建设、经营、移交"。运用BOT方式建设公共基础设施是国际十分流行、运营简单、合作效率较高和合作效果显著的项目投融

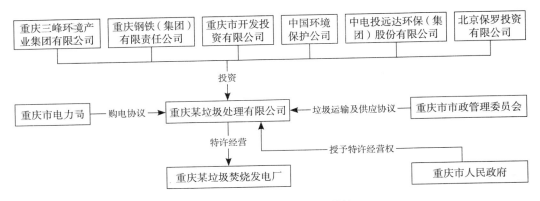

图 6-2 项目合作主体关系结构

资方式。

2012年后，根据国际环保技术创新与发展的需求，运营公司及时调整伙伴结构，将国际上环保处理技术先进的卡万塔公司引入公司组织结构，快速提升了运营公司的整体运营能力、降低运营风险。虽然公司每年需要支付专利技术服务费，但从公司整体运营角度，这种战略调整极大降低了经营风险、提升了市场竞争力，同时也获得了国家税收的支持。因此，将原有的运营组织结构调整为如图6-3所示。

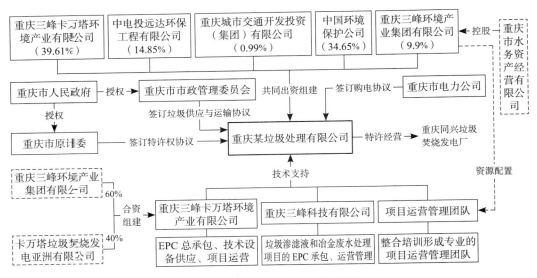

图 6-3 调整后的项目合作关系结构

通过引入国际先进环保技术企业参与BOT项目，不仅优化原有资本结构、提升了技术创新能力，成为国内环保领域的领军企业；同时，新的组织结构能够满足社会公众对环境质量的更高要求，使公共资源发挥最大社会效益。

2. 项目融资性分析

根据作者对该垃圾焚烧发电厂的实证调研和图5-3可知，该项目融资的基本情况为：

（1）融资方式

银行贷款、股权融资、自有资金。

（2）资金来源

国家环保产业专项资金、西部大开发国债资金、大型国有企业自有资金、金融机构贷款、其他企业资金等。

（3）工程经济分析

该项目资金流入：垃圾处理服务费、售电收入、税收优惠和中央及地方政府环境保护专项基金。

该项目资金流出：建筑安装工程费用、设备购置费、技术专利费、技术服务费、折旧摊销费、维修费、辅料购置费、"三废"处理费以及管理费等。

（4）项目公司盈利点

1）垄断重庆垃圾处理市场；

2）垃圾处理关键技术及设备；

3）规模经营；

4）政府保证项目公司产品（垃圾焚烧发电）销路。

3. 价格制定

发电价格和政府购买垃圾处理服务价格是影响项目公司运营的关键因素。然而，发电价格执行《关于完善垃圾焚烧发电价格政策的通知》（发改价格〔2012〕801号）的相关规定。而对于政府购买垃圾处理服务费是通过招投标获得，并且根据CPI等指标的变动，项目公司会给予运营成本收益变动重新向政府提出调价申请，政府根据特许权协议、社会公众的评估等对价格进行重新审定，从而平衡项目利益相关方的需求和预期，促进项目可持续运营。特许经营价格形成如图6-4所示。

6.2.3 风险分担与利益关系

1. 风险分担

（1）政治风险和政策风险：我国政治稳定，不存在政治风险；同兴BOT项目的关键是技术问题，政策风险影响较小。

（2）建设风险：根据《特许经营协议》规定，该风险由项目公司承担。

（3）资金风险：项目公司采取银行贷款、股权出售方式融资。政府和大型国有企业为项目公司提供银行借款担保，从而降低债务风险。

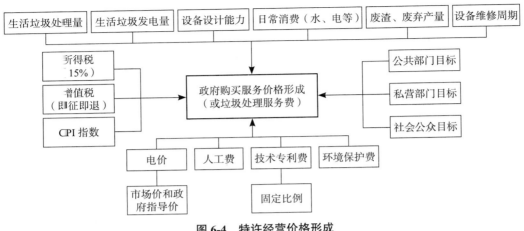

图 6-4　特许经营价格形成

（4）经营管理风险：根据《垃圾供应及运输协议》，重庆市市政管理委员会按照《垃圾供应与运输协议》负责生活垃圾的收集与运输、分类垃圾以及垃圾质量，并保证该垃圾焚烧发电厂每天的生活垃圾需求。同时，政府通过招标确定购买垃圾处理服务的价格（根据CPI变化，3年调整1次价格），并授权重庆市财政局按季度根据项目公司的垃圾实际焚烧量和垃圾处置服务价格，划拨垃圾处置费给重庆市市政管理委员会，由市政管理委员会支付给项目公司；政府在不干预项目公司建设运营决策的前提下，协调重庆市电力公司根据国家有关政策和《购电协议》，购买垃圾焚烧发电量，从而保障垃圾发电厂的产品收益。

（5）安全和技术风险：根据《BOT特许权协议》的相关约定，政府和企业对履约风险、经营风险、CPI变动、法律法规风险、技术风险和安全风险等进行合理分担，如表6-1所示。

（6）环保风险：项目公司的主要任务是做好垃圾焚烧的运营管理和保障项目公共利益，这两方面也是主要的、关键的工作，其他业务包括维护维修、渗滤液处理、"三废"处理、保安保洁等均属辅助性工作。项目公司在要保证主要工作合理经营的前提下，可以综合考虑公司的运营能力、技术条件和集团战略等因素，合理安排辅助性业务的运营策略，关于同兴垃圾焚烧发电BOT项目，项目公司不仅对融资、技术、垃圾供应和电量风险等进行合理安排，而且通过辅助性业务的外包，实现降低运营成本和风险的目标，如图6-5所示。

2. 利益分配

根据作者调研可知，政府在该项目运营过程中不参与项目经营决策和不参与利益分配，项目收益全部归项目公司、投资者以及集团公司分享，政府和社会公众获得良好的环境受益。

项目风险分担　　　　　　　　　　　表 6-1

风险因素	分担主体	
	政府	企业
垃圾量变化	√	
垃圾质量风险	√	
电量变化	√	
环境风险（二噁英和烟尘）		√
建设风险		√
技术风险		√
融资风险		√
建设与运营安全风险		√
CPI 变化	√（协商）	√（协商）
价格变化	√（协商）	√（协商）
不可抗力风险	√	√
移交后的全部风险	√	

注：根据调研资料整理。

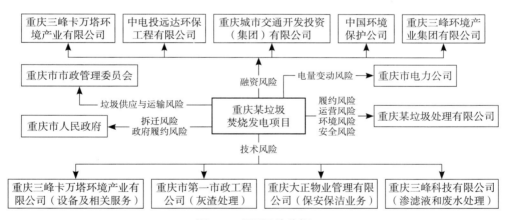

图 6-5　项目风险分担

6.2.4　信息披露与公众参与

1. 信息披露

重庆某垃圾处理有限公司定期向股东发布信息，但不对全社会发布运营信息（尤其是财务信息），只负责垃圾焚烧发电厂的生产经营。鉴于垃圾焚烧发电项目的特殊性，重庆某垃圾处理有限公司积极做好环保宣传工作，主动公布环保信息（如气体排放指标、废水排放指标等），非常欢迎周围居民和重庆市民参观及深入了解企业。

2. 公众参与

垃圾焚烧发电项目的选址、环评、建设以及运营一直存在较多质疑，主要体现在对技术、管理以及心理等方面。为了减少社会公众对垃圾发电项目的抵触情绪，该项目主体按照《中华人民共和国环境保护法》《中华人民共和国环境影响评价法》和《环境影响评价公众参与暂行办法》等相关法律法规，采用公告及媒体公示、公众参观调研、公众座谈会等形式增加公众对项目的深入认知，尤其是厂址附近居民，定期公开环境信息。

首先是，在厂址选择和项目环境评价阶段，通过媒体公示、公众参观以及座谈等形式发布该项目的环境影响信息（图6-6），充分了解附近居民的意见与态度；项目相关负责人对社会公众的疑问进行现场解答，进一步减少社会公众对项目的质疑。

图 6-6　公众参观考察与座谈

其次，在项目建设与运营阶段，项目公司主动设置相关工作岗位，邀请附近居民参与项目建设与运营，让公众亲身体验与认识该项目的实际情况。此外，社会公众也可以通过网络、媒体等形式进行信息反馈与监督（图6-7），环保主管部门会及时处理，解决社会公众的问题。

最后，项目运营阶段，项目公司在定时发布颗粒物、二噁英、飞灰等相关环境信息的同时，积极接受社会公众的参观考察（图6-8），并委派专门的工作人员详细讲解项目的运营信息。

图 6-7 公众意见反馈

来源：重庆市环保局（http://www.cq.gov.cn/publicmail/citizen/ViewReleaseMail.aspx?intReleaseID=502161）

图 6-8 社会公众参观

6.2.5 关系维系与项目价值

PPP伙伴关系维系的价值效应不仅表现为项目经济价值、直接社会价值，也应该涵盖项目引发的价值增值部分。为了清晰地展现PPP伙伴关系维系的价值效应，本书从项目价值实现和价值增值两个部分剖析该垃圾焚烧发电PPP/BOT项目的价值创造过程与效果。

1. 项目价值实现

该垃圾焚烧发电项目是一个环境保护类型的公共项目，以生活垃圾为原料进行垃圾焚烧发电，售电收入成为该项目持续运营的主要动力。生活垃圾处理原本是政府的公共服务供给范畴，因项目的经济性、政府财政约束与管理效率、企业意愿与资源优势等因素，促进政府和企业投资人产生"建立合作伙伴关系"的积极意愿，共同投资开发该项目，进而实现生活垃圾无害化和项目价值最大化。

项目特许经营合同是伙伴双方资源投入、责任履行与价值获取的参照点。该垃圾焚烧发电项目合作主体双方在签订合同之前进行价值测算、合同中进行价格及补贴的规定以及预期风险分担方案，政府提供生活垃圾并保障其质量，社会资本投资人资本投资、技术研发与资产运营。但是，合同执行中，因政策、主体认知以及信息不对称等因素引发合同不能完全应对不确定性事件，进而导致政府和企业投资人针对该项目的洽谈、协调或再谈判，这些事件在合同执行的13年中经常发生，目的是为了保障合作伙伴关系的持久与稳定、项目持续运营以及价值增加。主要体现在合作伙伴关系的磨合期、成长期和成熟期，如图6-9所示。

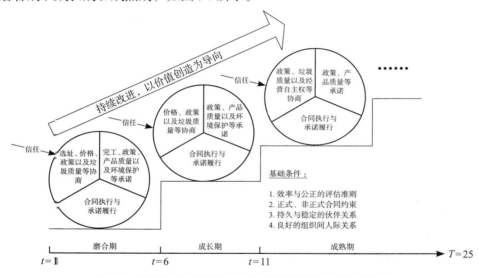

图6-9 政府和企业投资人合作伙伴关系维系的发展演化

（1）合作伙伴关系磨合期

合同签订生效后，该项目进入建设期，伙伴双方进行人、财、物等生产资料的投入，合作伙伴双方因材料采购、进度控制、成本管理以及纠纷处置等工作需要而进行协商、协调、协作或专用型资源投入，此阶段主要是资源投入、收益甚微；项目建设完工、验收合格移交运营，合作伙伴双方履行合同责任、共同投入资源，运营前三年内，政府的垃圾数量与质量保障不利、企业的经营管理、技术约束以及环保约束等问题频繁出现，导致项目出现"达不到设备设计要求、发电量不足、垃圾热量转化效率低以及公众反对"等问题，尤其是垃圾处理费问题，导致项目运营一直处于亏损、伙伴关系濒临破裂。

为了促进该项目持续运营，伙伴双方经过5次以上的谈判，重点是讨论如何保障项目的持续经营与投资的盈利性问题；最终决定：政府调整垃圾处理费、承诺垃圾数量与质量保障、税收优惠，企业负责技术问题处置、公众意见处理以及经营管理模式创新；在此前提下，项目逐步出现盈余，社会资本投资人主动进行技术创新与技术引进，政府积极进行生活垃圾分类处置等保障垃圾质量问题，这些积极行为促进合作伙伴关系跨越磨合期，进入成长期。

（2）合作伙伴关系成长期

在伙伴关系成长期，政府和企业投资人之间建立了垃圾数量与质量保障机制、风险分担机制以及公众参与机制，该项目的合作伙伴主体之间的关系逐步稳定。重庆市政府委托重庆市市政管理委员会下属的重庆市环卫局专门负责垃圾焚烧发电项目的生活垃圾供应等相关事宜；社会资本投资人不仅增加企业工作人员的专业知识与管理能力，而且中美合资开发适合中国情景的垃圾焚烧设备与技术，这也成为该社会资本投资人的技术优势，通过技术服务输出与设备生产销售获得收益。鉴于自主研发的垃圾焚烧技术与设备在该项目上的成功实施，这也推进了集团公司的垃圾焚烧发电设备组装批量生产与技术服务输出，从2009年开始，集团公司陆续开始进行技术与设备输出，也成为《生活垃圾焚烧炉及余热锅炉》(GB/T 18750—2008年)等3个国家和行业标准的主编单位。

在此阶段，政府政策、垃圾处理费与售电价格是项目运营成功的基础，也是社会资本投资人进行规模扩大与技术创新的重要保障。通过政府和企业投资人的共同努力，该项目在合同生效的第11年末已经具备偿还所有银行贷款和股东利益分配的潜力。尤其是在2012年，项目公司进行组织结构调整，引入中美合资企业，拓展项目公司的技术能力、融资能力与管理能力，使得该垃圾焚烧发电PPP/BOT项目成为国内典型案例。并且，这些业绩也促进项目社会资本投资人"重庆三峰环境产业集团有限公司"成为国内垃圾焚烧发电行业的领军企业（发改环资〔2012〕145号）。这些优异成果充分反映了政府和企业投资人合作伙伴关系从成长期进入成熟期。

（3）合作伙伴关系成熟期

在成熟期，除了政策、价格和生活垃圾数量质量等因素，经营方式、规模扩大或发展战略等方面需要重点关注。在政府税收、财政以及经济政策等支持下，集团公司在充分考虑设备设计能力、技术风险以及垃圾质量的前提下，调整每天生活垃圾处置量为120%～150%，促进电量的增加、项目收益增加和公众满意。截至2016年12月，集团公司在该项目的基础上拓展了24个垃圾发电BOT项目，在全球84个垃圾发电项目共有165条焚烧线的核心设备和技术业绩，这进一步体现了政府和企业合作的价值创造能力（图6-9）。

2. 项目带来的价值增值

该垃圾焚烧发电PPP/BOT项目的持续运营与价值实现是投资者资本价值增值的基础。根据集团公司公布的信息可知，集团公司的垃圾焚烧技术和设备在国内市场占有率为34%，行业地位领先，市场份额位居全国第一，其技术设备或服务已辐射到美国、德国、印度、埃塞俄比亚和泰国等国家，经济效益和社会效益非常显著，如表6-2所示。

基于伙伴关系的项目价值创造效果　　　　表6-2

类型	价值表现	备注
经济价值	项目的母公司总资产86亿元，尤其是2016年全年实现营业收入28亿元，利润总额4.3亿元	基于此BOT项目为项目公司的母公司带来的经济价值，截至2016年12月
经济价值	拓展了24个垃圾发电BOT项目	基于此BOT项目为项目公司的母公司带来的经济价值，截至2016年12月
经济价值	全球84个垃圾发电项目共有，165条焚烧线	基于此BOT项目为项目公司的母公司带来的经济价值，截至2016年12月
非经济价值	该垃圾发电项目成为国产化示范项目	基于此BOT项目为项目公司的母公司带来的非经济价值，截至2016年12月
非经济价值	国内垃圾焚烧发电行业的领军企业	基于此BOT项目为项目公司的母公司带来的非经济价值，截至2016年12月
非经济价值	中华环保优秀企业	基于此BOT项目为项目公司的母公司带来的非经济价值，截至2016年12月
非经济价值	"十大影响力"企业候选名单	基于此BOT项目为项目公司的母公司带来的非经济价值，截至2016年12月
非经济价值	生活垃圾焚烧领域领先企业年度标杆企业	基于此BOT项目为项目公司的母公司带来的非经济价值，截至2016年12月
非经济价值	中国垃圾焚烧发电PPP项目首选投资商	基于此BOT项目为项目公司的母公司带来的非经济价值，截至2016年12月
非经济价值	中国垃圾焚烧发电PPP项目技术领先奖	基于此BOT项目为项目公司的母公司带来的非经济价值，截至2016年12月
非经济价值	中国垃圾焚烧发电PPP项目最佳科普教育基地	基于此BOT项目为项目公司的母公司带来的非经济价值，截至2016年12月
非经济价值	主编了垃圾焚烧行业国家标准6项，参编11项	基于此BOT项目为项目公司的母公司带来的非经济价值，截至2016年12月
非经济价值	国家环境保护垃圾焚烧处理与资源化工程技术中心	基于此BOT项目为项目公司的母公司带来的非经济价值，截至2016年12月
非经济价值	生活垃圾焚烧技术国家地方联合工程研究中心	基于此BOT项目为项目公司的母公司带来的非经济价值，截至2016年12月
非经济价值	全国中小学环境教育社会实践基地	基于此BOT项目为项目公司的母公司带来的非经济价值，截至2016年12月

注：资料来源于该项目的母公司官网。

由此项目带动的一系列PPP/BOT项目、生产线或技术输出，不仅证明了稳定持久的政府和企业合作伙伴关系的价值创造能力，而且也为社会资本投资人带来了巨大的经济价值（如资产增加、利润增加、市场份额增加等）和非经济价值（如信誉提升、技术得到认可以及影响力增强等）。同时，这也减少了生活垃圾的污染和资源浪费，减轻政府财政压力和提升公共服务供给效率。

6.3 项目系统结构设计

6.3.1 模型构建

本书采用净现值（NPV）、资产收益率（ROA-Bank 和 ROA-Invest）、净资产收益率（ROE）和利息保障倍数分别反映项目经济性与经济价值、项目对银行或金融结构资金偿还能力、投资者盈利能力；采用带动就业人数、污染物减少量、生活垃圾得到处理（垃圾处理量）三个变量来反映 PPP 项目的公共价值，项目生产成本节约和交易成本节约测量 PPP 项目的伙伴关系价值；并采用成本收益分析法计算 PPP 项目的成本和收益，主要涉及生产成本、交易成本和经济收入三个子系统。以垃圾焚烧发电 PPP 项目为例，该类项目的成本系统不仅涉及从输入到产出的工程或技术成本等生产成本，而且也包含项目合同的谈判、协商、执行以及监督管理等发生的交易成本。为了比较清晰地理解与测量该项目的交易成本，基于交易成本经济学和项目生命周期理论，把该项目的交易成本分为事前交易成本和事后交易成本（Alston 等，1989 年；Soliño 等，2016 年）。结合垃圾焚烧发电 PPP 项目的基本属性，合理界定垃圾焚烧发电 PPP 项目的生产成本子系统和经济收入子系统的要素及其因果关系，并建立项目系统要素因果关系如图 6-10 所示，其中箭头上带有"+"表示箭头变量与箭尾变量发生相同变化，箭头上带有"-"箭头变量与箭尾变量发生相反变化。

在系统要素因果关系基础上构建如图 6-11 所示的项目现金流分析模型（系统方程，附件 5），把 NPV、ROA-Bank、ROA-Invest、ROE、利息保障倍数、伙伴关系价值、污染物减少量作为垃圾焚烧发电 PPP 项目的最终输出变量，其计算公式为：

$$\text{净现值}(NPV) = \text{经济收入}(EI) - \text{生产成本}(PC) - \text{交易成本}(TC) \tag{6-1}$$

$$ROA\text{-}Bank = \text{税前利润}/\text{银行贷款总额} \tag{6-2}$$

$$ROA\text{-}Invest = \text{税前利润}/\text{项目总投资} \tag{6-3}$$

$$ROE = \text{净利润}/\text{权益总额} \tag{6-4}$$

$$\text{利息保障倍数} = \text{息税前利润}/\text{利息费用} \tag{6-5}$$

$$\text{伙伴关系价值} = \text{生产成本减少量} + \text{交易成本节约量} \tag{6-6}$$

$$\text{污染物减少量} = \text{垃圾处理量}(Time) \times \text{单位垃圾处理污染物减少系数} \tag{6-7}$$

垃圾焚烧发电 PPP 项目系统的状态变量是项目特许经营期内所有年份的经济收入、生产成本和交易成本，并利用系统动力学模型中表示积累变化的 $INTEG(m, n)$ 函数进行运算，其中 m 代表变量的变动量、n 表示变量的初始值，计算公式为：

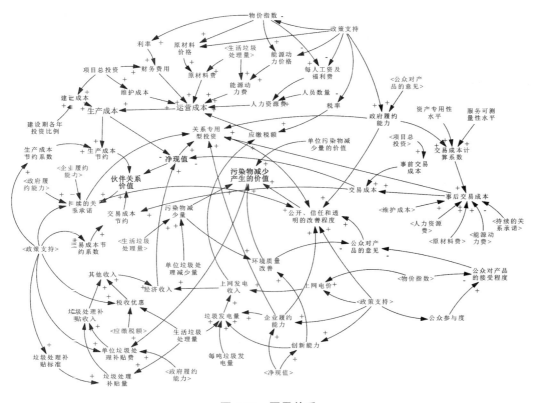

图 6-10 因果关系

$$PC=INTEG[(建设成本+运营成本)/(1+折现率)^{Time},0] \quad (6-8)$$

$$EI=INTEG[(垃圾处理收入+上网发电收入)/(1+折现率)^{Time},0] \quad (6-9)$$

$$TC=INTEG[((事前交易成本+事后交易成本)/Time)/(1+折现率)^{Time},0] \quad (6-10)$$

决策变量和辅助变量是系统动力学模型计算仿真的重要变量，垃圾焚烧发电PPP项目系统决策变量和辅助变量如表6-3所示；其中决策变量是建设成本、运营成本、事前交易成本、事后交易成本、垃圾处理收入和上网发电收入，其他变量均是辅助变量。另外，生活垃圾处理量是PPP项目公司某一年处理生活垃圾的实际数量。在建设期，单位垃圾处理补贴费、上网电价、原材料价格、能源动力价格以及人力资源费一般不发生，因此模型中单位垃圾处理补贴费、上网电价、原材料价格、能源动力价格、人力资源费等五个变量的处理按照式6-11的形式执行，其中，B 为常数，$T0$ 为项目建设期。

$$变量 = IF\ THEN\ ELSE(Time > T0, B, 0) \quad (6-11)$$

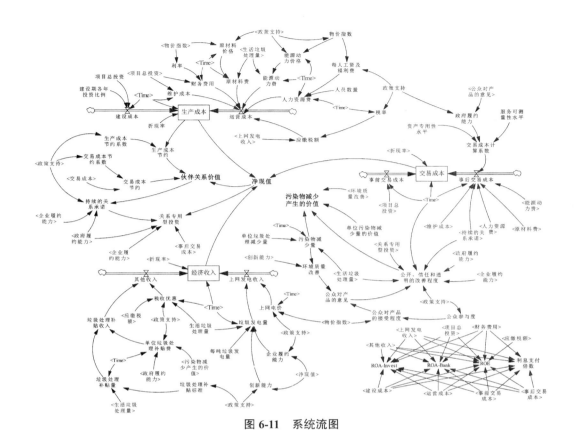

图 6-11 系统流图

主要决策变量和辅助变量的释义　　　　表6-3

变量名称	关系表达式	备注
建设成本	=项目总投资×建设期各年投资比例（Time）	建设期各年投资比例采用表示积累变化的表函数进行计算
运营成本	=人力资源费+原材料费+维护成本+能源动力费	人力资源费主要涉及人工工资及福利
维护成本	=IF THEN ELSE（Time＞T0，项目总投资×a，0）	T0为项目建设期，a为维护成本占项目总投资的比例
事前交易成本	=IF THEN ELSE（Time＞1，0，项目总投资×0.02）	事前交易成本为合同价值的2%（Dudkin等[①]，2005年），合同价值是项目总投资
事后交易成本	=IF THEN ELSE（Time＞2，k×I，0）	k为事后交易成本计算系数，I是原材料费、能源动力费、维护成本、人力资源费的总和
垃圾处理收入	=单位垃圾处理补贴费×垃圾处理补贴量	单位垃圾处理补贴费是政府对项目公司处理1吨生活垃圾的补贴价格

---

① Dudkin G., Välilä T. Transaction costs in public-private partnerships: a first look at the evidence[R]. Economic and Financial Report, European Investment Bank, 2005.

续表

变量名称	关系表达式	备注
上网发电收入	=上网电价×垃圾发电量	上网电价为电力公司支付给项目公司生产1千瓦时电量的价格
原材料费	=原材料价格×生活垃圾处理量（Time）	原材料价格是处理1吨生活垃圾所消耗的原材料费用
能源动力费	=能源动力价格×生活垃圾处理量（Time）	能源动力价格是处理1吨生活垃圾所消耗的能源动力费用
垃圾处理补贴量	=IF THEN ELSE（生活垃圾处理量（Time）/365>=日均垃圾处理量标准，生活垃圾处理量（Time），日均垃圾处理量标准×365）	垃圾处理补贴量和最低日均处理量标准在项目特许经营协议中有相应的规定
垃圾发电量	=每吨垃圾发电量×生活垃圾处理量（Time）	每吨垃圾发电量根据发电设备和垃圾特征选取
单位垃圾处理量的污染物减少系数	=单位垃圾焚烧处理的污染物排放量—单位垃圾填埋处理的污染物排放量	根据生活垃圾填埋处理和焚烧发电处理两种方式的污染物排放量进行分析
生产成本节约	=生产成本×相应节约系数	采用PPP模式与传统模式在生产成本方面的优劣比较
交易成本节约	=交易成本×相应节约系数	采用PPP模式与传统模式在交易成本方面的优劣比较
关系专用型投资	=IF THEN ELSE（Time>2，0，交易成本+适应成本计算系数×合同价值）	对于适应成本的测算，参照Bajari等（2014年）的成果，计算系数选取7.5%

6.3.2 参数计算

该垃圾焚烧发电厂的处理能力为1200吨/日（每年43.8万吨），项目总投资约为3.2亿元，建设期为2年，第1年投资比例为45%、第2年投资比例为55%。项目的特许经营期为25年（含建设期）；对于垃圾处理补贴费的处理，当政府提供的日均垃圾处理量低于1200吨时，政府将按照1200吨的标准支付补贴费；项目建成投产后采用等本付息的方式偿还银行贷款；每年投入的维护成本为项目总投资的5.5%，并且自用电量占发电量的12%，其他数据如表6-4和表6-5所示。

变量说明及赋值　　　　　　表6-4

变量	折现率	上网电价	垃圾处理补贴费	每吨垃圾发电量	原材料价格	能源动力价格	人力资源费
取值	10%	0.65元/千瓦时	69.9元/吨	255千瓦时/吨	19元/吨	42元/吨	900万元/年

生活垃圾物理组分　　　　　　　　　　　　　　　表 6-5

成分	餐厨、果皮类	纸类	橡塑类	纺织类	木竹类	渣石、灰土类	玻璃、砖瓦类	金属类
理论比例[①]	55.8%	7.6%	15.1%	3%	2.6%	13.2%	1.5%	0.2%
现实情况[②]	60.42%	8.24%	12%	5.44%	7%	0	3.12%	0.14%

1. 环境效益（公共价值）

根据李欢等（2011年）的研究成果，假设生活垃圾全部厌氧填埋，填埋1千克生活垃圾约产生0.047千克甲烷（CH_4）和0.128千克二氧化碳（CO_2），相当于1.108千克当量的二氧化碳（CO_2）；假设生活垃圾全部焚烧发电，焚烧1千克生活垃圾约产生0.561千克二氧化碳（CO_2），排放处理，减排33%（重庆市环境科学研究院[③]，2015年）；则1千克生活垃圾焚烧发电产生的二氧化碳（CO_2）排放量比填埋1千克生活垃圾产生的二氧化碳（CO_2）排放量减少0.732千克当量的二氧化碳（CO_2）。为了充分反应污染物减少量的效益，引入碳交易价格（重庆2016年碳交易价格平均值为3.35元/吨[④]），测算碳减少量产生的经济效益。

2. 生产成本节约量

采用物有所值评价中项目的成本要素反映生产成本，如附录6中"Pan/Parapan American Aquatics Centre（PAAC）"项目的物有所值评价报告中的成本要素由设计成本、开发成本、融资成本、风险保留引起的成本、法律咨询成本以及技术咨询成本等构成[⑤]；附录6显示的加拿大安大略省PPP项目的成本节约情况，与PSC（public sector comparator）方案项目，PPP项目的成本可节约范围处于8%～17%。而英国政府委托Arthur Andersen and Enterprise LSE进行PFI（Private Finance Initiative）研究，其

---

① 柴晓利，王冬扬，高桥史武，等.我国典型垃圾焚烧飞灰物化特性对比[J].同济大学学报（自然科学版），2012，40（12）：1857-1862.

② 重庆市环境科学研究院.重庆市第三垃圾焚烧发电厂项目环境影响报告书[R].重庆市环保局，2015年.

③ 重庆市环境科学研究院.重庆市第三垃圾焚烧发电厂项目环境影响报告书[R].重庆市环保局，2015年.

④ 重庆碳排放权交易中心.重庆碳排放权交易日趋活跃[EB/OL].http：//www.cqets.cn/news/media/118.html，2016年8月29日.

⑤ Transaction Finance Infrastructure Ontario. Value For Money Assessment—Pan/Parapan American Aquatics Centre，Field House and Canadian Sport Institute of Ontario（CSIO）Project[R]. http：//infrastructureontario.org.

研究报告"Value for Money Drivers in the Private Finance Initiative"表明采用PFI模式的公共项目比采用传统模式的公共项目成本节约17%（Arthur Andersen & Enterprise LSE[①]，2000年）；Aziz（2007年）对英国10个采用PFI模式的交通项目进行对比研究，结果显示PFI模式比传统模式的成本节约平均值为15%。为了合理界定生产成本节约程度，作者多次对该项目进行实地考察、对企业主管交流以及驻场观察，同时访谈垃圾焚烧发电的专家学者，综合各方意见，经过多次测算与讨论，将特许经营期内生产成本节约平均比例界定为7%，该项目的管理人员也认为比较接近实际值。

3. 交易成本节约量

对于交易成本节约程度，Whittington[②]（2008年）通过六个美国高速公路项目研究，提出DBB（Design-Bid-Build）模式的事后交易成本为合同价值的平均值为12.6%；前述界定的事后（运营阶段）交易成本系数k的取值范围是7.8%~8.5%，由于该企业是重庆市唯一一个具有垃圾焚烧发电资质的企业，如果该项目不采用PPP模式，则政府采用传统模式建设与运用，仍然要委托该企业进行项目运营，只是项目建设阶段可能由政府负责承包商选择等事宜，项目建成后移交该企业。Martimort等（2008年）认为"当生产外部性是正向的情境下，建设与运营一体化的PPP模式可以更好地内部化外部性，从而改善激励与增加福利；并且技术驱动是决策的重要因素"；Carpintero等（2015年）指出"建设与运营捆绑的PPP模式可以激励伙伴主体从全寿命周期视角考虑项目成本与产品质量"；而该项目的外部效应是积极正向的，建设与运营一体化可以内部化外部性，从而降低成本。另外，课题组对该项目的企业领导和财务主管访谈，得到的回复如下：

> "尽管我们企业是当地唯一一家具有垃圾焚烧发电资质的企业，但是不同的运营模式给企业效益和项目成本带来显著影响。当政府采用外包模式，我们企业是该项目的承包企业，按照政府的要求进行项目运营，政府支付任何成本或费用，我们可以不考虑技术创新、管理模式优化等；当采用PPP模式情境下，我们企业和政府是合作关系，我们按照市场规律设置运营模式，在保障合同责任的前提下，通过事前管理、技术创新和管理模式优化等途径降低项目成本和提升企业效益，实现股东利益最大化和项目效益最优；根据历年的财务统计，我们发生的

---

① Arthur Andersen & Enterprise LSE. Value for Money Drivers in the Private Finance Initiative included in Public-Private Partnership, The Government's Approach[R]. London: Stationery Office, HM Treasury, 2000.

② Whittington J. M. The transaction cost economics of highway project delivery: design-build contracting in three states[D]. Doctoral Dissertation. University of California, Berkeley, CA, USA, 2008.

协调成本、谈判成本和信息成本等成本节约大概在3%~6%；并且我们的规模效益越明显，总成本仍会减低。"

结合访谈信息，课题组多次讨论，将特许经营期内交易成本节约平均比例界定为4%，该项目的管理人员也认为比较接近实际值和符合未来发展趋势。

4.事后交易成本计算系数

合同签订后，PPP项目交易成本主要是伙伴关系维系成本，伙伴关系维系是PPP主体通过专用性资产投入，维护合作关系的稳定性和项目运营的可持续性。资产专用性是合同协商、实施与监管的关键性指标，合同主体根据项目的资产专用性和服务可测量性进行合同管理方式选择；Brown等（2003年）提出"居民固体垃圾收集"和"固体垃圾处理"的资产专用性和服务可测量性分别为3、2.06和3.33、2.12（采用五分制标准），为了简化计算，取平均值，则垃圾焚烧发电项目的资产专用性为3.16（占比3.16/5=0.632）、服务可测量性为2.09（2.09/5=0.418）并将此指标作为事后交易成本的修正因子之一。另外，政府履约能力和行政执行力度是PPP项目合作效率的必要条件（叶晓甦等，2013年），也是引起PPP项目风险错配、成本变动和制度成本的关键因素（Ke等，2013年；Zhang等，2015年）；因政府或制度的原因可能导致2%~6%的资本成本增加（Guasch等[①]，1999年；Percoco，2014年），政府履约程度的增加可以降低交易成本。因此，结合项目特征以及专家咨询意见，本研究选择资产专用性、服务可测量性和政府履约能力作为事后交易成本计算系数的影响因子基础，则$k=(1-政府履约程度(Time)/10)\times 0.02+[(0.632\times 0.5+0.418\times 0.5)\times 0.147]$。

5.生活垃圾处理量

对于生活垃圾处理量，项目当地的经济发展水平、政府履约程度和生活垃圾预估量对该垃圾焚烧发电项目的生活垃圾供应量具有重要影响（Karavezyris等，2002年）。由于该项目的历史数据档案记录不完整，只有10年左右的数据，其他年份的数据缺失，根据项目管理人员提供的垃圾处理量平均值，运用Mamdani模糊推理方法对项目所在地区的生活垃圾处理量进行测算。结合对该垃圾焚烧发电项目的调查，采用三角形隶属度函数，对生活垃圾处理量的评判分为很少、少、一般、多和很多五个等级，该变量的评判取值范围为28万~68万吨/年；对生活垃圾供应量预估的评判分为低、中、高三个等级，该变量的评判取值范围为35万~55万吨/年；对政府履约程度和经济发展水平的评判均分为低、中、高三个等级，对这两个变量的评判设定

---

① Guasch J L, Spiller P. Managing the Regulatory Process: Design, Concepts, Issues and the Latin America and Caribbean Story[S]. The World Bank, Washington, D.C, 1999.

在 0～10 的范围内取值。由此，生成对各变量隶属度函数如图 6-12～图 6-14 所示。

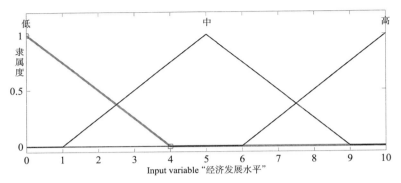

图 6-12 经济发展水平的隶属度函数

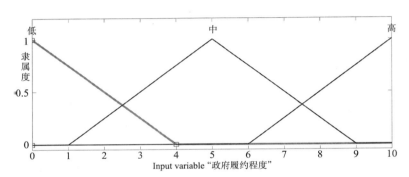

图 6-13 政府履约程度的隶属度函数

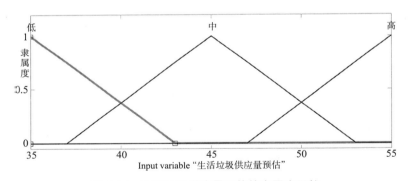

图 6-14 生活垃圾供应量预估的隶属度函数

在此基础上，定义"IF-THEN"规则，共生成 27 条规则，如图 6-15 所示。

利用 MATLAB 的 FUZZY 工具箱进行模拟仿真，获得生活垃圾处理量与生活垃圾供应量预估、政府履约程度和经济发展水平的数学关系，并按照规则对生活垃圾供应量预估、政府履约程度和经济发展水平进行相应取值，得到垃圾处理量预测曲线和模拟图，如图 6-16 所示。

if（生活垃圾供应量预估 is 低）and（政府履约程度 is 低）and（经济发展水平 is 低）then（生活垃圾处理量 is 很少）。
if（生活垃圾供应量预估 is 低）and（政府履约程度 is 中）and（经济发展水平 is 低）then（生活垃圾处理量 is 很少）。
if（生活垃圾供应量预估 is 低）and（政府履约程度 is 高）and（经济发展水平 is 低）then（生活垃圾处理量 is 少）。
if（生活垃圾供应量预估 is 低）and（政府履约程度 is 中）and（经济发展水平 is 中）then（生活垃圾处理量 is 很少）。
if（生活垃圾供应量预估 is 低）and（政府履约程度 is 中）and（经济发展水平 is 中）then（生活垃圾处理量 is 少）。
if（生活垃圾供应量预估 is 低）and（政府履约程度 is 高）and（经济发展水平 is 中）then（生活垃圾处理量 is 少）。
if（生活垃圾供应量预估 is 低）and（政府履约程度 is 中）and（经济发展水平 is 高）then（生活垃圾处理量 is 一般）。
if（生活垃圾供应量预估 is 低）and（政府履约程度 is 高）and（经济发展水平 is 高）then（生活垃圾处理量 is 一般）。
if（生活垃圾供应量预估 is 中）and（政府履约程度 is 中）and（经济发展水平 is 低）then（生活垃圾处理量 is 少）。
if（生活垃圾供应量预估 is 中）and（政府履约程度 is 高）and（经济发展水平 is 低）then（生活垃圾处理量 is 一般）。
if（生活垃圾供应量预估 is 中）and（政府履约程度 is 低）and（经济发展水平 is 中）then（生活垃圾处理量 is 少）。
if（生活垃圾供应量预估 is 中）and（政府履约程度 is 中）and（经济发展水平 is 中）then（生活垃圾处理量 is 一般）。
if（生活垃圾供应量预估 is 中）and（政府履约程度 is 高）and（经济发展水平 is 中）then（生活垃圾处理量 is 一般）。
if（生活垃圾供应量预估 is 中）and（政府履约程度 is 中）and（经济发展水平 is 高）then（生活垃圾处理量 is 多）。
if（生活垃圾供应量预估 is 中）and（政府履约程度 is 高）and（经济发展水平 is 高）then（生活垃圾处理量 is 多）。
if（生活垃圾供应量预估 is 高）and（政府履约程度 is 低）and（经济发展水平 is 低）then（生活垃圾处理量 is 一般）。
if（生活垃圾供应量预估 is 高）and（政府履约程度 is 中）and（经济发展水平 is 低）then（生活垃圾处理量 is 多）。
if（生活垃圾供应量预估 is 高）and（政府履约程度 is 高）and（经济发展水平 is 中）then（生活垃圾处理量 is 多）。
if（生活垃圾供应量预估 is 高）and（政府履约程度 is 中）and（经济发展水平 is 中）then（生活垃圾处理量 is 多）。
if（生活垃圾供应量预估 is 高）and（政府履约程度 is 低）and（经济发展水平 is 高）then（生活垃圾处理量 is 很多）。
if（生活垃圾供应量预估 is 高）and（政府履约程度 is 中）and（经济发展水平 is 高）then（生活垃圾处理量 is 很多）。
if（生活垃圾供应量预估 is 高）and（政府履约程度 is 高）and（经济发展水平 is 高）then（生活垃圾处理量 is 很多）。

图 6-15　Mamdani 模糊推理规则

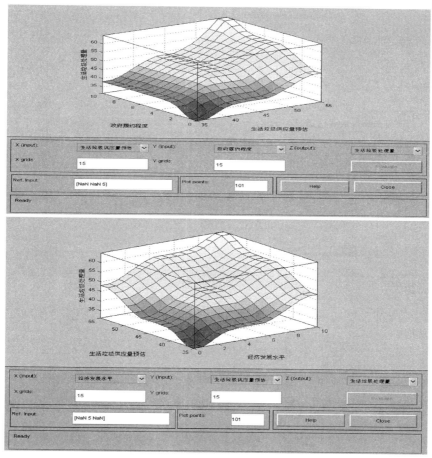

图 6-16　垃圾处理量预测曲线

对生活垃圾供应量预估、政府履约程度和经济发展水平三个变量的取值进行评判并作为输入变量,运用FUZZY工具计算,得到生活垃圾处理量的输出值。例如,当生活垃圾供应量预估为40万吨/年、政府履约程度判定为"6"、经济发展水平判定为"6"时,得到如图6-17所示的模拟结果,即生活垃圾处理量约为43万吨/年。基于评判原则,结合该项目的实际情景,对生活垃圾处理量进行预测,结果如表6-6所示。

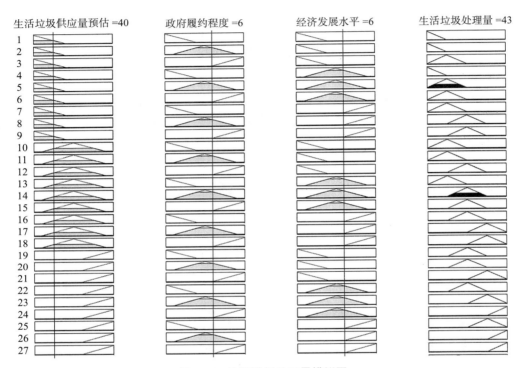

图6-17 生活垃圾处理量模拟图

生活垃圾处理量数据　　　　　　　　表6-6

年份	第1～2年	第3～12年	第13～16年	第17～25年	第26～30年
垃圾供应量预估(万吨/年)	—		43	43	43
政府履约程度	—	采用该项目实际值	7	8	9
经济发展水平	—		7	8	9
生活垃圾处理量(万吨/年)	0		51.4	54.6	58

6.3.3 模型检验

模型检验是构建系统动力学模型的一个必不可少的环节,模型检验是为了验证模型与真实系统的一致性与否,保证模型的适用性,最终得到与真实系统高度一致的模型。模型检验主要包括模型边界测试、量纲一致性检验、模型结构测试、参数估计测试以及极端情况测试（李旭，2009年）。

1. 模型边界测试

模型边界测试主要是确定系统的边界能否形成闭合的回路，确定重要的变量、研究因素有没有包含在系统里，同时剔除影响不显著的因素，保证模型系统边界的合理性。本书中通过系统因果回路图确定系统的边界可以形成闭合的回路。通过文献研究以及专家访谈最终确定的影响因素也是经过了严格的筛选以保证因素的显著性。通过对该垃圾焚烧发电项目现状的了解保证了模型中确定的变量是重要的、必不可少的。

2. 量纲一致性检验

量纲一致性检验是在保证量纲具有现实意义的条件下，模型中反映变量间相互关系的方程左右两边的量纲是一致的。Vensim软件中可以通过操作来验证量纲一致性，本书通过了检验。

3. 模型结构测试

模型结构测试是检验模型各个变量间的关系是否合理，是否符合建筑废弃物处置的现实情况。模型结构测试可以通过分析因果回路图中变量之间的逻辑关系来确定。因为因果回路图是在充分了解该垃圾焚烧发电项目现状、参考相关文献、咨询专家的基础上构建的，所以本研究建立的模型结构测试通过。

4. 参数估计测试

参数估计测试主要是检验模型中参数的数值或函数关系是否与实际情况吻合。本模型在构建过程中，参数的估计是通过文献查阅、问卷调查与专家访谈的方法，与相关专家多次进行沟通后确定的，基本符合实际情况。

5. 极端情况测试

极端情况测试主要是通过对模型中的变量取极端值（0或无穷大）来检测模型是否在极端情况下的结果也能与现实中的规律相符，从而判断模型中方程的可靠性。经验证，本文中的系统模型通过了极端情况测试。

以生活垃圾处理量为例进行极端情况测试说明，运行结果如图6-18～图6-22所示。图6-18表明生活垃圾处理量为0时的项目经济收入为0，造成这种情况的原因是：生活垃圾处理量越少，企业处理生活垃圾的焚烧发电量越少，生活垃圾处理量变为0时，政府对其补贴也减少至0（不考虑员工失业等问题），使企业经济收入减少，与实际情况相符。如图6-19和图6-20所示，表明当生活垃圾处理量为0时，污染物减少量、原材料费和能源动力费均为0，因为生活垃圾处理量不被焚烧处理，其污染物排放量与填埋相比不存在节约、也不需要购置原材料与损耗能源动力，所以企业没有生活垃圾的来源，不生产就不产生污染物、也不消耗原材料和能源动力。图6-21和图

6-22反映了生活垃圾处理量为0时的项目生产成本和交易成本的变动,虽然生活垃圾处理量为0表明企业不生产,但是仍存在设备维修维护、员工工资和前期投资偿还问题,并且项目签订合同的谈判、讨价还价以及信息搜寻等成本已经发生,所以企业的生产成本和交易成本不会为0,但是与生活垃圾处理量不为0相比,生活垃圾处理量为0的项目生产成本和交易成本是减少的,这符合实际。综上,该项通过极端测试。

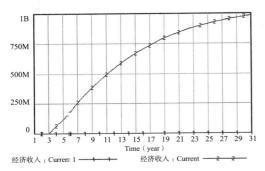

图 6-18 生活垃圾处理量极端条件下的项目经济收益测试

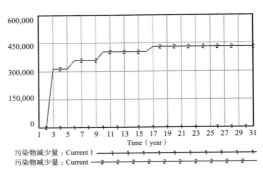

图 6-19 生活垃圾处理量极端条件下的污染物减少量测试

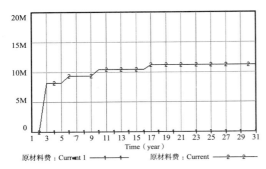

图 6-20 生活垃圾处理量极端条件下的原材料费和能源动力费测试

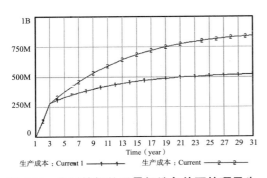

图 6-21 生活垃圾处理量极端条件下的项目生产成本测试

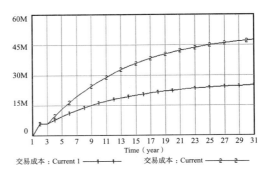

图 6-22 生活垃圾处理量极端条件下的项目交易成本测试

6.4 风险与特许价格的价值效应测量

6.4.1 PPP项目价值计算

根据项目的特许经营期大小，将系统运行时间设置为30年，涵盖特许经营期长度。运用Vensim PLE软件对垃圾焚烧发电PPP项目进行模拟分析，结果如表6-7和表6-8所示。图6-23～图6-26分别反映该PPP项目的净现值、污染物减少量、污染物减少量产生的效益和伙伴关系价值的变动趋势。

项目净现值模拟结果　　　　　　　　　　　　　　　　　　　表6-7

年份	净现值（万元）	年份	净现值（万元）	年份	净现值（万元）	年份	净现值（万元）
1	−13672.7	9	−14935.6	17	−809.812	25	6682.63
2	−28792.1	10	−12587.1	18	451.918	26	7289.88
3	−27987.9	11	−10442.3	19	1603.48	27	7844.04
4	−27237.9	12	−8479.83	20	2654.49	28	8347.82
5	−24803.3	13	−6687.7	21	3613.70	29	8805.81
6	−22004.1	14	−5051.19	22	4489.13	30	9222.16
7	−19433.5	15	−3556.8	23	5288.08		
8	−17083.7	16	−2192.22	24	6017.21		

伙伴关系价值模拟结果（考虑时间价值）　　　　　　　　　　　表6-8

年份	伙伴关系价值（万元）	年份	伙伴关系价值（万元）	年份	伙伴关系价值（万元）	年份	伙伴关系价值（万元）
1	939.636	9	4039.2	17	5300.57	25	5895.69
2	1997.99	10	4255.71	18	5403.04	26	5942.19
3	2357.06	11	4451.85	19	5495.86	27	5984.31
4	2682.17	12	4629.39	20	5579.96	28	6026.6
5	2992.38	13	4790.22	21	5656.16	29	6057.41
6	3294.48	14	4935.92	22	5725.18	30	6089.05
7	3567.66	15	5067.91	23	5787.72		
8	3815.09	16	5187.48	24	5844.37		

如图6-23所示，为垃圾焚烧发电PPP项目的净现值变化趋势，正交易成本降低了项目的净现值，延长了社会资本投资者收回投资的动态投资回收期；根据系统运行结果可得到交易成本占项目总成本的比例约为5.32%。如图6-27所示，反映了银行等

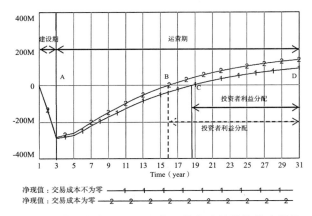

图 6-23 垃圾焚烧发电 PPP 项目净现值变动的趋势线（单位：元）

债权人和投资人关注的（净）资产收益率变化趋势；在交易成本不为零的情况下，从第 18 年初开始，项目 ROE 基本维持在 15% 左右，利息支付倍数维持在 31 以上，说明项目资产具有较好的盈利能力和偿债能力；正交易成本降低了项目的资产收益率（ROA）和净资产收益率（ROE），削弱了项目偿还投资能力和盈利能力，从而影响 PPP 项目的绩效、资产价值和可融资性。

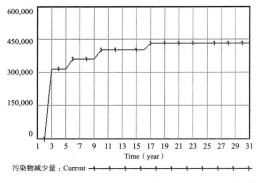

图 6-24 污染物减少量的趋势线（单位：吨/年）   **图 6-25 污染物减少量产生的效益趋势线（单位：元/年）**

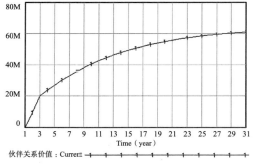

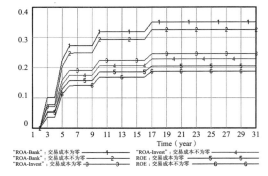

图 6-26 伙伴关系价值的变动趋势（单位：元）   **图 6-27 （净）资产收益率变化趋势**

6.4.2 特许价格对项目价值的影响

根据表5-7的统计信息可知，在折现率为10%、交易成本不为零的情境下，可计算得到该项目的动态投资回收期约为17.64年。在其他因素不变的条件下，特许经营期25年是能够保证项目经济可行。当交易成本为零时，垃圾焚烧发电PPP项目的动态投资回收期约为14.91年，与正交易成本条件下相比缩短了约2.73年，如图6-23所示；对于投资者来说，获取投资收益的时间点提前和可供分配的金额增加，有利于减少资金风险；对于银行等债权人来讲，因利率约束导致其收益基本不变，但增强了项目的债务偿还的稳定性。

在其他条件不变的情况下，该项目进入经营期，特许价格与项目价值同步变化，即特许价格的增加引起PPP项目价值的增加，特许价格的减少引起项目价值的减少。如图6-28所示，反映了单位垃圾处理费（特许经营价格）减少20%（Current1）、减少10%（Current2）、增加10%（Current3）、增加20%（Current4）和初始状态（Current）的项目价值变化情况。在折现率为10%、交易成本不为零以及其他影响因素不变的情况下，若单位垃圾处理费由69.9元/吨增加到76.89元/吨或83.88元/吨，则第17年末项目价值将变为1371.69万元或3553.19万元，第17年末ROE将变为0.1837或0.1965，第17年末利息支付倍数将变为29.71或31.36；若单位垃圾处理补贴费由69.9元/吨降低到62.91元/吨或55.92元/吨，则第17年末项目价值将减少到-2991.3万元或-5172.79万元，第17年末ROE将变为0.1579或0.1449，第17年末利息支付倍数将变为26.41或24.76。

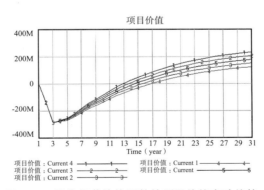

图6-28 特许经营价格调整的项目价值变动趋势

6.4.3 风险对项目价值的影响

1. 调整每吨垃圾发电量（垃圾质量风险）

如图6-29所示，反映了每吨垃圾发电量减少20%（Current1）、减少10%（Current2）、增加10%（Current3）、增加20%（Current4）和初始状态（Current）的项目价值的变化情况。在折现率为10%、交易成本不为零以及其他影响因素不变的情况下，若垃圾热值由255千瓦时/吨增加到280.5千瓦时/吨或306千瓦时/吨，则第17年末项目价值将变为4035.81万元或8881.4万元，第17年末ROE将变为0.1961或0.2249，第17年末利息支付倍数将变为32.05或36.04；若每吨垃圾发电量由255千瓦时/吨降低到229.5千瓦时/吨或204千瓦时/吨，则第17年末项目价值将减少到-5655.39万元或-10501万元，第17年末ROE将变为0.1419或0.1148，第17年末利息支付倍数将变为24.07或20.85。

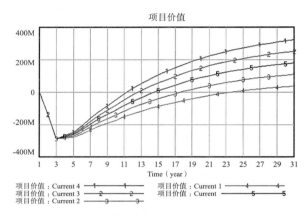

图 6-29　每吨垃圾发电量调整的项目价值变动趋势

2. 技术创新（技术风险）

企业是PPP项目建设与运营的关键主体，其经营状况直接影响PPP项目的持续性。创新是企业生存与发展的重要途径，企业通过技术、产品、制度、组织和管理等方面创新提升生产经营能力，增强市场竞争力和降低产品生产成本（常修泽等，1989年）；尤其是技术创新，在其他条件固定的情况下，技术创新和企业财务绩效的相关系数约为0.6，对企业盈利能力和财务绩效具有直接的、显著的影响（朱乃平等，2014年）。为了说明创新行为对PPP项目收益的影响，选择项目运营成本节约10%作为创新的效果，运用系统动力学模拟其作用结果，如图6-30所示。在折现率为10%、交易成本不为零以及其他影响因素不变的情况下，若企业创新导致项目运营成本减少10%，则第17年末项目净现值将变为3772.27万元、ROE变为0.195、利息支付倍数变为31.19、伙伴关系价值变为10477.1万元；第25年末，因企业创新引发PPP项目净现值增长44.68%。

3. 调整政府履约能力（履约风险）

政府履约失信是PPP项目的重要问题，也是政府机会主义行为的重要表现（王俊

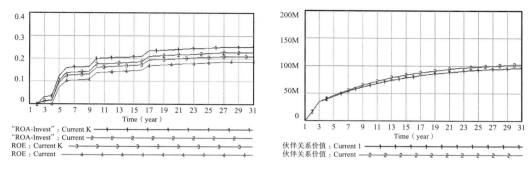

图 6-30 创新行为对项目资产收益与伙伴关系价值的影响

豪等，2016年）。政府履约能力对生活垃圾供应量存在重要影响。根据该项目的运营企业的反映，政府履约程度对生活垃圾供应量的影响大约在10%～20%，如果垃圾供应量不能满足垃圾焚烧炉的设计能力，不仅会降低发电量，还会降低设备运行效率和设备寿命，从而增加企业成本。为了反映政府履约能力对该PPP项目的影响，假设政府履约能力每降低一个等级，产生的后果是垃圾供应量减少10%。

如图6-31所示，Current曲线代表现状，Current1曲线代表政府履约能力由等级"9或8"降低为等级"7"，Current2曲线代表政府履约能力由等级"9"降低为等级"8"，反映了政府履约能力降低对项目资产收益率、净资产收益率、净现值、生产成本节约、交易成本节约和污染物减少量的影响。在折现率为10%、交易成本不为零以及其他影响因素不变的情况下，若政府履约能力由等级"8"减少到等级"7"，则第19年末项目净现值、ROE、利息支付倍数、生产成本节约、交易成本节约和污染物减少量将分别变为1078.51万元、0.1462、31.1、5311.69万元、167.668万元和388692吨当量CO_2。

当政府履约能力下降情境下，企业的垃圾处理量和发电量降低，导致企业收益降低，企业只能采取降低环境治理投资或增加协调谈判次数，通常企业在与政府达成一

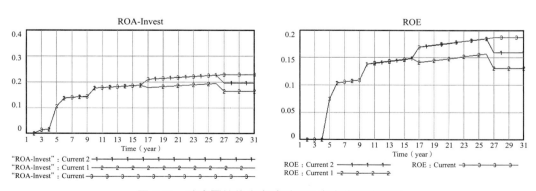

图 6-31 政府履约能力变动对项目资产收益的影响

致之前，采取降低环境治理投资，增加污染物排放量。为了反映政府履约程度对企业决策的影响，假设政府履约能力降低导致企业减排的污染物数量减少10%，以此来反映履约能力的效应。如图6-32所示，污染物减少量图的曲线Current2反映了政府履约能力下降引起企业环境治理弱化效应。在折现率为10%、交易成本不为零以及其他影响因素不变的情况下，第19年末的垃圾污染减少量从Current状态的431880吨当量CO_2降低到Current 2状态的421036吨当量CO_2，降低10844吨当量CO_2。

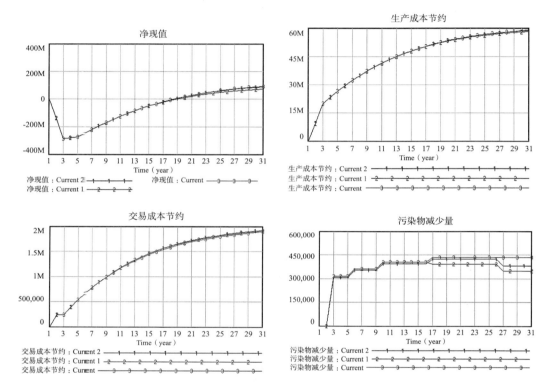

图 6-32 政府履约能力变动对项目价值的影响

4.调整污染物减少量（环境风险）

基于第4章的研究结论可知，公共价值是PPP项目中企业、社会公众和政府的价值实现前提，尤其是环境保护类项目。如图6-33所示，当该项目的污染物减少量为零时，项目净现值和经济收入减少。污染物减少量为零意味着PPP模式与传统模式相比不具优势，并且给社会公众带来价值损失；作为公众的代理人，政府根据特许协议相关要求，停止对该项目的补贴，并且要求项目整改，同时也考虑再谈判甚至更换项目合作伙伴。如图6-33所示，信息也证明了"公共价值的实现是经济价值与伙伴关系价值实现的基础"。

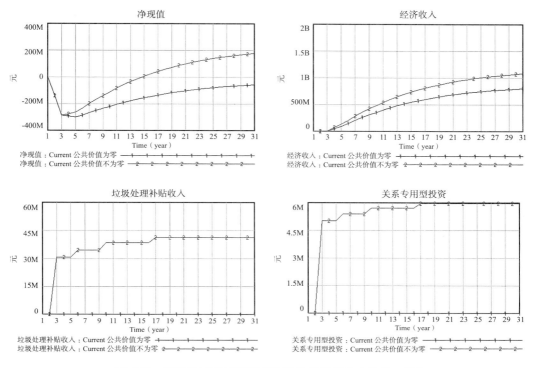

图 6-33 污染物减少量变动对项目价值的影响（单位：元）

6.4.4 结果讨论

在考虑交易成本的情境下，以项目价值为研究基点，以垃圾焚烧发电PPP项目为研究载体，运用投资学、项目融资和交易成本经济学等基本理论，分析并构建了考虑交易成本的PPP项目价值分析系统要素及其因果关系；基于系统工程基本原理，构建考虑交易成本的垃圾焚烧发电PPP项目价值系统动力学模型，运用系统动力学和模糊数学计算项目关键参数的变化对PPP项目价值分析模型的影响。在特定社会折现率水平下，利用系统动力学软件模拟了交易成本、特许经营期和特许价格等关键参数对PPP项目价值系统的作用效果；同时，探索了在特定净资产收益率（ROE）约束下项目关键参数的决策策略。

研究结果表明：①风险和价格的变动对PPP项目价值具有显著的影响，并且特许价格和风险与项目价值的变动是同向的，如特许价格增加（减少）引起项目价值增加（减少）；②风险对PPP项目价值的影响高于特许价格对项目价值的影响；③在风险方面，垃圾质量、履约能力和企业创新对PPP项目价值系统影响最为显著。

此外，正交易成本降低了项目价值，延长了社会资本投资者收回投资的动态投资回收期，降低了项目的资产投资率（ROA）、净资产收益率（ROE）和利息支付倍数，削弱了项目债务偿还能力和盈利能力,影响PPP项目绩效和资产价值;政府履约能力变动对项目收益和污染物排放具有重要影响,企业根据政府履约情况进行相应决策,选择"利己策略"是企业的首要选择,而这种政府"失约"行为引起的企业"利己"决策对项目价值和社会效益产生显著的消极影响。

在项目决策阶段,政府和社会资本投资者应充分考察项目所需垃圾的特性、合作伙伴的能力与资源、资本市场信息以及项目所在地经济政策,以降低履约风险、融资风险、财务风险和垃圾量风险;在此基础上,对PPP项目进行价值分析预测与评估,并对资金结构、特许经营价格和政府履约水平科学决策。

6.5 专用型投入的价值效应测量

6.5.1 数据来源说明

鉴于数据的可获取性和案例的完整性,本书选用统一案例的数据进行模型运算,该PPP项目的实物资本由固定资产投资、材料费、燃料动力费构成,人力资本由劳动者的工资及福利构成,伙伴关系维系专用型资本考虑项目实施过程中再谈判引发的适应成本(根据实际情况选择)。

6.5.2 模型运算与检验

1. 模型运算

基于系统动力学对该垃圾焚烧发电PPP项目系统的仿真数据,对该项目的物质资本、人力资本和关系维系投入进行计量分析,如表6-9所示,测度三个要素对PPP项

项目投入与产出信息(单位:万元)　　　　表6-9

时间	人力资本L	关系专用型资产投入S	项目价值TPV	生产性资本投入K
2007年	280	513.661	7267	6505.15
2009年	320	550.433	8314.8	7329.04
2010年	384	527.788	8314.8	7301.26
2013年	616	560.772	9295	7699.58
2015年	747	548.742	9295	7644.03
2020年	747	571.002	9971	7837.33
2025年	880	583.102	9971	7698.45
2030年	990	585.325	9971	7559.57
2034年	1023	589.783	9971	7559.57

注:基于调研对象的特殊要求,仅对部分数据公开。

目价值的贡献度，即计算出 α、β、γ 的数值。对于式6-12两边取对数，取对数的自变量与因变量之间的数学关系变成线性关系，如式6-13所示。

$$\text{TPV}(S, K, L) = A \times S^{\alpha} \times K^{\beta} \times L^{\gamma} \quad (6\text{-}12)$$

$$\ln\text{TPV}(S, K, L) = \ln A + \alpha \ln S + \beta \ln K + \gamma \ln L \quad (6\text{-}13)$$

式6-13中　A——综合技术要素；
　　　　　α——伙伴关系专用型资产投入的产出弹性；
　　　　　β——生产性资本的产出弹性；
　　　　　γ——人力资本的产出弹性。

在对变量进行序列平稳性检验时发现变量存在一阶序列相关，为了克服序列相关，本书又在模型中加入了 AR 项，运用Eviews8对式6-13进行最小二乘法估计，估计结果如下：

$$\begin{aligned}\ln TPV(S, K, L) = &-4.794 + 0.822\ln K + 0.931\ln S + 0.108\ln L \\ &+ [AR(1) = 0.27]\end{aligned} \quad (6\text{-}14)$$

式6-14的结果显示，该PPP项目的物质资本投入边际产出弹性为0.822（$p=0.0014$，$t\text{-}Statistic=3.6661$），伙伴关系维系专用型投入的边际产出弹性为0.931（$p=0.0000$，$t\text{-}Statistic=5.1677$），人力资本投入的产出弹性为0.108（$p=0.0000$，$t\text{-}Statistic=9.2084$）。

2. 模型检验

从统计检验输出信息可知，$R^2=0.9889$，回归方程具有较好的解释能力；残差的异方差检验（Heteroskedasticity Test）输出值Obs*R-squared的概率值 p 是0.2172（大于显著性水平5%），表明该模型不存在异方差（李子奈等，2010年），这也说明该模型符合C-D生产函数的前提假设（同方差假设）（Cobb and Douglas，1928年）。三个变量的回归系数均在99%水平下大于临界值，这表明单个变量显著。

根据德宾–沃森（Durbin-Watson）统计量临界表（李子奈等，2010年），当 $n=28$，$k=3$ 时，DW 值的上界（d_U）和下界（d_L）分别是1.56和1.26；而该模型输出的 DW 值是1.27，处于1.26-1.56范围内，故不存在序列自相关。三个变量的回归系数值为正且显著，表明伙伴双方物质资本投入、伙伴关系维系专用型投入、人力资本对该垃圾焚烧发电PPP项目产出增长有积极的作用。这一现象说明了伙伴关系维系对该PPP项目具有重要影响，这也促进PPP伙伴双方积极进行关系专用型投资，在维系伙伴关系稳定与可持续的基础上实现项目增值。

6.5.3 结果讨论

在式6-14中所测量的三个变量中，伙伴关系维系专用型资产投资的生产弹性系数最大，为0.931，说明维系伙伴关系对PPP项目价值提高具有重要作用，伙伴关系专用型资产投资每增加1%，可以促使PPP项目价值增长0.931%。生产性资本投入的生产弹性为0.822，对PPP项目价值仍然具有重要影响，生产性资本投入每增加1%，PPP项目经济收入将增加0.822%。人力资本对PPP项目价值的弹性为0.108，它对PPP项目价值的重要性次于伙伴关系维系专用型资产投入和生产性资本投入。这些研究的发现对于垃圾焚烧发电BOT项目的PPP伙伴关系维系与项目价值管理提供基础支撑。

（1）关系维系专用型资产投入对PPP项目价值的影响程度最高，这也反映出PPP伙伴关系维系的重要性。根据交易成本经济学可知，资产专用性导致项目既有投资很难再用于其他项目，具有较高的交易成本或转换成本；如果合作伙伴关系不稳定或终止，均会导致专用型资产损失或者变为"沉没资产"，最终导致投资无效或没有价值。从资源基础理论视角，专用型投资是能够产生经济租金的资源，对经济主体最大化产出具有重要意义；PPP伙伴关系也是一种混合组织形式，更是一个经济主体，通过公私伙伴双方对伙伴资源与能力的协调与协同，提升PPP价值创造能力。此外，关系资本的研究成果（如Kale等，2000年；陶青等，2002年；Kohtamäki等，2012年）也进一步证明伙伴关系专用型投入对关系结构和绩效的积极作用。

（2）生产性资本对PPP项目价值依然具有重要影响，它也是传统生产函数中的生产要素之一，也是伙伴主体双方按照合同约定进行的资产投入，对PPP项目建设、产品生产或服务供给具有基础作用；伙伴关系的建立也是建立在生产性资本投资的基础上，生产性资本的持续投入不仅是对合同的正常履行，更是对项目或合作伙伴释放的信任或持续承诺的信号，这也反过来增进合作伙伴之间的可信任度、关系质量和关系稳定性。

（3）人力资本投入对PPP项目价值的影响效果弱于资本投入，然而它是PPP项目产出增加不可或缺的生产要素。PPP伙伴关系的最直接体现是组织中人与人之间的社会关系或工作关系，稳定或持续的工作关系也是关系质量和持续承诺的关键信号，较好的个体工作关系能够促使组织间关系改善。此外，PPP项目的融资活动、建设活动、运营活动和管理任务的执行者依然是组织中的个体，个体的体力和智力是资源合理使用、顺利完成工作任务的基础保障和必要条件，集体努力改善项目效益或组织绩效，这也反过来增强个人的"合作思维倾向"，进而形成合作良性循环。

6.6 案例启示

根据案例分析得出的结论，本书主要具有以下管理启示：

（1）公共价值（污染物减少）是环保PPP项目持续经营和伙伴主体价值创造的基础。PPP项目是公共项目，公共性是其根本属性；采用政府和企业合作模式建设与运营公共项目的最终目标是提供公共服务和实现公共利益最大化。公共价值是PPP项目政府和企业投资人建立合作伙伴关系的基本理念和价值逻辑。因此，PPP伙伴主体应立足于公共价值，通过资源、能力等投入，提升合作伙伴关系价值，最终提高伙伴主体从公共价值中获取的价值增值。绝不能因为顾虑个体或单个组织的机会主义行为而"逆向选择"，失去PPP项目的根本目标。

与商业项目中伙伴关系不同的是，PPP项目伙伴关系是伙伴主体以"公共利益"为导向，通过互补性资源与能力的投入，以公平、平等与透明为原则建立的合作伙伴关系，在实现公共价值的基础上通过伙伴主体创新创造新的价值。具体来说，伙伴主体在PPP项目中，都要把PPP项目的公共价值放在第一位，积极向伙伴关系中投入自身的优势资源与能力，伙伴主体协作、协同与协调，建立与维系相互依赖和互利互惠的伙伴关系，为PPP项目价值最大化奠定基础。

（2）引入交易成本要素对PPP项目价值测算具有重要意义。根据Coase（1960年）的研究结论"交易成本在交易活动中一直存在"和Williamson（1981年）的主要结论"交易成本包括信息成本、协商与谈判成本、合同执行与监管成本以及绩效测量成本等"可知，PPP项目全寿命周期中也一直存在交易成本，并且对PPP项目成本计量和价值估算具有重要影响。然而，我国现行对PPP项目"物有所值"评价中的价值测算缺少对交易成本的测算，该垃圾发电PPP项目的交易成本占总成本的比例是5.32%。根据PPP实践先进的国家和地区的经验可知，交易成本在PPP项目特许经营期内所占总成本的比例最大达到14%。若不考虑交易成本，PPP项目前期价值测算会存在"高估"行为，这不利于伙伴主体的合理决策，导致PPP项目运营中产生机会主义行为。

与其他国家不同的是，中国存在自身特有的文化背景，尤其是以人为本的和谐文化、人际关系特征，这是我国的文化特色和优良传统；这些特色更注重PPP项目中利益相关者之间的利益协调、关系和谐、持续信任与关系维系，实现这些特定目标需要专用性投入，从而促进合作伙伴主体利益共享、项目持续运营、公共利益最大化。

（3）关系维系专用型投入对PPP项目价值具有直接的影响和关键性贡献。建立与维系合作伙伴关系的本质是伙伴主体的价值增值，而关系专用型投入是PPP项目伙伴关系持续稳定和价值创造起点。因此，PPP伙伴主体应重视伙伴关系专用型投资，通过持续的关系专用型投资，提升PPP伙伴关系价值，最终提高伙伴主体从伙伴关系创新中获取的价值。绝不能因为顾虑可能会发生"锁定"效应而"因噎废食"，减少或中止伙伴关系专用型投资。

对于垃圾焚烧发电PPP/BOT项目，其项目具有技术专用性、项目生产资料类型明确与责任主体明确、项目输出产品规范性等特征，伙伴关系维系对项目价值非常重要；例如当政府不按时提供生活垃圾，企业的生产活动缺少原材料，生产活动会中止，价值严重损失，这更加凸显伙伴关系维系和关系维系专用型投入的重要性。

（4）特许价格和风险仍是影响PPP项目价值的关键参数。价格是PPP项目价值形成的基础元素之一，也是伙伴主体投资价值实现的关键参数；价格也是政府对项目调控和实施激励的重要工具。根据该垃圾焚烧发电PPP/BOT项目案例分析可知，特许价格是社会资本投资人回收投资和企业价值增值的关键途径，也是企业技术与管理创新的前提。此外，风险一直是PPP研究的关注点，也是PPP项目管理的重要内容。对于该垃圾焚烧发电PPP/BOT项目案例，政府履约风险和政策风险对PPP项目价值的影响比较敏感，尤其是政府提供垃圾量的变动，直接影响项目产品生产和价值实现；政府对垃圾处理补贴是特许价格的组成部分，若政府政策变动，取消补贴，企业的投资回收期将延长，特许期22年内很难收回投资，面临生存困难问题的社会资本投资人也很难考虑公共利益最大化目标，更不会考虑技术与管理创新。因此，减少履约风险和政策风险对PPP伙伴关系稳定与持久具有重要作用，也对PPP项目价值具有重要影响。

6.7 本章小结

本章以伙伴关系为基点，以PPP项目价值界定—价值计量基础定义—项目价值系统构建—关系维系与项目价值的动态关系模型—关联关系实证研究为逻辑顺序，采用国内比较典型的垃圾焚烧发电PPP项目为研究案例，借助案例信息应用第四章的理论模型，运用系统动力学、生产函数和计量经济学等工具，揭示项目价值系统要素内部作用路径、关系维系关键变量与PPP项目价值的函数关系与关系机理。

（1）该垃圾焚烧发电PPP/BOT项目发展成果证明伙伴关系维系与项目价值之间存在关联关系。

（2）通过模型运行与计算，也验证了PPP伙伴关系维系与项目价值之间存在关联关系，具体表现为：

1）在其他条件不变的情况下，特许价格与项目价值之间是一种同步变化特征，即特许价格增加（减少）引起项目价值增加（减少）；

2）在其他条件不变的情况下，风险因素变动与项目价值变动之间也存在同步变化特征，如垃圾质量风险正向变动（垃圾热值增加）引起项目价值增加；

3）关系维系专用型投入对项目价值的贡献系数是0.931，即伙伴关系维系专用型投入每增加1%，可以促使PPP项目价值增长0.931%。

第7章

结 论

7.1 研究结论

本书立足于"伙伴关系"基点,分别从项目管理、契约理论、资源基础观、交易成本和价值论等视角展开对PPP伙伴关系维系与项目价值的关联机理讨论;通过对PPP伙伴关系维系关键因素识别,确立伙伴关系维系的关键变量是风险、特许价格和关系维系专用型投入;在物有所值对价值释义的基础上,结合PPP项目和伙伴关系本质,将PPP项目价值界定为公共价值、经济价值和伙伴关系价值;基于理论分析和文献研究构建了PPP伙伴关系维系关键变量(风险、特许价格和关系维系专用型投入)与项目价值的关联关系概念模型,并采用典型的垃圾焚烧发电PPP/BOT项目案例验证了PPP伙伴关系维系与项目价值的关联关系。主要结论如下:

(1) PPP项目属性是物质生产的劳动产品,政府和企业合作目的是通过公共产品的商品产品交换,履行完成最长不超过30年合作期的等价交换,从而满足商品价值规律。然而PPP项目物质实体的价值量,长期以来只包括物质生产要素的劳动耗费总投资金额,缺乏对科技创新转化的无形价值、政府和企业伙伴合作转化价值进行补充测量,导致了PPP项目建设、融资、运营管理中各项费用的变更,从而引发政企合作纠纷。为激励与科学测量政府和企业合作投资价值,建议将无形价值和伙伴关系价值列入总投资价值的金额中,完善PPP项目价值量$=C+V+JW+PV+M$。从而,创新型的构建中国式PPP项目伙伴关系本质及价值导向,为促进我国PPP高质量发展的理论创新。并指导我国PPP项目实践的绩效管理。

(2) 本书立足PPP伙伴关系,按照合作主体—项目客体—外部环境构筑的分析系统,挖掘PPP伙伴关系维系的影响因素及识别作用路径。研究提出:

1) PPP项目伙伴关系维系关键因素是政府能力与组织特征、企业能力、公众参与、合作环境、伙伴协同;

2) 伙伴协同是政府能力与组织特征、企业能力、外部环境、公众参与的作用点;

3) 特许价格、风险与利益分配、关系专用型投入是PPP项目伙伴协同的关键因子,也为探寻PPP伙伴关系维系价值效应的关键变量。

(3) 书文在物有所值(Value for money)的价值释义基础上,结合PPP伙伴关系本质和项目公共性特征，将PPP项目价值界定为公共价值、经济价值和伙伴关系价值；从项目管理、价值论、风险管理以及关系资本理论等视角识别并确立特许价格、风险和关系维系专用型投入的价值效应传导路径，以及特许价格、风险和关系维系专用型投入与PPP项目价值的函数关系，为定量研究伙伴关系维系与PPP项目价值之间关联关系提供基础支撑。

（4）本书选取某垃圾焚烧发电PPP项目案例，利用系统动力学方法刻画了PPP伙伴关系维系关键变量与项目价值要素的函数关系及关键参数变化趋势，证明了PPP伙伴关系维系与项目价值之间存在关联关系；尝试将"关系维系专用型投入"作为生产要素植入C-D生产函数，拓展传统生产函数的价值要素，并采用计量工具测算生产性资本投入（K）、人力资本（L）以及关系维系专用型投入（S）对PPP项目价值（TPV）的贡献度。研究表明：

1）在其他条件不变的情况下，特许价格与项目价值之间是一种同步变化特征，即特许价格增加（减少）引起项目价值增加（减少）；

2）在其他条件不变的情况下，风险因素变动与项目价值变动之间也存在同步变化特征，如垃圾质量风险正向变动（垃圾热值增加）引起项目价值增加；

3）关系维系专用型投入对项目价值的贡献系数是0.931，即伙伴关系维系专用型投入每增加1%，可以促使PPP项目价值增长0.931%；

4）通过C-D生产函数对PPP价值要素的贡献度研究可知，关系维系专用型投入是PPP项目价值创造的关键要素，这也揭示了PPP伙伴关系不稳定或关系破裂的价值耗散实践标准，即当伙伴关系不稳定或破裂时，关系专用型投入的中断将引发PPP项目价值的大幅度降低甚至消失，这也进一步印证了PPP伙伴关系维系对项目价值管理的重要性。

7.2 创新之处

（1）建立了PPP项目伙伴关系维系研究逻辑框架

在现有的研究中，虽然有学者已经研究伙伴关系管理与组织绩效之间的关系，但是其研究主要集中在供应链、联盟以及组织间关系等战略管理领域，缺少对PPP项目中伙伴关系维系的研究。May（2006年）和Colman（2006年）曾提出"合作行为的演化与维持是社会科学领域最为重要而又没有解决的问题"。本书的目的侧重于解释PPP伙伴主体之间合作关系维系的关键变量及其价值效应。因此，本书立足于伙伴关系，从伙伴关系维系与项目价值的关联关系的角度，即伙伴关系—伙伴关系维系—关系维系关键因素—项目价值界定—关系维系的价值效应模型设计—关系维系与价值的关系实证研究的逻辑,研究PPP项目中政府和企业合作伙伴关系维系的关键因素及其对项目价值的影响,在PPP研究领域中对May(2006年)和Colman(2006年)提出的问题予以响应。

(2)识别了影响我国PPP伙伴关系维系的关键因素,形成了一般性分析框架

本文利用结构性访谈和问卷调查获取了一手数据,运用因子分析识别出了影响我国PPP伙伴关系维系的主要因素,包括政府能力与组织特征、企业能力、公众参与、合作环境、伙伴协同5个方面。同时,采用结构方程模型探寻了PPP伙伴关系维系影响因素之间的关联关系,揭示了关键因素之间的效应传导路径与机制,有利于PPP伙伴主体更容易管控关键因素。

(3)拓展了PPP项目中C-D生产函数的价值参数

现有的研究对PPP项目价值的研究主要考虑伙伴主体的显性物质资本和人力资本,而缺少考虑隐性资本投入的价值效应。本书把关系维系专用型投入看作PPP项目的价值要素,将其植入C-D生产函数,测算关系维系专用型投入对PPP项目价值的贡献度与关联性。这不仅有利于全面衡量PPP项目价值,而且有利于激励伙伴主体进行持续承诺实现关系维系—项目价值—关系持久与稳定的良性循环。

(4)阐释了中国PPP项目价值的本质内涵

根据马克思的劳动价值论和项目价值管理,本书把PPP项目价值量分解为劳动价值量、创新价值量和伙伴关系价值量,这是既是PPP项目基本价值量也是项目绩效管理的价值目标;还原物有所值概念的本质是资金价值,因而"物有所值"是指的资金包括项目实体投资资金+创新资金+伙伴关系资金,才能实现未来的PPP项目绩效,即"3E+P",即公共价值、经济价值和伙伴关系价值。因此,本书提出的PPP项目价值是建立在马克思科学的劳动价值论基础之上,是对马克思劳动价值论的推新与补充。

7.3 研究不足及后续研究

本书虽然在PPP伙伴关系维系与项目价值关联关系的研究领域取得一定的成果,然而,仍存在着一些局限或不足,这也正成为未来可以拓展研究的方向,具体如下:

(1)PPP项目中交易成本计算仍需进一步深入研究

以往PPP项目的价值测算较少考虑交易成本,并且主要涉及事前交易成本(合同签订前)的测算;缺少事后交易成本的测算和经验数据,本书借鉴相关文献研究结果和案例实地调研,结合专家建议选定事后交易成本计算系数,并以此来测算PPP项目价值。因此,对于交易成本,尤其是事后交易成本的测算仍需深入研究,进而增强研

究结论的解释力和精准性。

（2）案例有限，未来研究可以扩大案例研究范围

由于我国PPP项目运营信息基本没有公开，这也使得本书的案例只有1个。随着我国PPP项目逐步推广实施和信息公开机制健全，后续的PPP项目运行信息可能会陆续透明化，这也为本书后续多案例深入研究提供机会。为了减少案例不足对研究结果的限制，作者将研究结果多次与该案例企业负责人沟通交流，也和相关PPP研究学者讨论，最终得到现在的结果。

附 录

附录1 国家自科/社科资助的PPP科研项目统计

1. 国家自然科学基金资助项目

附表1-1

年份	项目名称	基金来源
2016	PPP、水价改革与监管机制对供水企业绩效和服务的影响	国家自科
	PPP项目收益的形成机理、动态评估与调节机制研究	
	PPP项目中的政府保证设计研究	
	PPP项目合作方利益侵占和协同控制研究	
	PPP项目混合组织人为风险研究：基于官员背景特征视角	
	我国垃圾焚烧发电PPP项目关键风险分析及系统应对研究	
	基础设施PPP项目"契约—关系"二元综合治理机制研究	
	社会资本视角下的城中村治理机制与模式选择研究：基于SES的分析框架	
	基于价值链的政府绩效损失测度及其治理：面向公共项目的研究	
	关键基础设施的弹性优化	
	多重关联情境下基于数据驱动的城市关键基础设施运行风险动态评估与防范策略研究	
2015	PPP项目的控制权配置研究	国家自科
	不对称PPP模式的风暴潮灾害保险合作机制研究	
	基于赤水河流域生态补偿的PPP模式选择及风险分担机制研究	
	水务特许经营项目重新谈判影响因素研究及契约优化设计	
	PPP项目争端谈判及其治理机制研究	
	PPP项目多利益主体承诺升级机理与控制研究	
	基于激励性管制的PPP污水处理项目服务价格调整机制研究	
	全寿命周期视角下PPP项目的契约设计与优化研究	
	中国基础设施质量：决定机制、企业影响及最优配置	
	基于IIM模型的城市关联基础设施系统的脆弱性与弹性评价研究	
2014	PPP项目特许经营合同再谈判与补偿机制研究	国家自科
	BOT项目超额收入分配及补贴决策模型研究	

续表

年份	项目名称	基金来源
2014	PPP项目社会风险的机理分析、动态评估与综合治理研究	国家自科
	以系统绩效为导向的农村公共卫生服务公私合作机制研究	
	基于公私合作的工程担保市场治理模式创新研究	
	公私合营（PPP）垃圾焚烧发电项目垃圾处理费的计算、优化与调整研究	
	面向投资政策选择的基础设施分布效应作用机制研究	
2013	城市公用事业特许经营权竞标机制分类设计与管制政策研究	国家自科
	PPP项目中信任的动态演化机理研究：基于政府部门的视角	
	公共项目创新激励机制研究：基于不完全契约动态性的视角	
2012	需求不确定条件下收费道路BOT项目柔性合同研究	国家自科
	特许经营合约中的准租金挤占和治理研究：以4S特许汽车经营合约为例	
	BOT项目提前终止补偿决策模型与应用研究	
	基于员工视角的公私部门合作（PPP）中企业动机对社会福利及其绩效的影响研究	
	国际PPP项目的融资效率研究	
	契约视角下PPP项目"合作困境"解决机制研究	
	基于实物期权的我国公共租赁房PPP融资定价模型及政策研究	
	公共项目治理绩效度量研究：基于契约治理与关系治理的视角	
2011	国际PPP项目合约治理研究	国家自科
	社区特许经营视角下的自然遗产地旅游开发造血式生态补偿模式研究——以香格里拉普达措国家公园为例	
	基于风险分析的PPP水项目特许定价及其机制研究	
	BT模式开发城市轨道交通项目的偿付机制研究	
	基于VFM视角的公共基础设施项目PPP模式选择模型及应用研究	
2010	不确定环境下BOT项目特许经营者选择研究	国家自科
	回购式契约视角下政府对BT项目的投资控制研究	
	具有收益约束的BOT项目特许价格与特许期联动调整模型研究	
	基础设施PPP项目残值风险动态预测与监控方法研究	
2009	公私部门合作（PPP）模式下契约设计对合作效率的影响研究	国家自科
	基于实物期权理论的我国PPP/PFI项目风险管理研究	
	经营性公共基础设施TOT项目霍尔三维模式研究	
2008	我国公共项目公私合作的范式选择与财政补偿机制研究	国家自科
2007	不确定条件下的BOT项目特许期决策模型及应用研究	国家自科
	中国PPP项目风险公平分担机制研究	

续表

年份	项目名称	基金来源
2007	公共服务合同外包的适用范围及操作技术研究	国家自科
2006	西部城市PPP项目融资风险控制模式研究	国家自科
2005	基于风险分担的BOT项目特许定价模型研究	国家自科
2004	PPP/BOT项目财务评价方法的改进和风险分析方法的应用	国家自科
2001	政府公共项目建设的制度创新研究——私人主动融资PFI	国家自科
2000	交通道路BOT投资决策问题的研究	国家自科
1994	城市快速交通线综合开发模式及项目评价方法①	国家自科

资料来源：国家自然科学基金委员会网站，http://isisn.nsfc.gov.cn/egrantindex/funcindex/prjsearch-list.

2. 国家社会科学基金资助项目

附表1-2

年份	项目名称	基金来源
2016	我国公用事业PPP的制度性缺陷分析与治理对策研究	国家社科
	市场经济下公共服务供给中的公私部门角色关系定位研究	
	生态公共产品政府提供机制优化研究	
	我国PPP模式社会资本收益问题研究	
	政府和社会资本合作模式公共风险研究	
	城市基础设施PPP项目融资风险与财政应对研究	
	公私合作制权益配置对合作效率的影响机制研究	
	PPP视阈下增加农业基础设施有效投资的机制研究	
	PPP与全产业链融合的城市建设创新模式研究	
	政府特许经营协议中行政机关单方变更解除权研究	
	政府和企业合作中的地方政府信用风险防范机制研究	
	公共服务中PPP模式行政法律制度研究	
	"一带一路"基础设施项目投资利益相关者分析及合作建设研究	
	政府向社会力量购买公共服务的风险识别与防范研究	
	政府购买养老服务的绩效评价与机制优化研究	
	我国PPP模式VFM定量评价方法研究及应用	

① PPP的概念第一次出现在基金支持的项目中是1994年清华大学仝允桓主持的课题（项目批准号79470051），提出BOT模式在交通基础设施应用的相关问题。

续表

年份	项目名称	基金来源
2016	我国政府购买公共服务风险识别、预警与防范研究	国家社科
	政府和企业合作模式下我国农业保险大灾风险分散机制研究	
	社会力量参与公共数字文化服务的机制研究	
	政府购买社会组织服务风险识别与防范机制研究	
	政府购买社会服务实践中的政社关系研究	
	我国政府购买体育公共服务的绩效评价模型构建与实证研究	
	PPP模式运行中的法律问题与对策研究	
2015	政府和企业合作（PPP）模式立法研究	国家社科
	公私合作开展环境治理的模式创新与法律保障研究	
	政府和企业合作(PPP)模式的法律机制原理及其衡量方法研究	
	我国公租房建设公私合作的运行机制与契约治理研究	
	PPP模式的民生基础设施建设问题研究	
	新常态下矿业"或有环境负债"PPP模式治理机理研究	
	公私合作特许经营项目全生命周期财政风险监管技术研究	
	政府和社会资本合作的行政法研究	
	市场决定性作用下PPP项目协同监管模式研究	
	公私合作开展农村环境综合治理的模式创新与法律保障研究	
	公用事业公私合作中垄断问题的法律规制研究	
2014	PPP（公私合作伙伴）中财政资金引导私人资本机制创新研究	国家社科
	基础设施领域财政支持公私合作伙伴（PPP）机制创新	
	政府购买公共服务公私伙伴关系PPP模式研究	
	契约治理视阈下我国大型体育场馆公私合作研究	
2013	政府信息资源开发中的公私合作研究	国家社科
	医疗服务公私伙伴关系研究	
	基于公私伙伴关系的公益性信息服务组织与运行机制研究	
	基础设施产业特许经营合约中的政府承诺问题及其治理研究	
	我国城镇准经营性基础设施项目公私合作机制研究	
	特许经营酒店网络的绩效评价与治理策略研究	
	美国地方政府公共服务逆民营化问题研究	
	公共体育场馆民营化的政府规制研究	
2012	我国城市民营化供水企业绩效影响因素与规制改革研究	国家社科
	行政法视野下的公私合作治理研究	

续表

年份	项目名称	基金来源
2010	我国城市公用事业民营化与管制政策研究	国家社科
	西部地区公共项目公私合作机制研究	
2009	我国教育领域的"公私合作伙伴关系"研究	国家社科
2008	当前我国城市公用事业的公私合作改革与政府监管——基于公共管理的研究	国家社科
	BOT模式在污水处理项目中的应用及相关法律问题	
	税费改革后农村公共服务民营化的经济学实证考察——基于部门与组织视角	
2007	公共事业民营化改革及其风险控制的实证研究	国家社科
2004	农村公共物品民营化配置机制与模式研究	国家社科
2003	我国城市公用事业引入竞争机制与民营化政策研究	国家社科
2002	我国自然垄断产业民营化改革与政府管制政策研究	国家社科
	BOT法律问题研究	

资料来源：全国哲学社会科学规划办公室网站，http://fz.people.com.cn/skygb/sk/.

附录2　我国现阶段PPP基本制度统计

我国现阶段PPP基本制度统计　　　　　　　　　　　　　　附表2-1

类型	名称	关键点
PPP基本制度	中共中央关于全面深化改革若干重大问题的决定	紧紧围绕使市场在资源配置中起决定性作用深化经济体制改革
	中共中央 国务院关于深化投融资体制改革的意见（2016年）	政府投资资金只投向市场不能有效配置资源的公共领域的项目，以非经营性项目为主，原则上不支持经营性项目。鼓励政府和社会资本合作
	国务院关于创新重点领域投融资机制鼓励社会投资的指导意见（国发〔2014〕60号）	明确社会资本参与行业范围、社会资本参与方式以及政府支持对象界定
	国务院办公厅转发财政部 发展改革委 人民银行《关于在公共服务领域推广运用政府和社会资本合作模式指导意见的通知》（国办发〔2015〕42号）	界定采用政府和社会资本合作模式的公共服务领域边界，政府改革与创新，保证社会资本和公众共同受益，吸引社会资本参与公共产品和公共服务项目的投资、运营管理，提高公共产品和公共服务供给能力与效率
信用管理	国务院关于印发社会信用体系建设规划纲要（2014—2020年）的通知（国发〔2014〕21号）	社会信用体系以法律、法规、标准和契约为依据，以守信激励和失信约束为奖惩机制，目的是提高全社会的诚信意识和信用水平
	国务院关于建立完善守信联合激励和失信联合惩戒制度加快推进社会诚信建设的指导意见（国发〔2016〕33号）	严格限制失信主体申请财政性资金项目，限制失信主体参与有关公共资源交易活动，限制参失信主体与基础设施和公用事业特许经营
	中共中央办公厅、国务院办公厅印发了《关于加快推进失信被执行人信用监督、警示和惩戒机制建设的意见》	限制失信被执行人参与政府投资项目或主要使用财政性资金项目。依法限制失信被执行人参与政府投资项目或主要使用财政性资金项目
	关于印发对失信被执行人实施联合惩戒的合作备忘录的通知（发改财金〔2016〕141号）	联合惩戒对象为最高人民法院公布的失信被执行人（包括自然人和单位）。确定信息共享与联合惩戒的实施方式、惩戒措施、共享内容及实施单位
操作指南	基础设施和公用事业特许经营管理办法	确立基础设施和公用事业特许经营的基本原则、期限、主体资格以及责任
	关于开展政府和社会资本合作的指导意见（发改投资〔2014〕2724号）	明晰政府和企业合作（PPP）的基本概念、项目范围、合作主体资格、合作方式、主要原则、工作机制与政策保障

续表

类型	名称	关键点
操作指南	关于推广运用政府和社会资本合作模式有关问题的通知（财金〔2014〕76号）	明确政府和社会资本合作模式（Public-Private Partnership, PPP）的基本概念、合作主体资格、工作流程与组织管理
	政府和社会资本合作（PPP）综合信息平台信息公开管理暂行办法（财金〔2017〕1号）	PPP项目信息的基本内容，信息公开方式以及监管机制

附录3 PPP伙伴关系维系的影响因素试调查的问卷

第一部分　专家基本资料

（1）您所在的单位性质（　　）

　　A 政府部门；B 企业；C 科研院校；D 社会公众；E 其他＿＿＿＿

（2）接触PPP项目的时间（　　）

　　A 无；B 1-2年；C 3-5年；D 大于5年

（3）您参与的PPP项目数量（　　）

　　A 无；B 1-2个；C 3-5个；D 大于5个

第二部分　因素评价

请您对PPP项目伙伴关系维系影响因素进行评价（1表示非常不重要，5表示非常重要，1-5程度依次递增，请在对应的"□"画上"√"）。

PPP项目伙伴关系维系影响因素评价表　　　　　　　　附表3-1

因素清单	影响程度				
	1非常不重要				5非常重要
企业PPP经验	1□	2□	3□	4□	5□
企业利润预期	1□	2□	3□	4□	5□
公众意见	1□	2□	3□	4□	5□
公众满意度	1□	2□	3□	4□	5□
公众认知水平	1□	2□	3□	4□	5□
完善的法律体系	1□	2□	3□	4□	5□
稳定的伙伴关系专用型投入	1□	2□	3□	4□	5□
企业及时、合理的披露信息	1□	2□	3□	4□	5□
政府行政管理能力	1□	2□	3□	4□	5□
政府设置标准的PPP程序	1□	2□	3□	4□	5□
企业履约能力	1□	2□	3□	4□	5□
合理的政府监管	1□	2□	3□	4□	5□

续表

因素清单	影响程度				
	1 非常不重要				5 非常重要
完善的经济政策	1☐	2☐	3☐	4☐	5☐
清晰地项目范围界定	1☐	2☐	3☐	4☐	5☐
政府融资保证	1☐	2☐	3☐	4☐	5☐
政治支持	1☐	2☐	3☐	4☐	5☐
可利用的融资或资本市场	1☐	2☐	3☐	4☐	5☐
项目不确定性降低	1☐	2☐	3☐	4☐	5☐
持续的关系承诺	1☐	2☐	3☐	4☐	5☐
合理的风险分担和利益分配	1☐	2☐	3☐	4☐	5☐
政府履约能力	1☐	2☐	3☐	4☐	5☐
企业融资能力	1☐	2☐	3☐	4☐	5☐
合理的产品或服务价格	1☐	2☐	3☐	4☐	5☐
有效的合同管理	1☐	2☐	3☐	4☐	5☐
良好的伙伴工作关系	1☐	2☐	3☐	4☐	5☐
政府意愿	1☐	2☐	3☐	4☐	5☐

若您对本研究有其他建议，请在下面横线上提出：

附录4 PPP伙伴关系维系影响因素正式调查问卷

第一部分 专家基本资料

（1）您工作所在的省份 _____
（2）您所在的单位性质（ ）
　　　A 政府部门；B 国有企业；C 民营企业；D 科研机构；E 社会公众；F 其他 ___
（3）接触PPP项目的时间（ ）
　　　A 无；B 1-2年；C 3-5年；D 大于5年
（4）您参与的PPP项目数量（ ）
　　　A 无；B 1-2个；C 3-5个；D 大于5个
（5）您的受教育程度（ ）
　　　A 高职中专及以下；B 本科；C 研究生

第二部分 因素评价

请您对PPP项目伙伴关系维系影响因素进行评价（1表示非常不重要，5表示非常重要，1-5程度依次递增，请在对应的"□"画上"√"）。

PPP项目伙伴关系维系影响因素评价表　　　　　附表4-1

因素清单	影响程度				
	1非常不重要				5非常重要
企业PPP经验	1□	2□	3□	4□	5□
企业利润预期	1□	2□	3□	4□	5□
公众意见	1□	2□	3□	4□	5□
公众满意度	1□	2□	3□	4□	5□
公众认知水平	1□	2□	3□	4□	5□
完善的法律体系	1□	2□	3□	4□	5□
稳定的伙伴关系专用型投入	1□	2□	3□	4□	5□
企业及时、合理的披露信息	1□	2□	3□	4□	5□
政府行政管理能力	1□	2□	3□	4□	5□

续表

因素清单	影响程度				
	1非常不重要				5非常重要
政府设置标准的PPP程序	1☐	2☐	3☐	4☐	5☐
企业履约能力	1☐	2☐	3☐	4☐	5☐
合理的政府监管	1☐	2☐	3☐	4☐	5☐
完善的经济政策	1☐	2☐	3☐	4☐	5☐
清晰地项目范围界定	1☐	2☐	3☐	4☐	5☐
政府融资保证	1☐	2☐	3☐	4☐	5☐
政治支持	1☐	2☐	3☐	4☐	5☐
可利用的融资或资本市场	1☐	2☐	3☐	4☐	5☐
项目不确定性降低	1☐	2☐	3☐	4☐	5☐
持续的关系承诺	1☐	2☐	3☐	4☐	5☐
合理的风险分担和利益分配	1☐	2☐	3☐	4☐	5☐
政府履约能力	1☐	2☐	3☐	4☐	5☐
企业融资能力	1☐	2☐	3☐	4☐	5☐
合理的产品或服务价格	1☐	2☐	3☐	4☐	5☐
有效的合同管理	1☐	2☐	3☐	4☐	5☐
良好的伙伴工作关系	1☐	2☐	3☐	4☐	5☐
政府意愿	1☐	2☐	3☐	4☐	5☐
政府意愿	1☐	2☐	3☐	4☐	5☐
明确的PPP合作部门	1☐	2☐	3☐	4☐	5☐
完备的PPP指南	1☐	2☐	3☐	4☐	5☐
问题研讨与经验分享机制	1☐	2☐	3☐	4☐	5☐

附录5　×××垃圾焚烧发电PPP/BOT项目价值系统的主要方程

（1）FINAL TIME=31

　　Units：year

　　The final time for the simulation.

（2）INITIAL TIME=1

　　Units：year

　　The initial time for the simulation.

（3）"ROA-Bank"=IF THEN ELSE [（上网发电收入＋其他收入－建设成本－运营成本－事前交易成本－财务费用－事后交易成本）>0，（上网发电收入＋其他收入－建设成本－运营成本－事前交易成本－财务费用－事后交易成本）/（项目总投资×0.7），0]

　　Units：Dmnl

（4）"ROA-Invest"=IF THEN ELSE [（上网发电收入＋其他收入－建设成本－运营成本－财务费用－事前交易成本－事后交易成本）>0，（上网发电收入＋其他收入－建设成本－运营成本－事前交易成本－财务费用－事后交易成本）/（项目总投资），0]

　　Units：Dmnl

（5）ROE=IF THEN ELSE[（上网发电收入＋其他收入－建设成本－运营成本－财务费用－事前交易成本－事后交易成本－应缴税额）>0，（上网发电收入＋其他收入－建设成本－财务费用－运营成本－事前交易成本－事后交易成本－应缴税额）/（项目总投资），0]

　　Units：Dmnl

（6）上网发电收入=上网电价×垃圾发电量

　　Units：元

（7）上网电价=IF THEN ELSE（Time>2：AND：Time<5，0.4×政策支持×物价指数，[IF THEN ELSE（Time>4，0.65×政策支持×物价指数，0）]

　　Units：元/kWh

（8）事前交易成本=IF THEN ELSE（Time>1，0，项目总投资×0.02）

　　Units：元

（9）事后交易成本=IF THEN ELSE[Time>2，持续的关系承诺×交易成本计算系数×（人力资源费＋原材料费＋维护成本＋能源动力费），0]

　　Units：元

（10）交易成本= INTEG[（事前交易成本＋事后交易成本）/（1＋折现率）^Time，0]

　　Units：元

（11）交易成本节约=交易成本×交易成本节约系数

　　Units：元

（12）交易成本节约系数=0.04×政策支持

　　Units：Dmnl

（13）交易成本计算系数=（1-（政府履约能力/10））×0.02＋((0.5×资产专用性水平/5)＋（1-（服务可测量性水平/5））×0.5)×0.147

　　Units：Dmnl

（14）人力资源费=IF THEN ELSE（Time>2，人员数量×每人工资及福利费，0）

　　Units：元

（15）企业履约能力=IF THEN ELSE（净现值>0，7×政策支持，6）

　　Units：Dmnl

（16）伙伴关系价值=IF THEN ELSE（净现值>0，（交易成本节约＋生产成本节约）×0.0001，交易成本节约＋生产成本节约）

　　Units：元

（17）公众参与度=1×政策支持

　　Units：Dmnl

（18）公众对产品的意见=1×公众对产品的接受程度×环境质量改善

　　Units：Dmnl

（19）公众对产品的接受程度=1×公众参与度×物价指数

　　Units：Dmnl

（20）其他收入=税收优惠＋垃圾处理补贴收入

　　Units：元

（21）净现值=经济收入-生产成本-交易成本

　　Units：元

（22）利息支付倍数=IF THEN ELSE（财务费用>0，（其他收入＋上网发电收入-

事前交易成本－事后交易成本－建设成本－运营成本）/财务费用，0）

　　Units：Dmnl

（23）单位垃圾处理减少量＝0.732

　　Units：Dmnl

（24）单位垃圾处理补贴费＝IF THEN ELSE（Time>2：AND：政府履约能力>5：AND：污染物减少产生的价值>0，69.9×政策支持，0）

　　Units：元/t

（25）原材料费＝原材料价格×生活垃圾处理量（Time）

　　Units：元

（26）垃圾发电量＝IF THEN ELSE（企业履约能力>5，创新能力×每吨垃圾发电量×生活垃圾处理量（Time），每吨垃圾发电量×生活垃圾处理量（Time））

　　Units：kWh

（27）垃圾处理补贴收入＝单位垃圾处理补贴费×垃圾处理补贴量

　　Units：元

（28）垃圾处理补贴量＝IF THEN ELSE（生活垃圾处理量（Time）/365>=垃圾处理补贴标准，生活垃圾处理量（Time），垃圾处理补贴标准×365）

　　Units：t

（29）应缴税额＝（税率×上网发电收入）/（1＋税率）

　　Units：元

（30）建设成本＝项目总投资×建设期各年投资比例（Time）

　　Units：元

（31）建设期各年投资比例＝（[（0，0）－（40，10）]，（1，0.45），（2，0.55），（3，0），（4，0），（30，0），（31，0））

　　Units：Dmnl

（32）折现率＝10%

　　Units：Dmnl

（33）持续的关系承诺＝IF THEN ELSE（伙伴关系价值>0：AND：企业履约能力>5：AND：政府履约能力>5，政策支持×1，0）

　　Units：Dmnl

（34）政策支持＝1

　　Units：Dmnl

（35）服务可测量性水平＝2.09

　　Units：Dmnl

（36）污染物减少产生的价值＝污染物减少量×单位污染物减少量的价值×公开、信任和透明的改善程度×环境质量改善

　　Units：元

（37）污染物减少量＝单位垃圾处理减少量×生活垃圾处理量（Time）

　　Units：t

（38）生产成本＝INTEG((建设成本＋运营成本)/(1＋折现率)^Time,0)

　　Units：元

（39）生产成本节约＝生产成本×生产成本节约系数

　　Units：元

（40）税率＝IF THEN ELSE（Time>2,0.15×政策支持,0）

　　Units：Dmnl

（41）经济收入＝INTEG((上网发电收入＋其他收入)/(1＋折现率)^Time,0)

　　Units：元

（42）维护成本＝IF THEN ELSE（Time>2,项目总投资×0.055,0）

　　Units：元

（43）能源动力费＝能源动力价格×生活垃圾处理量（Time）

　　Units：元

（44）财务费用＝IF THEN ELSE（Time>1：AND：Time<27,0.7×项目总投资×(1-((Time-2)/25))×利率,0）

　　Units：元

（45）资产专用性水平＝3.16

　　Units：Dmnl

（46）运营成本＝人力资源费＋原材料费＋维护成本＋能源动力费＋应缴税额＋财务费用

　　Units：元

附录6 加拿大PPP项目成本信息

加拿大PPP项目成本信息　　　　　　　　　　　　　　　附表6-1

序号	项目名称	PPP模式	总成本节约比例
1	Montfort Hospital	BF	9.77%
2	Quinte Health Care	BF	11.82%
3	St. Joseph's Health, London	BF	13.40%
4	Sudbury Regional Hospital	BF	11.83%
5	Youth Justice Facil.	BF	10.09%
6	Sunnybrook Health	BF	9.88%
7	North Bay Regional Health Centre	BFM	9.55%
8	Durham Courthouse	DBFM	11.14%
9	New Data Centre	DBFM	14.33%
10	Niagara Health	DBFM	8.32%
11	Bridgepoint Hospital	DBFM	8.64%
12	Toronto South Detention Centre	DBFM	7.06%
13	Waterloo Court	DBFM	7.01%
14	Pan/Parapan American Aquatics Centre (PAAC)	AFP	17%
15	Northeast Anthony Henday Drive Ring Road Project	DBFO	17%

BF=build finance；BFM=build finance maintain；DBFM=design build finance maintain；DBFO=design，build，finance and operate；AFP=Alternative financing and procurement；

注：（1）数据来源于加拿大安大略省基础设施中心PPP项目VfM评估报告（http：//infrastructureontario.org/en/projects/index.asp.）和加拿大政府下属的PPP企业（p3canada）PPP项目VfM评估报告（http：//www.p3canada.ca/en/about-p3s/project-map/.）；
（2）总成本等于建设成本、运营成本和其他辅助成本之和；
（3）对比方案是PSC（public sector comparator）方案。

附录7 价值要素指标初始清单

附表7-1

价值要素指标初始清单

核心范畴	副范畴	概念化	原始文本	资料来源
A核心能力	AA1履约能力	AAA1政府契约精神	政府部门在项目当中良好的契约意识和经费保障，有利于打消社会资本方的顾虑，加速项目的推进	国务院发展研究中心宏观部的副部长孟春先生
		AAA2政府履约能力	因为项目的经济收益好，政府要求对项目进行提前回购。但根据合同约定，项目公司拥有20年的项目运营权，所以拒绝政府的提前回购。但当地政府表示，若项目公司不放弃项目运营的话，政府会在该项目附近建一座桥或修一条隧道，迫使项目公司答应提前回购	中国海南改革发展研究院海南研究所所长、副研究员夏锋
		AAA3政府参与度	政府会在项目公司持股，政府方会派人员来项目公司共同组建团队操作项目，通过这条线去解决项目过程中需要政府支持的一些问题	重庆市水务集团调研
		AAA4企业履约能力	例如我们一个新区道路，按照规定来说，政府投资巨额资金进行修建道路，道路修建成之后，政府的费用也支付了，但到了第三年、第四年之后可能道路出现了问题。这个时候呢，钱也付过了，建设单位也走了，怎么办？还得政府买单。当时我们感觉到这确实是一个问题	洛阳财政局熊文博局长
	AA2 PPP专业能力	AAA5政府学习能力	政府方应先加强自身对PPP政策的学习与理解，认识PPP的本质与内涵，掌握PPP模式的实质，才能保证PPP项目操作合规性与顺利落地，为"做真正的PPP，做规范的PPP"打下基础	大岳咨询第九事业部董事总经理韦杨
		AAA6政府专业团队建设	专业团队这一块，大家可以看到说，你一个TOT或者PPP的项目当中，要解决的都是一些非常专业的问题，它是一个比较复杂的一系列合同或者协议的安排，需要有专业的人来做专业的事情，这个专业的人可能是政府内部的人，或者是请的外部的顾问都可以，但是一定要强调或者说实现专业性这一块	大岳咨询公司总监政府方资深顾问郑洁

续表

核心范畴	副范畴	概念化	原始文本	资料来源
A核心能力	AA2 PPP专业能力	AAA7 政府职能转换	政府的职能转变这一块就好理解了，因为原来可能政企不分，那么PPP之后呢，投资人进来了，政府监管你有没有力量，你用什么方式来监管？你的定位和职能能不能及时的转变？这个对于PPP项目后续运行的有序或者稳定都会有很大的影响	大岳咨询公司总监政府方资深顾问郑洁
		AAA8 明确的PPP合作部门	由发展改革委牵头，组织实施机构（就是行业主管部门、财政、相应的PPP专家）对项目进行联评联审机制，最终形成一个意见，就是这个项目搞不搞PPP，报市领导决策，他说搞就搞，他说不搞就不搞	重庆市财政局调研
	AA3 伙伴选择能力	AAA9 政府伙伴选择能力	我们理解老港四期BOT它的成功要素里面，有几个关键的点。包括了风险的合理分配，包括招标的能够找到最合适的这样合作伙伴	建银城投上海环保股份有限公司总经理辛强
		AAA10 企业项目选择能力	具备做PPP项目实力的企业大部分都是国企、央企，而正在有实力的民企，不屑于参与PPP项目	重庆市国资委调研
	AA4 融资与管理能力	AAA11 政府财政能力	项目好坏，主要看项目是否赚钱，解决当前政府钱的问题，政府的风险问题	重庆市高速公路集团调研
		AAA12 企业融资能力	项目过程中首创没有完全承担其融资责任，投入资金不足	固原市政府调研
		AAA13 企业利润预期	从社会资本角度看，能够用PPP做好的项目，首先应该是某些方面存在价值洼地的项目，能够通过社会资本的资本撬动和良好运营取得多方共赢的项目	中国国际经济咨询有限公司周勤
	AA5 监管与激励能力	AAA14 合理的政府监管	为严格约束社会投资企业的行为与达到技术标准，政府方应切实履行自身监管的职责，同时激励企业方对垃圾进行资源化的利用	财政部政府和社会资本合作(PPP)中心副主任焦小平
		AAA15 政府激励措施	PPP项目缺乏激励机制，对于施工单位政府应该有义务动力来督促你少花钱做同样的事情，他们也意识认可我给你节约了钱你应该还给我，但是没有这个政策谁也不敢拿多少钱奖励	重庆市水务集团调研
	AA6 技术创新与综合管理能力	AAA16 企业技术与管理能力	我们在做餐厨垃圾的PPP项目过程当中，应该十分注重选择有实力、有经验、有责任心的社会资本方，餐厨垃圾处理PPP项目对技术和管理水平的要求高，选择技术路线较为成熟、信用度高的社会资本方十分关键	江苏维尔利环保科技股份有限公司副总经理张进峰
		AAA17 技术创新能力	所以在PPP合作方面，也一定要关注技术创新。这样才能体现物有所值	江苏维尔利环保科技股份有限公司副总经理张进峰

续表

核心范畴	副范畴	概念化	原始文本	资料来源
A核心能力	AA6技术创新与综合管理能力	AAA18 高效的施工管理能力	进度拖延问题严重，设计过多变更	固原市政府调研
		AAA19 良好的项目运营能力	轨道交通运营需要专业人员，施工企业运营专业性不足	重庆市地铁九号线调研
	AA7满足公众需求能力	AAA20 消除公众抵触情绪	在PPP项目运营过程中，一方面，应强化社会公众参与，引入公众监督；另一方面，需要加强信息公开程度，从源头上消除公众对垃圾处理项目的抵触的情绪与误解	国务院发展研究中心宏观部的副部长孟春先生
		AAA21 公众对公共服务的满意程度	从伙伴关系价值的根本目标来看，就是社会公众满意、使公共价值最大化，社会公众满意的前提就是政府参与方、企业参与方满意，才能维持伙伴关系使PPP项目可持续	杨壮.基于公私合作伙伴关系价值的指标体系及评价方法研究[D]重庆大学，2017
伙伴协同	AA8地位平等	AAA22 同等市场地位	PPP中，第一个"P"指政府；第二个"P"指企业；第三个"P"是伙伴关系，这意味着在PPP项目中，政企双方应具有同等的市场地位	威立雅中国区副总裁黄晓军
		AAA23 地位平等	作为企业来讲，在实施PPP项目时，经常会感觉到政府太强势，太强势的话就体现不出伙伴关系来，因为伙伴是要去协商的	江苏维尔利环保科技股份有限公司副总经理张进峰
	AA9良好的伙伴工作关系	AAA24 优势互补	PPP模式是在政府与企业之间建立合作伙伴关系，为提供公共产品与服务，因此，政企双方的结合可以实现优势互补	国务院发展研究中心研究员孟春
		AAA25 伙伴各方信息共享程度	政府在餐厨垃圾处理领域推进PPP模式时，除了要提高经费保障、要求严格技术处理标准以及提高契约意识外，加强信息公开程度，推动公众参与也尤为重要	国务院发展研究中心宏观部的副部长孟春先生
		AAA26 协调与合作共赢	PPP模式应充分发掘合作各方的优势，形成合作各方的协同作用和实现合作共赢。在具体的PPP项目设计中，要确立合理的合作模式，组建利益共同体	清华大学苏世民书院常务副院长潘庆中
		AAA27 伙伴关系专用型投入	PPP项目中，政府与企业间的关系专用型投入是项目价值创造的关键要素，当关系专用型投入的中断，将会导致PPP项目价值降低至消散，因此，PPP伙伴关系维系在PPP项目价值管理中十分重要	石世英.PPP伙伴关系维系与项目价值的关联关系研究[D].重庆大学，2017

续表

核心范畴	副范畴	概念化	原始文本	资料来源
伙伴协同	AA10 风险分担与利益分配	AAA28 合理的风险分担和利益分配	PPP模式绝不是单纯的融资行为,它是政府与企业双方的合作投资行为,因此需要在合作双方形成"收益共享,风险共担"	中国财政科学研究院副院长白景明
		AAA29 有效管理风险	通过对政府和社会资本方进行合理的风险适配,有效管理风险。能避免因风险适配的主体错位而产生的PPP项目不稳定性与不可持续性	国浩律师事务所合伙人 王卫东
	AA11 相互信任与理解	AAA30 基于投资回报的信任	PPP模式需要在政府与企业间形成信誉机制。例如在实际PPP项目中,可以省为单位,建立第三方信用机构,借助信用机构来实现政企双方的相互信任问题。据悉,财政部正在筹建PPP基金,若实际PPP项目能得到财政部认可,那么该项目的投资回报可得到保障,因此,可利用基金解决政企间的信用问题	财政部政府和社会资本合作(PPP)中心副主任焦小平
		AAA31 相互信任	PPP项目实践中,具有一种普遍现象,就是企业方担心被政府"关门打狗",反过来,政府又担心被企业蒙骗。反映了政企双方间的不信任,导致项目推进困难	住房城乡建设部城市建设司副司长章林伟
		AAA32 相互理解与支持	我感觉企业跟政府之间的理解比合作更重要。不要总想着企业就是在挣钱的……所以说希望地方政府能给予我们更多的理解和支持。在这个理解跟支持的基础上再谈合作,我觉得这件事情才靠谱	中节能水务发展有限公司总经理周东际
	AA12 沟通与协调	AAA33 有效沟通渠道	从项目股东方的角度来看的话,企业接项目肯定是和当地政府关系比较好的,能够有沟通渠道的地方才会去做	重庆市水务集团调研
		AAA34 统筹协调	要重点考察联合体牵头方资源整合、统筹协调,将不同专业优势、不同投资背景的各成员资源要素集成在PPP项目全周期、各环节上,实现项目的高效运作、物有所值	上海济邦投资咨询有限公司张燎

资料来源:中国知网、大岳咨询官网、道PPP微信平台。

参考文献

［1］艾冰，钴小成.政府工程采购PPP融资的模式比较与风险防范[J].求索，2008，4：19-21.

［2］[美]奥利弗·E·威廉姆森.治理机制[M].王建，等.译.北京：中国社会科学出版社，2001.

［3］包国宪，王学军.公共价值为基础的政府绩效治理：源起、架构与研究问题[J].公共管理学报，2012，9（2）：89-99.

［4］宝贡敏，王庆喜.战略联盟关系资本的建立与维护[J].研究与发展管理，2004，16（3）：9-15.

［5］[美]保罗·萨缪尔森，威廉·诺德豪斯.经济学（第19版）[M].萧琛，译.北京：商务印书馆，2013.

［6］蔡长昆.制度环境、制度绩效与公共服务市场化：一个分析框架[J].管理世界，2016，4：52-71.

［7］曹富国.物有所值理论的内涵与发展[J].中国政府采购，2016，7：34-36.

［8］柴晓利，王冬扬，高桥史武，等.我国典型垃圾焚烧飞灰物化特性对比[J].同济大学学报（自然科学版），2012，40（12）：1857-1862.

［9］常修泽，戈晓宇.企业创新论[J].经济研究，1989，2：3-10.

［10］陈建宝，乔宁宁.地方利益主体博弈下的资源禀赋与公共品供给[J].经济学（季刊），2016，15（2）：693-722.

［11］陈柳钦.PPP：新型公私合作融资模式[J].建筑经济，2005，3：76-80.

［12］成邦文，刘树梅，吴晓梅.C-D生产函数的一个重要性质[J].数量经济技术经济研究，2001，7：78-80.

［13］陈志斌，韩飞畴.基于价值创造的现金流管理[J].会计研究，2002，12：45-50.

［14］陈志敏，张明，司丹.中国的PPP实践：发展、模式、困境与出路[J].国际经济评论，2015，4：68-85.

［15］陈志祥.共应链中供需合作关系的分析与优化理论[J].计算机集成制造系统，2005，11（3）：386-393.

［16］崔彩云，王建平，刘勇.基础设施PPP项目物有所值（VFM）评价研究综述[J].土木工程与管理学报，2016，4：57-62.

[17] [英]大卫·李嘉图. 政治经济学及赋税原理[M]. 郭大力，等. 译. 北京：北京联合出版公司，2013.

[18] 丁利军，李雪峰. 供应链合作伙伴关系管理过程分析[J]. 计算机集成制造系统，2003，9（10）：873-878.

[19] 丁茂战. 我国政府投资治理制度改革研究[M]. 北京：中国经济出版社，2006.

[20] 丁士昭. 工程项目管理（第二版）[M]. 北京：中国建筑工业出版社，2014.

[21] 董俊武，陈震红. 从关系资本理论看战略联盟的伙伴关系管理[J]. 财经科学，2003，5：81-85.

[22] 董晓松. 公共部门创造市场化公共价值的实证研究——基于公民为先的善治理念视角[J]. 公共管理学报，2009，6（4）：1-9.

[23] 段绪柱. 公私合作制中的政府角色冲突及其消解[J]. 行政论坛，2012，4：42-45.

[24] 杜亚灵，尹贻林. PPP项目风险分担研究评述[J]. 建筑经济，2011，4：29-34.

[25] 杜亚灵，尹贻林. 基于典型案例归类的PPP项目盈利模式创新与发展研究[J]. 工程管理学报，2015，5：50-55.

[26] 杜亚灵，张凯红，马辉，等. PPP项目中控制对信任影响的多案例研究：角色感知的调节作用[J]. 管理学报，2016，13（9）：1286-1294.

[27] 方福前. "经济人"范式在公共选择理论中的得失[J]. 经济学家，2001，1：88-95.

[28] 冯珂，王守清，张子龙，等. 城市轨道交通PPP项目政府票价补贴问题研究[J]. 价格理论与实践，2015，3：51-53.

[29] 冯蔚东，陈剑，赵纯均. 基于遗传算法的动态联盟伙伴选择过程及优化模型[J]. 清华大学学报（自然科学版），2000，40（10）：120-124.

[30] 高秦伟. 私人主体的行政法义务？[J]. 中国法学，2011，1：164-178.

[31] 高颖，张水波，冯卓. PPP项目运营期间需求量下降情形下的补偿机制研究[J]. 管理工程学报，2015，29（2）：93-102.

[32] 葛家澍，徐跃. 会计计量属性的探讨——市场价格、历史成本、现行成本与公允价值[J]. 会计研究，2006，（9）：7-15.

[33] 郭菊先，高向平，柏文喜. TOT项目融资中项目经营权的性质及其转换探讨[J]. 科技进步与对策，2003，1：63-64.

[34] [美]赫伯特·西蒙. 管理行为：管理组织决策过程的研究[M]. 杨砾等，译. 北京：北京经济学院出版社，1988.

[35] 和军，刘凤义. 交易成本、沉淀成本、自然垄断与公私合作治理机制[J]. 华东经济管理，2016，30（11）：150-156.

[36] 何寿奎，傅鸿源. 公共项目公私伙伴关系合作机制研究[J]. 统计与决策，2007，22：60-62.

[37] 胡鞍钢,过勇.从垄断市场到竞争市场：深刻的社会变革[J].改革,2002,1：17-28.

[38] 胡改蓉.PPP模式中公私利益的冲突与协调[J].法学,2015,11：30-40.

[39] 胡潇.社会行为不确定性的认识论解析[J].中国社会科学,2016,11：70-88.

[40] 胡振,刘华,金维兴.PPP项目范式选择与风险分配的关系研究[J].土木工程学报,2011,44（9）：139-146.

[41] 黄少安,张苏.人类的合作及其演进研究[J].中国社会科学,2013,7：77-89.

[42] 季闯,黄伟,袁竞峰,等.基础设施PPP项目脆弱性评估方法[J].系统工程理论与实践,2015,35（1）：1-10.

[43] 贾康,孙洁.公私合作伙伴关系理论与实践[M].北京：经济科学出版社,2014.

[44] 贾康,孙洁,陈新平,等.PPP机制创新：呼唤法治化契约制度建设——泉州刺桐大桥BOT项目调研报告[J].经济研究参考,2014,13：43-50.

[45] [英]简·莱恩.新公共管理[M].赵成根,等.译.北京：中国青年出版社,2004.

[46] 姜明辉,贾晓辉.基于C-D生产函数的产业集群对区域创新能力影响机制及实证研究[J].中国软科学,2013,6：154-162.

[47] [美]拉塞尔·M·林登.无缝隙政府：公共部门再造指南[M].汪大海,等.译.北京：中国人民大学出版社,2001.

[48] 赖丹馨,费方域.公私合作制（PPP）的效率：一个综述[J].经济学家,2010,7：97-104.

[49] 蓝国彬,樊炳有.我国体育公共服务供给主体及供给方式探析[J].首都体育学院学报,2010,22（2）：27-31.

[50] 李长江,谭论,汪迎飞.从获取客户到维系客户的方法研究[J].华中科技大学学报（自然科学版）,2002,30（10）：105-107.

[51] 李海舰,冯丽.企业价值来源及其理论研究[J].中国工业经济,2004,3：52-60.

[52] 李欢,金宜英,李洋洋.生活垃圾处理的碳排放和减排策略[J].中国环境科学,2011,31（2）：259-264.

[53] 李焕彰,钱忠好.财政支农政策与中国农业增长：因果与结构分析[J].中国农村经济,2004,8：38-43.

[54] 李辉,李向阳,徐宣国.基于信任的供应链伙伴关系维系管理方法研究[J].管理工程学报,2007,4：72-79.

[55] 李启明,申立银.基础设施BOT项目特许权期的决策模型[J].管理工程学报,2000,14（1）：43-47.

[56] 李启明,熊伟,袁竞峰.基于多方满意的PPP项目调价机制的设计[J].东南大学学报（哲学社会科学版）,2012,12（1）：16-21.

［57］李维安，徐业坤.政治关联形式、制度环境与民营企业生产率[J].管理科学，2012，2：1-12.

［58］李秀辉，张世英.PPP：一种新型的项目融资方式[J].中国软科学，2002，2：51-54.

［59］李旭.社会系统动力学：政策研究的原理、方法和应用[M].上海：复旦大学出版社，2009.

［60］李妍.不完全信息动态博弈视角下的PPP项目风险分担研究：基于参与方不同的出价顺序[J].财政研究，2015，10：50-57.

［61］李颖灏.国外关系营销导向研究前沿探析[J].外国经济与管理，2008，12：39-45.

［62］李子奈，潘文卿.计量经济学（第三版）[M].北京：高等教育出版社，2010.

［63］刘凤委，李琳，薛云奎.信任、交易成本与商业信用模式[J].经济研究，2009，8：60-72.

［64］刘衡，李垣，李西垚，等.关系资本、组织间沟通和创新绩效的关系研究[J].科学学研究，2010，28（12）：1912-1919.

［65］刘仁军.关系契约与企业网络转型[J].中国工业经济，2006，6：91-98.

［66］刘新平，王守清.试论PPP项目的风险分配原则和框架[J].建筑经济，2006，2：59-63.

［67］卢剑锋.新闻出版广电公共服务PPP模式利益相关方价值分析[J].出版发行研究，2017，1：18-22.

［68］卢现祥，朱巧玲.新制度经济学（第二版）[M].北京：北京大学出版社，2012.

［69］罗珉.组织间关系理论最新研究视角探析[J].外国经济与管理，2007，1：25-32.

［70］[德]马克思，恩格斯.马克思恩格斯全集[M].中共中央马克思恩格斯/列宁斯大林著作编译局译.北京：人民出版社，2007.

［71］马占杰.对组织间关系的系统分析：基于形成机制的角度[J].现代管理科学，2010，3：101-103.

［72］[澳]欧文·E·休斯.公共管理导论（第四版）[M].张成福，等.译.北京：中国人民大学出版社，2015.

［73］潘彬.公共投资项目绩效评估研究[M].北京：中国人民大学出版社，2012.

［74］潘镇，李晏墅.联盟中的信任：一项中国情景下的实证研究[J].中国工业经济，2008，4：44-54.

［75］[奥]庞巴维克.资本实证论[M].陈端，译.北京：商务印书馆，1964.

［76］彭为，陈建国，Cui Qingbin，等.公私合作项目物有所值评估比较与分析[J].软科学，2014，5：28-33.

［77］亓霞，柯永建，王守清.基于案例的中国PPP项目的主要风险因素分析[J].中国软科学，2009，5：107-113.

［78］邱皓政，林碧芳.结构方程的原理与应用[M].北京：中国轻工业出版社，2009.

［79］[法]让·巴蒂斯特·萨伊.政治经济学概论[M].赵康英，等，译.北京：华夏出版社，2014.

［80］任浩，甄杰.管理学百年演进与创新：组织间关系的视角[J].中国工业经济，2012，12：89-101.

［81］沈岐平，刘贵文.建设项目价值管理：理论与实践[M].北京：中国水利水电出版社，2008.

［82］斯蒂芬·A·罗斯，伦道夫·W·威斯特菲尔德，杰弗利·F·杰富.公司理财（第9版）[M].吴世农，等，译.北京：机械工业出版社，2012.

［83］[美]斯蒂芬·范埃弗拉.政治学研究方法指南[M].陈琪，译.北京：北京大学出版社，2006.

［84］宋金波，常静，靳璐璐.BOT项目提前终止关键影响因素——基于多案例的研究[J].管理案例研究与评论，2014，7（1）：86-95.

［85］宋波，徐飞.公私合作制（PPP）研究：基于基础设施项目建设运营过程[M].上海：上海交通大学出版社，2011.

［86］宋海燕.多视角下的企业价值创造[J].统计与决策，2012，24：196-198.

［87］孙国强.关系、互动与协同：网络组织的治理逻辑[J].中国工业经济，2003，11：14-20.

［88］孙慧，范志清，石烨.PPP模式下高速公路项目最优股权结构研究[J].管理工程学报，2011，1：154-157.

［89］孙元欣，于茂荐.关系契约理论研究述评[J].学术交流，2010，197（8）：117-123.

［90］唐文哲，强茂山，陆佑楣，等.基于伙伴关系的项目风险管理研究[J].水力发电，2006，32（7）：1-4.

［91］汪丁丁.行为经济学讲义：演化论视角[M].上海：上海人民出版社，2011.

［92］王其藩.系统动力学（修订版）[M].北京：清华大学出版社，1994.

［93］王守清.PPP，赢在共同经营[J].新理财（政府理财），2015，11：36-37.

［94］王天义.PPP对政企关系的界定[J].中国金融，2016，19：82-83.

［95］王天义.全球化视野的可持续发展目标与PPP标准：中国的选择[J].改革，2016，2：20-34.

［96］王俊豪，付金存.公私合作制的本质特征与中国城市公用事业的政策选择[J].中国工业经济，2014，7：96-108.

［97］王雪青，喻刚，邴兴国.PPP项目融资模式风险分担研究[J].软科学，2007，21（6）：39-42.

［98］王玺，夏强.政府和企业合作（PPP）财政承诺管理研究：以青岛地铁X号线PPP项目为例[J].财政研究，2016，9：64-76.

[99] 王旭.公民参与行政的风险及法律规制[J].中国社会科学，2016，6：112-132.

[100] 王学军，张弘.公共价值的研究路径与前沿问题[J].公共管理学报，2013，2：126-136.

[101] 王亚娟，刘益，张钰.关系价值还是关系陷入？——供应商与客户关系耦合的权变效应研究[J].管理评论，2014，26（2）：165-176.

[102] 韦倩，姜树广.社会合作秩序何以可能：社会科学的基本问题[J].经济研究，2013，11：140-151.

[103] [英]威廉·配第.赋税论[M].马妍，译.北京：中国社会科学出版社，2010.

[104] 温来成，刘洪芳，彭羽.政府和企业合作（PPP）财政风险监管问题研究[J].中央财经大学学报，2015，12：3-8.

[105] 吴孝灵，陆冰，石岢然，等.政府补偿情景下考虑私人损失规避的PPP项目投资决策模型[J].系统管理学报，2016，25（4）：683-690.

[106] 吴娅茹，贾后明.资本、生产要素与价值创造[J].清华大学学报（哲学社会科学版），2002，3：50-55.

[107] 吴隽，张剑英，任丽娟.基于证据推理与粗集理论的供应链合作伙伴选择方法研究[J].中国软科学，2005，3：130-133.

[108] 吴正泓，陈通，张保银.间接互惠下公共文化PPP项目机会主义行为[J].北京理工大学学报（社会科学版），2016，18（6）：80-84.

[109] 谢恩，梁杰.伙伴选择、伙伴控制与供应商网络治理[J].软科学，2016，6：57-61.

[110] 谢蕾蕾，宋志刚，何旭洪.SPSS统计分析实用教程（第二版）[M].北京：人民邮电出版社，2013.

[111] 谢小庆，王丽.因素分析——一种科学研究的工具[M].北京：中国社会科学出版社，1989.

[112] 邢会强.PPP模式中的政府定位[J].法学，2015，11：17-23.

[113] 徐浩萍，吕长江.政府角色、所有权性质与权益资本成本[J].会计研究，2007，6：61-68.

[114] [英]亚当·斯密.国富论[M].谢宗林，译.北京：中央编译出版社，2011.

[115] 严玲，史志成，严敏，等.公共项目契约治理与关系治理：替代还是互补？[J].土木工程学报，2016，49（11）：115-128.

[116] 杨瑞龙，聂辉华.不完全契约理论：一个综述[J].经济研究，2006，2：104-115.

[117] 杨卫华，戴大双，韩明杰.基于风险分担的污水处理BOT项目特许价格调整研究[J].管理学报，2008，5（3）：366-370.

[118] 姚鹏程，王松江.双层目标规划模型在PPP项目中的应用研究[J].中国行政管理，2010，8：122-125.

[119] 叶晓甦.工程财务管理[M].北京：中国建筑工业出版社，2011.

[120] 叶晓甦，徐春梅.我国公共项目公私合作（PPP）模式研究述评[J].软科学，2013，27（6）：6-9.

[121] 叶晓甦，邓云.伙伴关系视角的PPP基础设施项目可持续性实现途径研究[J].科技管理研究，2014，12：189-193.

[122] 叶晓甦，石世英，田娇娇.城市基础设施PPP项目公私责任厘定：公平与效率视角[J].青海社会科学，2015，4：52-58.

[123] 叶晓甦，石世英，刘李红.PPP项目伙伴主体、合作环境与公共产品供给的关系研究[J].北京交通大学学报（社会科学版），2017，16（1）：45-54.

[124] 叶晓甦，石世英，刘李红，等.考虑交易成本的公共项目可融资性研究[J].财会月刊，2017，5：3-8.

[125] 易欣.PPP轨道交通项目合作伙伴三阶段选择机制[J].土木工程与管理学报，2016，33（2）：43-51.

[126] 余菁.案例研究与案例研究方法[J].经济管理，2004，20：24-29.

[127] 于景元，钱学森.关于开放的复杂局系统的研究[J].系统工程理论与实践，1992，5：8-12.

[128] 袁方，王汗生.社会研究方法教程[M].北京：北京大学出版社，2003.

[129] 袁竞峰，王帆，李启明，等.基础设施PPP项目的VfM评估方法研究及应用[J].现代管理科学，2012，1：27-30.

[130] [美]约瑟夫·E·斯蒂格利茨.公共部门经济学[M].北京：中国人民大学出版社，2005.

[131] 张守文.PPP的公共性及其经济法解析[J].法学，2015，11：9-16.

[132] 张水汪，孙建强.非经营性政府投资项目代建制成功标准框架模型——基于"物有所值（Value for Money）"原则[J].城市发展研究，2014，21（12）：1-4.

[133] 张万宽.公私伙伴关系治理[M].北京：社会科学文献出版社，2011.

[134] 张文彤，董伟.SPSS统计分析高级教程[M].北京：高等教育出版社，2013.

[135] 张维迎.企业寻求政府支持的收益、成本分析[J].新西部，2001，8：55-56.

[136] 张五常.经济解释[M].北京：中信出版社，2014.

[137] 张衍，魏中许.如何破解人类合作之谜——与黄少安教授商榷[J].中国社会科学，2016，3：90-94.

[138] 张先治.论以现金流量为基础的价值评估[J].求是学刊，2000，139（6）：40-45.

[139] 张秀华.工程共同体的结构及维系机制[J].自然辩证法研究，2009，25（1）：86-90.

[140] 张延锋，刘益，李垣.战略联盟价值创造与分配分析[J].管理工程学报，2003，2：20-23.

[141] 张喆，万迪昉，贾明. PPP三层次定义及契约特征[J]. 软科学，2008，1：5-8.

[142] 郑志强，陶长琪，冷毅. 大型体育设施供给PPP模式的合作博弈分析[J]. 体育科学，2011，31（5）：27-32.

[143] 朱瑞博. 模块生产网络价值创新的整合架构研究[J]. 中国工业经济，2006，1：98-105.

[144] 庄贵军，席酉民. 关系营销在中国的文化基础[J]. 管理世界，2003（10）：98-110.

[145] 周黎安，陶婧. 政府规模、市场化与地区腐败问题[J]. 经济研究，2009，1：57-69.

[146] 朱乃平，朱丽，孔玉生，等. 技术创新投入、社会责任承担对财务绩效的协同影响研究[J]. 会计研究，2014，2：57-64.

[147] Abel A. B., Eberly J. C. How Q and Cash Flow Affect Investment without Frictions: An Analytic Explanation[J]. Review of Economic Studies，2011，78：1179-1200.

[148] Adams J., Young A., Wu Z. Public private partnerships in China: System, constraints and future prospects[J]. International Journal of Public Sector Management，2006，19（4）：384-396.

[149] Ahmed S.A., Ali S. M. People as partners: Facilitating people's participation in public-private partnerships for solid waste management[J]. Habitat International，2006，30（4）：781-796.

[150] Akintoye A., Beck M., Hardcastle. Public-private partnerships: managing risks and opportunities[M]. Oxford: Blackwell Science Ltd，2003.

[151] Alchian A., Demsetz H. Production, Information Costs, and Economic Organization[J]. The American Economic Review，1972，62（5）：777-795.

[152] Almeida H., Campello M., Weisbach M. S. The Cash Flow Sensitivity of Cash[J]. The Journal of Finance，2004，59（4）：1777-1804.

[153] Alston L. J., Gillespie W. Resource coordination and transaction costs: A framework for analyzing the firm/market boundary[J]. Journal of Economic Behavior & Organization，1989，11（2）：191-212.

[154] Amit R., Schoemaker P. J. H. Strategic Assets and Organizational Rent[J]. Strategic Management Journal，1993，14（1）：33-46.

[155] Amit R., Zott C. Value creation in e-business[J]. Strategic Management Journal，2001，22：493-520.

[156] Amit R., Zott C. Creating Value Through Business Model Innovation[J]. MIT Sloan Management Review，2012，53（3）：41-49.

[157] Anderlini L., Felli L. Incomplete written contracts: Undescribable states of nature[J]. Quarterly Journal of Economics，1994，109（4）：1085-1124.

[158] Anderson J. C., Håkansson H., Johanson J. Dyadic Business Relationships within a Business Network Context[J]. Journal of Marketing, 1994, 58(4): 1-15.

[159] Andersen O. J. Public-Private Partnerships: Organisational Hybrids as Channels for Local Mobilisation and Participation?[J]. Scandinavian Political Studies, 2004, 27(1): 1-21.

[160] Andrews R., Entwistle T. Does Cross-Sectoral Partnership Deliver? An Empirical Exploration of Public Service Effectiveness, Efficiency, and Equity[J]. Journal of Public Administration Research and Theory, 2010, 20: 679-701.

[161] Arve M., Martimort D. Dynamic Procurement under Uncertainty: Optimal Design and Implications for Incomplete Contracts[J]. American Economic Review, 2016, 106(11): 3238-3274.

[162] Axelrod R. The Evolution of Cooperation[M]. New York: Basic Books, Inc, 1984.

[163] Axelrod R., Dion D. The Further Evolution of Cooperation[J]. Science, 1988, 242(4884): 1385-1390.

[164] Austin J. E. Strategic Collaboration Between Nonprofits and Business[J]. Nonprofit and Voluntary Sector Quarterly, 2000, 29(1): 69-97.

[165] Austin J. E. From organization to organization: On creating value[J]. Journal of Business Ethics, 2010, 94: 13-15.

[166] Austin J., Seitanidi M. Collaborative Value Creation: A Review of Partnering Between Nonprofits and Businesses: Part I. Value Creation Spectrum and Collaboration Stages[J]. Nonprofit and Voluntary Sector Quarterly, 2012a, 5: 726-758.

[167] Austin J. E., Seitanidi M. M. Collaborative Value Creation: A Review of Partnering Between Nonprofits and Businesses. Part 2: Partnership Processes and Outcomes[J]. Nonprofit and Voluntary Sector Quarterly, 2012b, 41(6): 929-968.

[168] Aziz A. M. A. Successful delivery of public-private partnerships for infrastructure development[J]. Journal of Construction Engineering and Management, 2007, 133(12): 918-931.

[169] Bajari P., Houghton S., Tadelis S. Bidding for Incomplete Contracts: An Empirical Analysis of Adaptation Costs[J]. American Economic Review, 2014, 104(4): 1288-1319.

[170] Baker N. B. Transaction Costs in Public-Private Partnerships: The Weight of Institutional Quality in Developing Countries Revisited[J]. Public Performance & Management Review, 2016, 40(2): 431-455.

[171] Barney J. Firm Resources and Sustained Competitive Advantage[J].Journal of Management,

1991, 17(1): 99-120.

[172] Barringer B. R., Harrison J. S. Walking a Tightrope: Creating Value Through Interorganizational Relationships[J]. Journal of Management, 2000, 26(3): 367-403.

[173] Bennett A. Sustainable public/private partnerships for public service delivery[J]. Natural Resources Forum, 1998, 22(3): 193-199.

[174] Benton W.C., Maloni M. The influence of power driven buyer/seller relationships on supply chain satisfaction[J]. Journal of Operations Management, 2005, 23(1): 1-22.

[175] Besley T., Ghatak M. Government versus Private Ownership of Public Goods[J]. The Quarterly Journal of Economics, 2001, 116(4): 1343-1372.

[176] Bettignies J., Ross T. W. Public-private partnerships and the privatization of financing: An incomplete contracts approach[J]. International Journal of Industrial Organization, 2009, 27: 358-368.

[177] Bolton R. N. A Dynamic Model of the Duration of the Customer's Relationship with a Continuous Service Provider: The Role of Satisfaction[J]. Marketing Science, 1998, 17(1): 45-65.

[178] Bovaird T. Public-Private Partnerships: from Contested Concepts to Prevalent Practice[J]. International Review of Administrative Sciences, 2004, 70: 199-215.

[179] Bowman C., Ambrosini V. Value Creation Versus Value Capture: Towards a Coherent Definition of Value in Strategy[J]. British Journal of Management, 2000, 11: 1-15.

[180] Boyer E., Slyke D., Rogers J. An Empirical Examination of Public Involvement in Public-Private Partnerships: Qualifying the Benefits of Public Involvement in PPPs[J]. Journal of Public Administration Research and Theory, 2016, 26(1): 45-61.

[181] Boyer E. J. Identifying a Knowledge Management Approach for Public-Private Partnerships[J]. Public performance and management review, 2016, 40(1): 158-180.

[182] Brinkerhoff J. M. Assessing and improving partnership relationships and outcomes: a proposed framework[J]. Evaluation and Program Planning, 2002, 25: 215-231.

[183] Brinkerhoff J. M. Government-nonprofit partnership: a defining framework[J]. Public Administration and Development, 2002, 22: 19-30.

[184] Brinkerhoff D. W., Brinkerhoff J. M. Public-private partnerships: Perspectives on purposes, publicness, and good governance[J]. Public Administration and Development, 2011, 31: 2-14.

[185] Brown T. A. Confirmatory factor analysis for applied research[M]. New York: The Guilford Press, 2006.

[186] Brown T. L., Potoski M. Contract-Management Capacity in Municipal and County Governments[J]. Public Administration Review, 2003, 63(2): 153-164.

[187] Brown T, Potoski M. Transaction Costs and Contracting: The Practitioner Perspective[J]. Public Performance & Management Review, 2005, 28(3): 326-351.

[188] Brown T. L., Potoski M., Van Slyke D. Managing Complex Contracts: A Theoretical Approach[J]. Journal of Public Administration Research and Theory, 2016, 26(2): 294-308.

[189] Brown T, Potoski M., Van Slyke D. M. The impact of transaction costs on the use of mixed service delivery by local governments[J]. Journal of Strategic Contracting and Negociation, 2016, doi: 10.1177/2055563616631563.

[190] Bucklin L. P., Sengupta S. Organizing successful co-marketing alliances[J]. Journal of Marketing, 1993, 57(2): 32-46.

[191] Burdett K., Coles M. G. Long-Term Partnership Formation: Marriage and Employment[J]. The Economic Journal, 1999, 109(456): 307-334.

[192] Carpintero S., Petersen O H. Bundling and Unbundling in Public-Private Partnerships: Implications for Risk Sharing in Urban Transport Projects[J]. Project Management Journal, 2015, 46(4): 35-46.

[193] Chan A. P. C., Lam P., Chan D., Cheung E., Ke Y. Critical Success Factors for PPPs in Infrastructure Developments: Chinese Perspective[J]. Journal of Construction Engineering and Management, 2010, 136(5): 484-494.

[194] Charness G., Dufwenberg M. Promises and Partnership[J]. Econometrica, 2006, 74(6): 1579-1601.

[195] Chattopadhyay P., Glick W. H., Huber G. P. Organizational Actions in Response to Threats and Opportunities[J]. The Academy of Management Journal, 2001, 44(5): 937-955.

[196] Chen C., Hubbard M., Liao C. When Public-Private Partnerships Fail[J]. Public Management Review, 2013, 15(6): 839-857.

[197] Chen A, Subprasom K. Analysis of regulation and policy of private toll roads in a build-operate-transfer scheme under demand uncertainty[J]. Transportation Research Part A, 2007, 41: 537-558.

[198] Chong E., Huet F., Saussier S., Steiner F. Public-Private Partnerships and Prices: Evidence from Water Distribution in France[J]. Review of Industrial Organization, 2006, 29(1/2): 149-169.

[199] Chung S., Singh H., Lee K. Complementarity, Status Similarity and Social Capital as Drivers of Alliance Formation[J]. Strategic Management Journal, 2000, 21(1): 1-22.

[200] Clerck D., Demeulemeester E. Creating a More Competitive PPP Procurement Market: Game Theoretical Analysis[J]. Journal of Management in Engineering, 2016, doi: 10.1061/(ASCE)ME.1943-5479.0000440, 04016015.

[201] Coase R. The Nature of the Firm[J]. Economica, 1937, 4: 386-405.

[202] Coase R. The Problem of Social Cost[J]. Journal of Law & Economics, 1960, 3: 1-44.

[203] Coase R. The lighthouse in Economics[J]. Journal of Law and Economics, 1976, 17: 357-376.

[204] Cobb C. W., Douglas P. H. A Theory of Production[J]. The American Economic Review, 1928, 18(1): 139-165.

[205] Cohen J. Statistical Power Analysis for the Behavioral Sciences[M]. 2nd ed. England: Lawrence Erlbaum Associates, 1988.

[206] Collis D. How Valuable are Organizational Capabilities? [J]. Strategic Management Journal, 1994, 15: 143-152.

[207] Collin S. In the Twilight Zone: A Survey of Public-Private Partnerships in Sweden[J]. Public Productivity & Management Review, 1998, 21(3): 272-283.

[208] Colman A. M. The Puzzle of Cooperation[J]. Nature, 2006, 440(7085): 744.

[209] Commons J. R. The economics of collective actions[M]. Madison: University of Wisconsin Press, 1950.

[210] Copeland T., Coller T., Murrin J. Valuation: Measuring and Managing the Value of Companies[M]. USA: John Wiley & Sons, 1994.

[211] Cramm J. M., Phaff S., Nieboer A. P. The role of partnership functioning and synergy in achieving sustainability of innovative programmes in community care[J]. Health and Social Care in the Community, 2013, 21(2): 209-215.

[212] Cronbach L. J. Coefficient alpha and the internal structure of tests[J]. Psychometrika, 1951, 16(3): 297-334.

[213] Cullen J. B., Johnson J. L., Sakano T. Success Through Commitment and Trust: The Soft Side of Strategic Alliance Management[J]. Journal of World Business, 2000, 35(3): 223-240.

[214] Currie D., Teague P. Conflict Management in Public-Private Partnerships: The Case of the London Underground[J]. Negotiation Journal, 2015, 31(3): 237-266.

[215] Custos D., Reitz J. Public-Private Partnerships[J]. The American Journal of Comparative

Law, 2010, 58: 555-584.

[216] Dao B., Kermanshachi S., Shane J., Anderson S., Hare E. Exploring and Assessing Project Complexity[J]. Journal of Construction Engineering and Management, 2016, 10.1061/(ASCE)CO. 1943-7862.0001275.

[217] Das T. K., Teng B. S. Risk Types and Inter-firm Alliances Structures[J]. Journal of Management Studies, 1996, 33(6): 827-843.

[218] Das T. K., Teng B. S. Between trust and control: developing confidence in partner cooperation in alliances[J]. Academy of Management Review, 1998, 23(3): 491-512.

[219] Das T. K., Teng B. A Resource-Based Theory of Strategic Alliances[J]. Journal of Management, 2000, 26(1): 31-61.

[220] De Ven A. On the nature, formation, and maintenance of relations among organizations[J]. The Academy of Management Review, 1976, 1(4): 24-36.

[221] de Wit A. Measurement of project success[J]. International Journal of Project Management, 1988, 6(3): 164-70.

[222] Demsetz H. The Private Production of Public Goods[J]. The Journal of Law & Economics, 1970, 13(2): 293-306.

[223] Denhardt R. B., Denhardt J. V. The New Public Service: Serving Rather Than Steering[J]. Public Administration Review, 2000, 60(6): 549-559.

[224] Diaz G. The contractual and administrative regulation of public-private partnership[J]. Utilities Policy, 2016, http://dx.doi.org/10.1016/j.jup.2016.04.011.

[225] Dwyer F. R., Schurr P. H., Oh S. Developing Buyer-Seller Relationships[J]. Journal of Marketing, 1987, 51(2): 11-27.

[226] Dyer J. H. Effective Interfirm Collaboration: How Firms Minimize Transaction Costs and Maximze Transaction Value[J]. Strategic Management Journal, 1997, 18(7): 535-556.

[227] Dyer J H., Singh H. The Relational View: Cooperative Strategy and Sources of Interorganizational Competitive Advantage[J]. The Academy of Management Review, 1998, 23(4): 660-679.

[228] El-Gohary N. M., Osman H., El-Diraby T. E. Stakeholder management for public private partnerships[J]. International Journal of Project Management, 2006, 24: 595-604.

[229] Engel E., Fischer R. D., Galetovic A. The Economics of Public-Private Partnerships: A Basic Guide[M]. New York: Cambridge University Press, 2014.

[230] Ennen E., Richter A. The Whole Is More Than the Sum of Its Parts-Or Is It? A Review of the Empirical Literature on Complementarities in Organizations[J]. Journal of Management,

2010, 36(1): 207-233.

[231] Entwistle T., Martin S. From competition to collaboration in public service delivery: A new agenda for research[J]. Public Administration, 2005, 83: 233-242.

[232] Essig M., Batran A. Public-private partnership-Development of long-term relationships in public procurement in Germany[J]. Journal of Purchasing and Supply Management, 2005, 11: 221-231.

[233] Evanschitzky H., Caemmerer B., Backhaus C. The Franchise Dilemma: Entrepreneurial Characteristics, Relational Contracting, and Opportunism in Hybrid Governance[J]. Journal of Small Business Management, 2016, 54(1): 279-298.

[234] Fandel G., Giese A., Mohn B. Measuring synergy effects of a Public Social Private Partnership (PSPP) project[J]. International Journal Production Economics, 2012, 140: 815-824.

[235] Farrell J., Scotchmer S. Partnerships[J]. The Quarterly Journal of Economics, 1988, 103(2): 279-297.

[236] Fehr E., Gächter S. Cooperation and Punishment in Public Goods Experiments[J]. The American Economic Review, 2000, 90(4): 980-994.

[237] Ferris J., Graddy E. Production costs, transaction costs, and local government contractor choice[J]. Economic Inquiry, 1991, 24: 541-554.

[238] Field J. E., Peck E. Concordat or contract: Factors facilitating or impeding the development of public/private partnerships in healthcare in England[J]. Public Management Review, 2004, 6(2): 253-272.

[239] Fischer K., Jungbecker A., Alfen H. The emergence of PPP Task Forces and their influence on project delivery in Germany[J]. International Journal of Project Management, 2006, 24: 539-547.

[240] Flemming J., Mayer C. The Assessment: Public-Sector Investment[J]. Oxford Review of Economic Policy, 1997, 13(4): 1-11.

[241] Fong Y., Li J. Information Revelation in Relational Contracts[J]. Review of Economic Studies, 2017, 84: 277-299.

[242] Fornell C., Wernerfelt B. Defensive Marketing Strategy by Customer Complaint Management: A Theoretical Analysis[J]. Journal of Marketing Research, 1987, 24(4): 337-346.

[243] Foss K., Foss N. J. Resources and transaction costs: how property rights economics furthers the resource-based view[J]. Strategic Management Journal, 2005, 26: 541-553.

[244] Fourie F. C, Burger P. An Economic Analysis and Assessment of Public-Private Partnerships (PPPs)[J]. South African Journal of Economics, 2000, 68(4): 305-316.

[245] Frankel R., Whipple J. S., Frayer D. J. Formal versus informal contracts: Achieving alliance success[J]. International Journal of Physical Distribution and Logistics Management, 1996, 26(3): 47-63.

[246] Freeman M., Beale P. Measuring Project Success[J]. Project Management Journal, 1992, 23(1): 8-17.

[247] Galbreath J. Twenty-first century management rules: the management of relationships as intangible assets[J]. Management Decision, 2002, 40(2): 116-126.

[248] Garvin M. Enabling Development of the Transportation Public-Private Partnership Market in the United States[J]. Journal of Construction Engineering and Management, 2010, 136(4): 402-411.

[249] Gestel N., Koppenjan J., Schrijver I., de Ven A., Veeneman W. Managing Public Values in Public-Private Networks: A Comparative Study of Innovative Public Infrastructure Projects[J]. Public Money & Management, 2008, 28(3): 139-145.

[250] Ghosh M., John G. Governance Value Analysis and Marketing Strategy[J]. Journal of Marketing, 1999, 63: 131-145.

[251] Glendinning R. The Concept of Value for Money[J]. International Journal of Public Sector Management, 1988, 1(1): 42-50.

[252] Glumac B, Han Q., Schaefer W, Krabben E. Negotiation issues in forming public-private partnerships for brownfield redevelopment: Applying a game theoretical experiment[J]. Land Use Policy, 2015, 47: 66-77.

[253] Greenwood R., Raynard M., Kodeih F., Micelotta E. R., Lounsbury M. Institutional Complexity and Organizational Responses[J]. The Academy of Management Annals, 2011, 5(1): 317-371.

[254] Grimsey D., Lewis M. K. Public Private Partnerships: The Worldwide Revolution in Infrastructure Provision and Project Finance[M]. Cheltenham, Edward Elgar, 2004.

[255] Grimsey D., Lewis M. K. Are Public Private Partnerships value for money?: Evaluating alternative approaches and comparing academic and practitioner views[J]. Accounting Forum, 2005, 29(4): 345-378.

[256] Grönroos C. From Marketing Mix to Relationship Marketing[J]. Management Decision, 1994, 32(2): 4-20.

[257] Grossman S., Hart O. The Costs and Benefits of Ownership: A Theory of Vertical and

Lateral Integration[J]. Journal of Political Economy, 1986, 94: 691-719.

[258] Grout P. The Economics of the Private Finance Initiative[J]. Oxford Review of Economic Policy, 1997, 13(4): 53-66.

[259] Gruber T. R. Toward principles for the design of ontologies used for knowledge sharing? [J]. International Journal of Human-Computer Studies, 1995, 43(5/6): 907-928.

[260] Guasch J. L., Laffont J-J., Straub S. Renegotiation of concession contracts in Latin America: Evidence from the water and transport sectors[J]. International Journal of Industrial Organization, 2008, 26: 421-442.

[261] Gulati R., Gargiulo M. Where do inter-organizational networks come from? [J]. American Journal of Sociology, 1999, 104(5): 1439-1494.

[262] Gummesson E. Total relationship marketing[M]. 2nd ed. Woburn, MA: Butterworth-Heinemann, 2002.

[263] Haig B. D. Exploratory Factor Analysis, Theory Generation, and Scientific Method[J]. Multivariate Behavioral Research, 2005, 40(3): 303-329.

[264] Ham H. V., Koppenjan J. Building Public-Private Partnerships: assessing and managing risks in port development[J]. Public Management Review, 2001, 4(3): 593-616.

[265] Hart O. Incomplete Contracts and Public Ownership: Remarks, and an Application to Public-Private Partnerships[J]. The Economic Journal, 2003, 113(486): 69-76.

[266] Hart O., Moore J. Incomplete Contracts and Renegotiation[J]. Econometrica, 1988, 56(4): 755-785.

[267] Hart O., Moore J. Contracts as reference points[J]. Quarterly Journal of Economics, 2008, 123(1): 1-48.

[268] Hatani F. Institutional plasticity in public-private interactions: Why Japan's port reform failed[J]. Journal of World Business, 2016, 51: 923-936.

[269] Hefetz A., Warner M. Privatization and Its Reverse: Explaining the Dynamics of the Government Contracting Process[J]. Journal of Public Administration Research and Theory, 2004, 14(2): 171-190.

[270] Herian M. N., Hamm J. A., Tomkins A. J., Zillig L. M. P. Public participation, procedural fairness, and evaluations of local governance: The moderating role of uncertainty[J]. Journal of Public Administration Research and Theory, 2012, 22: 815-40.

[271] Hillman A. J., Withers M. C., Collins B. J. Resource Dependence Theory: A Review[J]. Journal of Management, 2009, 35(6): 1404-1427.

[272] Hirshleifer J. On the Theory of Optimal Investment Decision[J]. Journal of Political

Economy, 1958, 66(4): 329-352.

[273] Hirshleifer J. Investment Decision under Uncertainty: Choice-Theoretic Approaches[J]. The Quarterly Journal of Economics, 1965, 79(4): 509-536.

[274] Hirshleifer J., Glazer A., Hirshleifer D. Price Theory and Applications: Decisions, Markets, and Information[M]. 7th Ed. New York: Cambridge University Press, 2005.

[275] Hitt M. A., Ireland R. D., Hoskisson R. E. Strategic management: competitiveness and globalization[M]. 2nd ed. New York: West, 1997.

[276] Ho S. P. Model for Financial Renegotiation in Public-Private Partnership Projects and Its Policy Implications: Game Theoretic View[J]. Journal of Construction Engineering and Management, 2006, 132(7): 678-688.

[277] Ho S. P., Levitt R., Tsui C., Hsu Y. Opportunism-Focused Transaction Cost Analysis of Public-Private Partnerships[J]. Journal of Management in Engineering, 2015, doi: 10.1061/(ASCE)ME.1943-5479.0000361.

[278] Hockerts K. How Hybrid Organizations Turn Antagonistic Assets into Complementarities[J]. California Management Review, 2015, 57(3): 83-107.

[279] Hodge G. A., Greve C. Public-Private Partnerships: An International Performance Review[J]. Public Administration Review, 2007, 67: 545-558.

[280] Holmlund M., Tonroos J. What are Relationships in Business Network[J]. Management Decision, 1997, 35(4): 304-309.

[281] House S. Responsive regulation for water PPP: Balancing commitment and adaptability in the face of uncertainty[J]. Policy and Society, 2016, 35: 179-191.

[282] Huxham, C.(ed.). Creating collaborative advantage[M]. London: Sage, 1996.

[283] Iossa E., Martimort D. Risk allocation and the costs and benefits of public-private partnerships[J]. RAND Journal of Economics, 2012, 43(3): 442-474.

[284] Irvin R. A., Stansbury J. Citizen Participation in Decision Making: Is It Worth the Effort? [J]. Public Administration Review, 2004, 64(1): 55-65.

[285] Jackson B. Winning and keeping industrial customers: the dynamics of customer relations[M]. Lexington, MA: D. C. Heath and Company, 1985.

[286] Jagosh J., Bush P. L., Salsberg J., et al. A realist evaluation of community-based participatory research: partnership synergy, trust building and related ripple effects[J]. BMC Public Health, 2015, 15: 725-734.

[287] Jamali D. A study of customer satisfaction in the context of a public private partnership[J]. International Journal of Quality & Reliability Management, 2007, 24: 370-385.

[288] Jansen J., Tempelaar M., Van Den Bosch F., Volerda H. Structural Differentiation and Ambidexterity: The Mediating Role of Integration Mechanisms[J]. Organization Science, 2009, 20(4): 797-811.

[289] Jap S. D., Ganesan S. Control Mechanisms and the Relationship Life Cycle: Implications for Safeguarding Specific Investments and Developing Commitment[J]. Journal of Marketing Research, 2000, 37(2): 227-245.

[290] Jay J. Navigating Paradox as a Mechanism of Change and Innovation in Hybrid Organizations[J]. Academy of Management Journal, 2013, 56(1): 137-159.

[291] Johnson M., Meade L., Rogers J. Partner selection in the agile environment[C]. 4th Annual Agility Forum Conference Proc, 1995.

[292] Jørgensen T. B., Bozeman B. Public Values: An Inventory[J]. Administration & Society, 2007, 39(3): 354-381.

[293] Jørgensen T. B., Rutgers M. R. Public Values: Core or Confusion?: Introduction to the Centrality and Puzzlement of Public Values Research[J]. American Review of Public Administration, 2015, 45(1): 3-12.

[294] Joskow P. Contract duration and relationship-specific investments: Empirical evidence from coal markets[J]. American Economic Review, 1987, 77(1): 168-185.

[295] Jost G., Dawson M., Shaw D. Private Sector Consortia Working for a Public Sector Client – Factors that Build Successful Relationships: Lessons from the UK[J]. European Management Journal, 2005, 23(3): 336-350.

[296] Judge W. Q., Dooley R. Strategic Alliance Outcomes: a Transaction-Cost Economics Perspective[J]. British Journal of Management, 2006, 17: 23-37.

[297] Kale P., Singh H., Perlmutter H. Learning and protection of proprietary assets in alliance: building relational capital[J]. Strategic Management Journal, 2000, 21(3): 217-237.

[298] Kanter R. M. Collaborative advantage: the art of alliances[J]. Harvard Business Review, 1994, 7/8: 96-108.

[299] Karavezyris V., Timpe K., Marzi R. Application of system dynamics and fuzzy logic to forecasting of municipal solid waste[J]. Mathematics and Computers in Simulation, 2002, 60: 149-158.

[300] Kathlene L., Martin J. A. Enhancing citizen participation: Panel designs, perspectives, and policy formation[J]. Journal of Policy Analysis and Management, 1991, 10: 46-63.

[301] Ke Y., Wang S., Chan A. P.C., Cheung E. Understanding the risks in China's PPP projects: ranking of their probability and consequence[J]. Engineering, Construction and

Architectural Management, 2011, 18(5): 481-496.
[302] Ke Y., Wang S., Chan P. C. Risk Misallocation in Public-Private Partnership Projects in China[J]. International Public Management Journal, 2013, 16: 438-460.
[303] Keline R. B. Principles and Practice of Structural Equation Modeling[M]. 4th Ed., New York: The Guilford Press, 2016.
[304] Kelly G., Muers S. Creating public value: An analytical framework for public service reform[R]. London: Cabinet Office Strategy Unit, 2002.
[305] Khanna T. The Scope of Alliances[J]. Organization Science, 1998, 9: 340-355.
[306] Kickert W. J., Klijn E. H., Koppenjan J. Managing Complex Networks: Strategies for the Public Sector[M]. London: Sage Publications Ltd, 1997.
[307] Kivleniece I., Quelin B. V. Creating and capturing value in public-private ties: A private actor's perspective[J]. Academy of Management Review, 2012, 37: 272-299.
[308] Knight F. H. Risk, uncertainty and profit[M]. New York: Houghton Mfflin Company, 1921.
[309] Kogut B., Zander U. Knowledge of the Firm, Combinative Capabilities, and the Replication of Technology[J]. Organization Science, 1992, 3(3): 383-397.
[310] Koppenjan J. F. M., Enserink B. Public-Private Partnerships in Urban Infrastructures: Reconciling Private Sector Participation and Sustainability[J]. Public Administration Review, 2009, 69(2): 284-296.
[311] Kranton R. E., Minehart D. F. A Theory of Buyer-Seller Networks[J]. The American Economic Review, 2001, 91(3): 485-508.
[312] Kranton R. E. The Formation of Cooperative Relationships[J]. Journal of Law, Economics & Organization, 1996, 12(1): 214-233.
[313] Kujala S., Artto K., Aaltonen P., Turkulainen V. Business models in project-based firms: towards a typology of solution-specific business models[J]. International Journal of Project Management, 2010, 28(2): 96-106.
[314] Kumaraswamy M., Zou W., Zhang J. Reinforcing relationships for resilience-by embedding end-user 'people' in public-private partnerships[J]. Civil Engineering and Environmental Systems, 2015, 32: 119-129.
[315] Labonne B. Public-private partnerships in natural resources management[J]. Natural Resources Forum, 1998, 22(2): 75-76.
[316] Lacoste S., Johnsen R. E. Supplier-customer relationships: A case study of power dynamics[J]. Journal of Purchasing and Supply Management, 2015, 21(4): 229-240.

[317] Laffont J. Regulation and development[M]. Cambridge: Cambridge University Press, 2005.

[318] Lasker R. D., Weiss E. S., Miller R. Partnership Synergy: A Practical Framework for Studying and Strengthening the Collaborative Advantage[J]. The Milbank Quarterly, 2001, 79(2): 179-205.

[319] Lasker R. D., Weiss E. S. Creating partnership synergy: the critical role of community stakeholders[J]. Journal of Health and Human Services Administration, 2003, 26(1): 119-139.

[320] Laursen M., Svejvig P. Taking stock of project value creation: A structured literature review with future directions for research and practice[J]. International Journal of Project Management, 2016, 34: 736-747.

[321] Lenferink S., Tillema T., Arts J. Public-private Interaction in Contracting: Governance Strategies in the Competitive Dialogue of Dutch Infrastructure Projects[J]. Public Administration, 2013, 91(4): 928-946.

[322] Leonard-Barton D. Core Capabilities and Core Rigidities: A Paradox in Managing New Product Development[J]. Strategic Management Journal, 1992, 13: 111-125.

[323] Lepak, D. P., Smith, K. G., Taylor, M. S. Value Creation and Value Capture: A Multilevel Perspective[J]. Academy of Management Review, 2007, 32(1): 180-194.

[324] Levin J., Tadelis S. Profit Sharing and the Role of Professional Partnerships[J]. The Quarterly Journal of Economics, 2005, 120(1): 131-171.

[325] Lewin J. E., Johnston W. J. Relationship Marketing Theory in Practice: A Case Study[J]. Journal of Business Research, 1997, 39: 23-31.

[326] Li B., Akintoye A., Edwards P. J., Hardcastle C. Critical success factors for PPP/PFI projects in the UK construction industry[J]. Construction Management and Economics, 2005, 23(5): 459-471.

[327] Lin F. Y., Wang Y. Modeling Synergy Effects Considering Both Positive and Negative Factors Between Participants[J]. Lecture Notes in Electrical Engineering, 2014, 309: 645-651.

[328] Lin H. Government-Business Partnership Formation for Environmental Improvements[J]. Organization & Environment, 2014, 27(4): 383-398.

[329] Linder S. H. Coming to Terms With the Public-Private Partnership: A Grammar of Multiple Meanings[J]. American Behavioral Scientist, 1999, 43(1): 35-51.

[330] Ling T. Delivering Joined-up Government in the UK: Dimensions, Issues and Problems[J].

Public Administration, 2002, 80(4): 615-642.

[331] Ling F. Y. Y., Ning Y., Ke Y., Kumaraswamy M. M. Modeling relational transaction and relationship quality among team members in public projects in Hong Kong[J]. Automation in Construction, 2013, 36: 16-24.

[332] Liu J, Gao R., Cheah C. Y. J., Luo J. Incentive mechanism for inhibiting investors' opportunistic behavior in PPP projects[J]. International Journal of Project Management, 2016 34: 1102-1111.

[333] López-de-Silanes F., Shleifer A., Vishny R. W. Privatization in the United States[J]. The RAND Journal of Economics, 1997, 28(3): 447-471.

[334] Lowndes V., Skelcher C. The dynamics of multi-organizational partnerships: an analysis of changing models of governance?[J]. Public Administration, 1998, 76: 313-333.

[335] Lumineau F., Eckerd S., Handley S. Inter-organizational conflicts: Research overview, challenges, and opportunities[J]. Journal of Strategic Contracting and Negotiation, 2015, 1(1): 42-64.

[336] Luo Y. D. Structuring inter-organizational cooperation: The role of economic integration in strategic alliances[J]. Strategic Management Journal, 2008, 29(6): 617-637.

[337] Lyons B. R. Contracts and specific investment: an empirical test of transaction cost theory[J]. Journal of Economics & Management Strategy, 1994, 3(2): 257-278.

[338] Macneil I. R. The many futures of contracts[J]. Southern California Law Review, 1974, 47(3): 691-816.

[339] Madhok A., Tallman S. B. Resources, Transactions and Rents: Managing Value Through Interfirm Collaborative Relationships[J]. Organization Science, 1998, 9(3): 326-339.

[340] Mahoney J. T., McGahan A. M., Pitelis, C. N. The interdependence of private and public interests[J]. Organization Science, 2009, 20: 1034-1052.

[341] Majamaa W., Junnila S., Doloi H., Niemistö E. End-user oriented public-private partnerships in real estate industry[J]. International Journal of Strategic Property Management, 2008, 12(1): 1-17.

[342] Maloni M, Benton W. Power influences in the supply chain[J].Journal of Business Logistics, 2000, 21(1): 49-74.

[343] Maloni M. J., Benton W. C. Supply chain partnerships: opportunities for operations research[J]. European Journal of Operational Research, 1997, 101(3): 419-429.

[344] Margolis J. D., Walsh J. P. Misery Loves Companies: Rethinking Social Initiatives by Business[J]. Administrative Science Quarterly, 2003, 48(2): 268-305.

［345］Marschak J. Economics of Inquiring, Communicating, Deciding[J].The American Economic Review, 1968, 58(2): 1-18.

［346］Martimort D., Pouyet J. To build or not to build: Normative and positive theories of public-private partnerships[J]. International Journal of Industrial Organization, 2008, 26: 393-411.

［347］Martimort D., Straub S. How to design infrastructure contracts in a warming world: A critical appraisal of public-private partnerships[J]. International economic review, 2016, 57(1): 61-88.

［348］Maskin E., Tirole J. Public-private partnerships and government spending limits[J]. International Journal of Industrial Organization, 2008, 26: 412-420.

［349］Masten S. E., Meehan J. W., Snyder E. A. The Costs of Organization[J]. Journal of Law, Economics, & Organization, 1991, 7(1): 1-25.

［350］May R. M. Address of the President, Lord May of Oxford OM AC FRS, Given at the AnniversaryMeeting on 30 November 2005: Threats to Tomorrow's World[J]. Notes and Records of the Royal Society of London, 2006, 60(1): 109-130.

［351］Mayer J. Private Returns, Public Concerns: Addressing Private-Sector Returns in Public-Private Highway Toll Concessions[J]. Transportation Research Record, 2007, 1996: 9-16.

［352］McCann S., Aranda-Mena G., Edwards P. J. Public private partnership projects in the operating phase: Three Australian case studies[J]. Journal of Strategic Contracting & Negotiation, 2015, 1: 268-287.

［353］McNamara J. M., Bartaand Z., Houston A. I. Variationin Behaviour Promotes Cooperationin the Prisoner's DilemmaGame[J]. Nature, 2004, 428(6984): 745-748.

［354］Meidute, I., Paliulis, N. K. Feasibility study of public-private partnership[J]. International Journal of Strategic Property Management, 2011, 15(3): 257-274.

［355］Ménard C. The Economics of Hybrid Organizations[J]. Journal of Institutional and Theoretical Economics, 2004, 160(3): 345-376.

［356］Meng X., Zhao Q., Shen Q. Critical Success Factors for Transfer-Operate-Transfer Urban Water Supply Projects in China[J]. Journal of Management in Engineering, 2011, 27: 243-251.

［357］Millson M. R., Raj S. P., Wilemon D. Strategic Partnering for Developing New Products[J]. Research-Technology Management, 1996, 39(3): 41-49.

［358］Mitchell, S.M., Shortell S.M. The Governance and Management of Effective Community Health Partnerships: A Typology for Research, Policy and Practice[J]. Milbank Quarterly,

2000, 78(2): 241-89.

[359] Mohr J., Spekman R. Characteristics of Partnership Success: Partnership Attributes, Communication Behavior, and Conflict Resolution Techniques[J]. Strategic Management Journal, 1994, 15(2): 135-152.

[360] Moore M. H. Creating public Value: Strategic Management in Government[M]. Cambridge: Harvard University Press, 1995.

[361] Moorman, C., Zaltman, G., Deshpande, R. Relationships between Providers and Users of Market Research: The Dynamics of Trust within and Between Organizations[J]. Journal of Marketing Research, 1992, 29(3): 324-438.

[362] Morris P. W. G. Reconstructing Project Management[M]. Chichester: Wiley-Blackwell, 2013.

[363] Mota J., Moreira A. C. The importance of non-financial determinants on public-private partnerships in Europe[J]. International Journal of Project Management, 2015, 33: 1563-1575.

[364] Mouraviev N., Kakabadse N. K. Public-Private Partnership's Procurement Criteria: The case of managing stakeholders' value creation in Kazakhstan[J]. Public Management Review, 2015, 17(6): 769-790.

[365] Muthusamy S. K., White M. A. Learning and knowledge transfer in strategic alliances: A social exchange view[J]. Organization Studies, 2005, 26(3): 415-441.

[366] Narayandas D., Rangan V. K. Building and Sustaining Buyer-Seller Relationships in Mature Industrial Markets[J]. Journal of Marketing, 2004, 68(3): 63-77.

[367] Ng A., Loosemore M. Risk allocation in the private provision of public infrastructure[J]. International Journal of Project Management, 2007, 25: 66-76.

[368] Ni A. Y., Bretschneider S. The Decision to Contract out: A Study of Contracting for E-Government Services in State Governments[J]. Public Administration Review, 2007, 67(3): 531-544.

[369] Oliver C. Determinants of Interorganizational Relationships: Integration and Future Directions[J]. The Academy of Management Review, 1990, 15(2): 241-265.

[370] Onik H. The Cost of Communication in Economic Organization[J]. The Quarterly Journal of Economics, 1974, 88(4): 529-550.

[371] Osborne S. Public-Private Partnerships Theory and Practice in International Perspective[M]. London: Routledge, 2000.

[372] Oueniche J., Boukouras A., Rajabi M. An Ordinal Game Theory Approach to the

Analysis and Selection of Partners in Public-Private Partnership Projects[J]. Journal of Optimization Theory and Applications, 2016, 169: 314-343.

[373] Panayiotou A., Medda F. Attracting private sector participation in infrastructure investment: the UK case[J]. Public Money & Management, 2014, 34(6): 425-431.

[374] Panda D. K. Public private partnerships and value creation: the role of relationship dynamics[J]. International Journal of Organizational Analysis, 2016, 24(1): 162-183.

[375] Parker D., Hartley K. Transaction costs, relational contracting and public private partnerships: a case study of UK defence[J]. Journal of Purchasing & Supply Management, 2003, 9: 97-108.

[376] Peng M. W., Health P. S. The Growth of the Firm in Planned Economies in Transition: Institutions, Organizations, and Strategic Choice[J]. Academy of Management Review, 1996, 21(2): 492-528.

[377] Pennec M., Raufflet E. Value Creation in Inter-Organizational Collaboration: An Empirical Study[J]. Journal of Business Ethics, 2016, doi: 10.1007/s10551-015-3012-7.

[378] Penrose E. T. The theory of the growth of the firm[M]. New York: John Wiley & Sons, 1959.

[379] Pepper G. W. What Constitutes a Partnership? [J]. The American Law Register (1898-1907), 1898a, 46(3): 137-154.

[380] Pepper G. W. Partnership Property[J]. The American Law Register (1898-1907), 1898b, 46(5): 295-309.

[381] Perard E. Water supply: Public or private? An approach based on cost of funds, transaction costs, efficiency and political costs[J]. Policy and Society, 2009, 27: 193-219.

[382] Percoco M. Quality of institutions and private participation in transport infrastructure investment: Evidence from developing Countries[J]. Transportation Research Part A, 2014, 70: 50-58.

[383] Peteraf M. A., Barney J. B. Unraveling the Resource-Based Tangle[J]. Managerial and Decision Economics, 2003, 24(4): 309-323.

[384] Pfeffer, J., Salancik, G. R. The external control of organizations: A resource dependence perspective[M]. New York: Harper & Row, 1978.

[385] Polidano C. Measuring Public Sector Capacity[J]. World Development, 2000, 28(5): 805-822.

[386] Pollitt C. Joined up Government: A Survey[J]. Political Studies Review, 2003, 1(1): 34-49.

[387] Poppo L., Zenger T. Do Formal Contracts and Relational Governance Function as Substitutes or Complements? [J]. Strategic Management Journal, 2002, 8: 707-725.

[388] Powell W. W. Hybrid Organizational Arrangements: New Form or Transitional Development? [J]. California Management Review, 1987, 30(1): 67-87.

[389] Prahalad C. K., Hamel G. The Core Competence of Corporation[J]. Harvard Business Review, 1999, 5/6: 79-91.

[390] Priem R. L. A Consumer Perspective on Value Creation[J]. The Academy of Management Review, 2007, 32(1): 219-235.

[391] Pusok K. Public-Private Partnerships and Corruption in the Water and Sanitation Sectors in Developing Countries[J]. Political Research Quarterly, 2016, 69(4): 678-691.

[392] Qiu L. D., Wang S. BOT projects: Incentives and efficiency[J]. Journal of Development Economics, 2011, 94: 127-138.

[393] Rahman M. M., Kumaraswamy M. M. Contracting Relationship Trends and Transitions[J]. Journal of Management in Engineering, 2004, 20(4): 147-161.

[394] Rangan S., Samii R., Wassenhove L. Constructive Partnerships: When Alliances between Private Firms and Public Actors Can Enable Creative Strategies[J]. The Academy of Management Review, 2006, 31(3): 738-751.

[395] Reichelstein S. Investment Decisions and Managerial Performance Evaluation[J]. Review of Accounting Studies, 1997, 2(2): 157-180.

[396] Reuer J. J., Arino A. Strategic alliance contracts: Dimensions and determinants of contractual complexity[J]. Strategic Management Journal, 2007, 28(3): 313-330.

[397] Reynaers A. Public Values in Public-Private Partnerships[J]. Public Administration Review, 2014, 1: 41-50.

[398] Reynaers A., Paanakker H. To Privatize or Not? Addressing Public Values in a Semiprivatized Prison System[J]. International Journal of Public Administration, 2016, 39(1): 6-14.

[399] Ring P. S., Van De Ven A. H. Structuring Cooperative Relationships between Organizations[J]. Strategic Management Journal, 1992, 13(7): 483-498.

[400] Ring P. S., van de Ven A. H. Developmental Processes of Cooperative Interorganizational Relationships[J]. The Academy of Management Review, 1994, 19(1): 90-118.

[401] Roehrich J. K., Lewis M. A., George G. Are public-private partnerships a healthy option? A systematic literature review[J]. Social Science & Medicine, 2014, 113: 110-119.

[402] Rosenau P. The strengths and weaknesses of public-private policy partnerships[M].

Cambridge MA: The MIT Press, 2000.

[403] Rouhani O. M., Gao H.O., Geddes R. R. Policy lessons for regulating public-private partnership tolling schemes in urban environments[J]. TransportPolicy, Transport Policy, 2015, 41: 68-79.

[404] Rwelamila P., Fewings P., Henjewele C. Addressing the missing link in PPP projects: What constitutes the public? [J]. Journal of Management in Engineering, 2015, 31(5): 04014085.

[405] Savas E. S. Privatization and Public-Private Partnerships[M]. New York: Chatham House, 2000.

[406] Schaeffer P. V., Loveridge S. Toward an Understanding of Types of Public-Private Cooperation[J], Public Performance & Management Review, 2002, 26(2): 169-189.

[407] Schepper S D, Haezendonck E, Dooms M. Understanding pre-contractual transaction costs for Public-Private Partnership infrastructure projects[J]. International Journal of Project Management, 2015, 33: 932-946.

[408] Scharle P. Public-Private Partnership (PPP) as a Social Game[J]. Innovation, 2002, 15(3): 227-252.

[409] Schepker D. J., Oh W., Martynov A., Poppo L. The Many Futures of Contracts: Moving Beyond Structure and Safeguarding to Coordination and Adaptation[J]. Journal of Management, 2014, 40(1): 193-225.

[410] Segal I. Complexity and Renegotiation: A Foundation for Incomplete Contracts[J]. The Review of Economic Studies, 1999, 66(1): 57-82.

[411] Selnes F. Antecedents and consequences of trust and satisfaction in buyer-seller Relationships[J]. European Journal of Marketing, 1998, 32(3/4): 305-322.

[412] Seth A. Sources of Value Creation in Acquisitions: An Empirical Investigation[J]. Strategic Management Journal, 1990, 11(6): 431-446.

[413] Shannon V. J. Partnerships: The Foundation for Future Success[J]. Canadian Journal of Nursing Administration, 1998, 11: 61-76.

[414] Shenhar A. J., Dvir D., Levy O., Maltz A. C. Project Success: A Multidimensional Strategic Concept[J]. Long Range Planning, 2001, 34: 699-725.

[415] Siegel S., Castellan N. J. Non-parametric Statistics for the Behavioral Sciences[M]. New York: McGraw-Hill, 1988.

[416] Siemiatycki M., Farooqi N. Value for Money and Risk in Public-Private Partnerships[J]. Journal of the American Planning Association, 2012, 78(3): 286-299.

[417] Simon H. A. Theories of bounded rationality[J]. Decision and Organization, 1972, 3: 161-176.

[418] Simpson P. M., Siguaw J. A., Baker T. L. A Model of Value Creation: Supplier Behaviors and Their Impact on Reseller-Perceived Value[J]. Industrial Marketing Management, 2001, 30(2): 119-134.

[419] Sinervo B., Clobert J. Morphs, Dispersal Behavior, Genetic Similarity, and the Evolution of Cooperation[J]. Science, 2003, 300(5627): 1949-1951.

[420] Skietys E., Raipa A., Bartkus E. V. Dimensions of the Efficiency of Public-Private Partnership[J]. Engineering Economics, 2008, 58(3): 45-51.

[421] Smyth H., Edkins A. Relationship management in the management of PFI/PPP projects in the UK[J]. International Journal of Project Management, 2007, 25: 232-240.

[422] Soliño A. S., De Santos P. Influence of the Tendering Mechanism in the Performance of Public-Private Partnerships: A Transaction Cost Approach[J]. Public Performance and Management Review, 2016, doi: 10.1080/15309576.2016.1177558.

[423] Song J., Zhang H., Dong W. A review of emerging trends in global PPP research: analysis and visualization[J]. Scientometrics, 2016, 107: 1111-1147.

[424] Soumaré I., Lai V. S. An analysis of government loan guarantees and direct investment through public-private partnerships[J]. Economic Modelling, 2016, 59: 508-519.

[425] Spearman C. Analysis of "localization" illustrated by a brown-sequard case[J]. British Journal of Psychology, 1905, 1(3): 286-314.

[426] Spearman C. The factorial analysis of ability[J]. British Journal of Psychology, 1939, 30(2): 78-83.

[427] Steijn B., Klijn E. H., Edelenbos J. Public private partnerships: added value by organizational form or management?[J]. Public Administration, 2011, 89(4): 1235-1252.

[428] Strieborny M., Kukenova M. Investment in Relationship-Specific Assets: Does Finance Matter?[J]. Review of Finance, 2016, 20(4): 1487-1515.

[429] Stoker G. Public Value Management: A New Narrative for Networked Governance?[J]. American Review of Public Administration, 2006, 36(1): 41-57.

[430] Stuart F. Supplier partnerships: influencing factors and strategic benefits[J]. Journal of Purchasing and Materials Management, 1993, 29(3): 22-28.

[431] Tantalo C., Priem R. L. Value creation through stakeholder synergy[J]. Strategic Management Journal, 2016, 37: 314-329.

[432] Tecco N. Financially sustainable investments in developing countries water sectors: what conditions could promote private sector involvement? [J]. International Environmental Agreements: Politics, Law and Economics, 2008, 8(2): 129-142.

[433] Teece D. J., Pisano G., Shuen A. Dynamic capabilities and strategic management[J]. Strategic Management Journal, 1997, 18(7): 509-533.

[434] Teece D. J. Competition, cooperation, and innovation: organization arrangement regimes of rapid technological progress[J]. Journal of Economic Behavior and Organization, 1992, 18: 1-25.

[435] Teisman G. R., Klijn E. Partnership Arrangements: Governmental Rhetoric or Governance Scheme? [J]. Public Administration Review, 2002, 62(2): 197-205.

[436] Thompson B. Exploratory and confirmatory factor analysis: understanding concepts and applications[M]. Washington DC: American Psychological Association, 2004.

[437] Thompson J. D., MacMillan I. C. Business Models: Creating New Markets and Societal Wealth[J]. Long Range Planning, 2010, 43: 291-307.

[438] Tiong R. L.K., Yeo K. T., Mccarthy S. C. Critical success factors in winning BOT contracts[J]. Journal of Construction Engineering and Management, 1992, 118(2): 217-228.

[439] Tirole J. Incomplete Contracts: Where Do We Stand? [J]. Econometrica, 1999, 67(4): 741-781.

[440] Tomkin J. Public Private Partnership: a Question of Trust? [J]. Hibernian Law Journal, 2001, 3(1): 95-104.

[441] Tsang E. W. K. Can *guanxi* be a source of sustained competitive advantage for doing business in China? [J]. Academy of Management Executive, 1998, 12(2): 64-74.

[442] Turner J. R., Muller R. On the nature of the project as a temporary organization[J]. International Journal of Project Management, 2003, 21: 1-8.

[443] Tuten T. L., Urban D. J. An Expanded Model of Business-to-Business Partnership Formation and Success[J]. Industrial Marketing Management, 2001, 30: 149-164.

[444] Ulrich D., Barney J. B. Perspectives in organizational: resource dependence, efficiency and population[J]. Academy of Management Review, 1984, 9(3): 471-481.

[445] Uschold M., Gruninger M. Ontologies: principles, methods and applications[J]. The Knowledge Engineering Review, 1996, 11(2): 93-136.

[446] Valero V. Government opportunism in public private partnerships[J]. Journal of Public Economic Theory, 2015, 17(1): 111-135.

［447］Van Den Hurk M., Verhoest K. The challenge of using standard contracts in public-private partnerships[J]. Public Management Review, 2016, 18(2): 278-299.

［448］Van Slyke D. M. The Mythology of Privatization in Contracting for Social Services[J]. Public Administration Review, 2003, 63(3): 296-315.

［449］Verweij S. Achieving satisfaction when implementing PPP transportation infrastructure projects: a qualitative comparative analysis of the A15 highway DBFM project[J]. International Journal of Project Management, 2015, 33: 189-200.

［450］Vokurka R. J. Supply partnership: a case study[J]. Production and Inventory Management, 1998, 1: 30-35.

［451］Wagner J. Measuring Performance of Public Engagement in Transportation Planning: Three Best Principles[J]. Transportation Research Record: Journal of the Transportation Research Board, 2013, 2397: 38-44.

［452］Wang S. Q., Dulaimi M. F., Aguria M. Y. Risk management framework for construction projects in developing countries[J]. Construction Management and Economics, 2004, 22(3): 237-252.

［453］Weihe G. Public-Private Partnerships and Public-Private Value Trade-Offs[J]. Public Money and Management, 2008, 28(3): 153-158.

［454］Weiss E. S., Anderson R. M., Lasker R. D. Making the Most of Collaboration: Exploring the Relationship Between Partnership Synergy and Partnership Functioning[J]. Health Education & Behavior, 2002, 29(6): 683-698.

［455］Wernerfelt B. A Resource-Based View of the Firm[J]. Strategic Management Journal, 1984, 5(2): 171-180.

［456］Wikström K., Artto K., Kujala J., Söderlund J. Business models in project business[J]. International Journal of Project Management, 2010, 28: 832-841.

［457］Williamson O. E. Transaction-Cost Economics: The Governance of Contractual Relations[J]. The Journal of Law & Economics, 1979, 22(2): 233-261.

［458］Williamson O. E. The Economics of Organization: The Transaction Cost Approach[J]. American Journal of Sociology, 1981, 87(3): 548-577.

［459］Williamson O. The economic institutions of capitalsm[M]. NY: Free Press, 1985.

［460］Williamson O. E. The Mechanism of Governance[M]. New York: Oxford University Press, 1996.

［461］Williamson O. E. Transaction Cost Economics: The Origins[J]. Journal of Retailing, 2010, 86(3): 227-231.

[462] Wilson D. T., Jantrania S. Understanding the value of a relationship[J]. Asia-Australia Marketing Journal, 1994, 2(1): 54-66.

[463] Wilson D. T. An Integrated Model of Buyer-Seller Relationships[J]. Journal of the Academy of Marketing Science, 1995, 23(4): 335-345.

[464] Winch G., Leiringer R. Owner project capabilities for infrastructure development: A review and development of the "strong owner" concept[J]. International Journal of Project Management, 2016, 34: 271-281.

[465] Winter M., Andersen E. S., Elvin R., Levene R. Focusing on business projects as an area for future research: An exploratory discussion of four different perspectives[J]. International Journal of Project Management, 2006, 24: 699-709.

[466] Xiong B., Skitmore M., Xia B. A critical review of structural equation modeling applications in construction research[J]. Automation in Construction, 2015, 49: 59-70.

[467] Xu Y., Chan A. P. C., Xia B. Critical risk factors affecting the implementation of PPP waste-to-energy projects in China[J]. Applied Energy, 2015, 158: 403-411.

[468] Yan A., Gray B. Bargaining Power, Management Control, and Performance in United States-China Joint Ventures: A Comparative Case Study[J]. The Academy of Management Journal, 1994, 37(6): 1478-1517.

[469] Yang H., Tang W. H., Cheung W. M., Meng Q. Profitability and welfare gain of private toll roads in a network with heterogeneous users[J]. Transportation Research Part A, 2002, 36: 537-554.

[470] Yang Y., Hou Y., Wang Y. On the Development of Public-Private Partnerships in Transitional Economies: An Explanatory Framework[J]. Public Administration Review, 2013, 73(2): 301-310.

[471] Yin R K. Case study research: design and methods[M]. 5rd. Newbury Park: Sage Publications, 2003.

[472] York J. G., Sarasvathy S. D., Wicks A. C. An Entrepreneurial Perspective on Value Creation in Public-Private Ventures[J]. Academy of Management Review, 2013, 38(2): 307-315.

[473] Young D. R. Complementary, supplementary or adversarial: Atheoretical and historical examination of government-nonprofit relations in the U.S. In E. T. Boris and C. E. Steurele (Eds.), Government and nonprofit organizations: The challenges of civil society[M]. Washington, DC: The Urban Institute, 1999.

[474] Young D. R. Alternative Models of Government-Nonprofit Sector Relations: Theoretical

and International Perspectives[J]. Nonprofit and Voluntary Sector Quarterly, 2000, 29: 149-172.

[475] Yun S., Jung W., Han S. Critical organizational success factors for public private partnership projects-a comparison of solicited and unsolicited proposals[J]. Journal of Civil Engineering and Management, 2015, 21(2): 131-143.

[476] Zhang S., Gao Y., Feng Z., Sun We. PPP application in infrastructure development in China: Institutional analysis and implications[J]. International Journal of Project Management, 2015, 33(3): 497-509.

[477] Zhang X Q. Critical success factors for public-private partnerships in infrastructure development[J].Journal of Construction Engineering and Management, 2005, 131(1): 3-14.

[478] Zhang Z., Wan D., Jia M., Gu L. Prior Ties, Shared Values and Cooperation in Public-Private Partnershipsmore[J]. Management and Organization Review, 2009, 5(3): 353-374.

[479] Zheng J., Roehrich J. K., Lewis M. A. The dynamics of contractual and relational governance: Evidence from long-term public-private procurement arrangements[J].Journal of Purchasing and Supply Management, 2008, 14: 43-54.

[480] Zhou Y. M. Synergy, Coordination Costs and Diversification Choices[J]. Strategic Management Journal, 2011, 32(6): 624-639.

[481] Zott C., Amit R., Massa L. The Business Model: Recent Developments and Future Research[J]. Journal of Management, 2011, 37(4): 1019-1042.

[482] Zou W., Kumaraswamy M., Chung J., Wong J. Identifying the critical success factors for relationship management in PPP projects[J]. International Journal of Project Management, 2014, 32: 265-274.